ADHD와 함께 유쾌하게 살아가기

일러두기
* 모든 각주는 옮긴이의 주입니다.

ADHD와 함께 유쾌하게 살아가기

펜 & 킴 홀더네스 지음
최영은 옮김

시그마북스

ADHD와 함께 유쾌하게 살아가기

발행일 2025년 4월 21일 초판 1쇄 발행
지은이 펜 & 킴 홀더네스
옮긴이 최영은
발행인 강학경
발행처 시그마북스
마케팅 정제용
에디터 최윤정, 최연정, 양수진
디자인 김문배, 강경희, 정민애

등록번호 제10-965호
주소 서울특별시 영등포구 양평로 22길 21 선유도코오롱디지털타워 A402호
전자우편 sigmabooks@spress.co.kr
홈페이지 http://www.sigmabooks.co.kr
전화 (02) 2062-5288~9
팩시밀리 (02) 323-4197
ISBN 979-11-6862-349-1 (03180)

ADHD is Awesome A Guide To (Mostly) Thriving With ADHD
Copyright © 2024 Kim and Penn Holderness
Korean Translation Copyright © 2025 by Sigma Book
Korean edition is published by arrangement
with United Talent Agency through Duran Kim Agency.

이 책의 한국어판 저작권은 듀란킴 에이전시를 통한 United Talent Agency와의 독점계약으로 **시그마북스**에 있습니다.
저작권법에 의하여 한국 내에서 보호를 받는 저작물이므로 무단전재와 무단복제를 금합니다..

파본은 구매하신 서점에서 교환해드립니다.

* **시그마북스**는 ㈜**시그마프레스**의 단행본 브랜드입니다.

차례

서문 8

들어가기 11

1부 ADHD 알아가기

1장   ADHD 개론 29
2장   ADHD에 대한 정확한 진단 39
3장   ADHD 뇌 속을 살펴보자 59
4장   ADHD 경험 85
5장   ADHD의 감정적인 부분 109

2부 이야기 바꾸기

6장   당신은 괜찮아질 것이다 127
7장   ADHD 마주하기 139
8장   운영 사고방식 전환 153
9장   당신이 가진 ADHD 장점 173
10장   다른 사람들을 도와주는 ADHD 197

3부 ADHD와 함께 번영하기

11장 제대로 된 장비 215

12장 배터리 충전하기 233

13장 당신의 하루 일상 마스터하기 249

14장 주변 환경 조정하기 267

15장 작업 완수 279

16장 ADHD인 사람과 소통하는 방법 297

17장 부모 또는 보호자, 당신은 변화를 일으킬 수 있다 311

18장 보호자 돌보기 325

19장 듣기: 가장 어려운 습관 339

작별 인사 전에 하고 싶은 마지막 단어 - 와! 저것 봐봐! 다람쥐야! 353

감사의 말 355

CREDITS 358

지은이 펜 & 킴 홀더네스 359

서문

20년 전쯤 나는 친구인 존 레이티 박사와 함께 『Driven to Distraction(주의 산만의 수렁으로)』을 출판했다. 나처럼 ADHD인 수백만 명의 사람들에게 공감과 희망을 전해 주려는 목적으로 펜을 들었지만, 쓰는 과정에서 전문가들의 끊임없는 암울한 전망만을 접했다. (온라인 사이트 '더 홀더네스 패밀리'를 만든) 펜 홀더네스는 ADHD 진단을 받은 직후에 친구가 당시 신간이었던 내 책을 선물했다고 한다. 그는 이 책을 몇 달 동안 차 트렁크에 넣어 둔 채 전형적인 ADHD처럼 20년 이상 잊고 살았다고 최근 내게 고백했다. 그런데 지금 그가 ADHD에 관한 책을 쓰고 있다니 참 흥미롭다.

제목만으로는 알 수 없을 듯해서 덧붙이자면 이 책에는 ADHD의 암울한 내용이 없다. 펜과 킴은 독자들을 진심으로 환영하는 마음으로 ADHD의 세계로 초대한다. 여기에서는 그들이 전문가다. ADHD를 연구한 전문가라기보다는 이 질환과 함께 살아오면서 터득한 전문가들이다. ADHD가 무엇인지 자세히 알고 있는 이 부부는 어떤 부분이 진실이고 거짓인지를 세상 사람들에게 알리기 위해 열정적으로 이 책을 썼다.

그동안 ADHD에 관한 책을 수백 권 정도 읽어 보았지만 널리 오해받는 이 질환을 이 정도로 간략하게 잘 요약한 책을 본 적이 없다. 게다가 독자의 손을 잡고 ADHD인 사람들의 안팎 생활과 장단점을 세세하게 알려 준다는 점이 인상적이다.

수백만 명의 어린이와 어른들이 현재 '이해'받지 못하는 세상에서 녹초가 되었고, 충분히 성공할 수 있지만 오히려 흔들리고 있으며, 새로운 모험을 시작하거나 과거의 것에 활력을 불어넣지 못한 채 기가 꺾이고 의기소침하고 패배감을 느끼고 있다. 이들은 우리가 생각하지 못하는 것을 생각해 낼 수 있는 사람들이다. 막다른 골목에서 탈출구를 찾을 수 있는 사람들이며, 우울한 순간에도 기쁨과 열정, 웃음을 안겨 줄 수 있는 사람들이다. 그리고 인간이 만든 문제를 해결할 놀라운 아이디어를 생각해 낼 가능성이 가장 큰 사람들이다. 이 사람들은 바로 당신을 말한다. 그렇기에 홀더네스 부부는 이러한 중요한 메시지를 독자들에게 전달하려는 강한 의지를 보인다.

우리는 ADHD인 사람들이 잠재력을 펼치기도 전에 주춤하게 만드는 불쾌한 고정관념을 없애야 하고 진실을 제대로 밝혀야 한다. 바로 펜과 킴이 집필을 통해 이 작업을 하고 있으며, 호기심과 열정이 넘치면서도 냉소적이지 않고 재미있는 내용을 담았다. ADHD로 인해 자신의 삶을 못마땅해하는 사람이 이 책을 읽은 후 이해와 용서와 희망으로 무장한 반대편에 서게 될 것이라 나는 믿어 의심치 않는다.

ADHD는 어떤 식으로 말하느냐에 따라 이해하는 방향도 달라진다. 펜은 동정과 응원 사이의 경계를 조심스럽게 걸어간다. 우리 같은 사람들이 감당해야 했던 끔찍하고 비하적이며 부정확한 용어를 없애기 위한 사명으로 30년 이상 이 길을 걸어가는 나의 경지와 같은 선이다. ADHD라는 용어는 주의력결핍 과다행동장애를 줄인 말로 아주 멋진 왕국으로 갈 수 있는 전체 여정을 엉뚱한 방향으로 이끌고 있다. 우리는 주의력결핍으로 고통받는 게 아니다. 그 반대다. 우리는 과도한 주의력으로 힘들어한다! 이 과도함을 통제할 수 있느냐가 문제다. 조절만 잘한다면 인생에서 할 수 있는 일에는 한계가 없을 것이다.

(내가 선호하는 용어는 장점이 될 수 있는 부분을 지나치게 병리화하지 않으면서도 정확한 뜻을 담는데, 임기응변적 주의력 특성(variable attention stimulus trait), 줄여서 VAST라고 한다. 이 용어는 ADHD를 하나의 장애가 아닌 특성으로 표현하고 있으며, 세 가지 핵심 요소를 강조한다: 임기응변적, 주의력의 변화, 높은 자극을 향한 탐색.)

나는 VAST, 다른 사람들은 ADHD, 또 다른 사람은 골칫덩이라고 부르는 이 질환과의 삶은 절대 지루할 틈이 없다. 우리는 이 질환에 대한 편견을 없애고 희화화하는 분위기를 바꾸고 실제로는 ADHD가 복잡하고 풍부하며 강력한 존재임을 세상에 알려야 한다.

홀더네스 부부 역시 나와 같은 이유로 이 임무를 수행하는 데 열정을 쏟고 있다. 우리는 그동안 사람들이 이 질환을 정확하게 알게 되었을 때 얻은 승리, 영광, 구원, 성공을 지켜보았고 개인뿐만 아니라 그의 가족이 어떻게 변했는지도 직접 목도했다. 이 책은 당신의 ADHD/VAST와의 여행을 도와줄 완벽한 동반자가 될 것이다. 내 말을 믿고 끝까지 읽어 주길!

에드워드 할로웰 의학 박사

들어가기

안녕, 독자들. ADHD 모임에 온 걸 환영한다.

당신은 놀랍도록 창의적이고 재미를 추구하며 웃긴 혁신가이자, 전통적이지 않은 사상가의 모임에 막 가입했다. 이곳 회원들은 쉽게 낙담하지 않는 사람들이며, 파티의 활력소이자 가장 먼저 위험을 감수하는 사람들이기도 하다. 그렇다. 때로는 많은 것을 잃어버리기도 하고 넘치는 에너지와 방해로 다른 사람들을 곤란하게 만들기도 한다. 하지만 우리는 지구상에서 가장 호기심 많고, 순발력이 뛰어나며, 우주를 향해 도전하는 사람이기도 하다. 당신이 이 모임에 합류하게 되어 매우 기쁘다.

(당신이 사랑하는 사람이 ADHD라서 이 책을 읽고 있다면 더 환영한다. 정보를 얻기 위해 따로 시간을 내주어서 고맙다. 당신은 지금 진정한 사랑을 보여 주고 있다.)

우리와 맞지 않게 설계된 세상에서 살아가는 건 얼마나 짜증스러운 일인가. 방해 요소들이 마치 우박처럼 쏟아져 들어온다. 화상회의, 달력 리마인더, 소셜 미디어 알람, 지속적인 의무와 기대 사이에서 인간, 특히 ADHD 두뇌를 가진 인간은 압도되는 생활을 한다. 현대 사회는 멀티태스킹, 사무 업무, 세심하게 계획

들어가기　11

된 일정을 잘 따르는 능력에 가치를 두고, 이 모든 것은 ADHD 두뇌가 잘 따라가지 못하는 부분들이다. 정말 불공평하다고 느껴질 수 있다. 모든 것을, 그리고 모든 사람을 ADHD인 사람들에게 우호적으로 바꿀 수 있는 버튼이 있다면 우리는 망설이지 않고 그 버튼을 누를 것이다. 그러나 현실은, 세상이 ADHD를 제대로 이해하는 시간이 올 때까지 우리가 현재의 세상에 맞추어 살아가는 수밖에 없다.

나는 펜 홀더네스다. 그리고 나는 ADHD가 있다.

20년 전에 이 질환을 진단받았다. 아내인 킴은 인간 골든 리트리버(때로는 아침에 커피 머신 아래에 잔을 두지 않고 커피를 내려 버리기도 하는)와 함께 살아가는 것을 즐기는 동시에 친절함과 유머를 잃지 않고 옆에서 지지를 보내는 방법을 배운 사람이다. 우리 부부는 의사도 전문가도 아니지만, ADHD로 인한 좌절과 기쁨에 대해서는 정말 잘 안다. 우리는 이 질환을 공부한다기보다는 함께 살아가는 사람들이라고 할 수 있다. 차에 열쇠를 두고 잠그기, 일정을 엉망으로 망치기, 헤드폰 수없이 분실하기(도대체 헤드폰은 왜 이리 비싼 거지?) 같은 소란 속에서 살고 있다. 동시에 창의성과 놀라움으로 가득한 삶과 함께하고 있다. 계획된 인생에서는 절대 겪을 수 없는 행운이다.

나는 내 ADHD 두뇌를 이용해 온라인에서 10억 이상의 조회 수를 기록한 동영상을 제작하고 있다. 또한 이 두뇌의 힘으로 우리 부부는 TV 프로그램인 〈어메이징 레이스〉¹에서 우승하기도 했다. 나는 여전히 대학 시절 이용했던 모든 피자 배달 가게 전화번호를 기억한다. 최근에는 주방 가스레인지 불을 끄는 것을 깜빡했고, 우리 개를 잃어버릴 뻔했으며, 집을 태워 먹을 뻔했고, 이웃을 응급실에 (본문에 조금 더 자세한 내용이 나온다) 가게 했다. 나는 ADHD가 얼마나 대단할 수 있는지, 얼마나 끔찍할 수 있는지를 모두 보여 주는 살아 있는 예시다.

> ADHD 체크 리스트
> ☑ 휴대전화
> ☑ 열쇠
> ☑ 지갑
> ☐ 집을 태우지 않도록 가스레인지 끄기

내 인생에서 ADHD가 대체로 풍요로움을 가져다준 결정적인 요소는 내 아내 킴일 것이다. 킴의 이야기도 중간중간 들을 수 있다.

킴이 남긴 메모

안녕, 독자 여러분. 당신의 배우자나 자녀가 ADHD라서 이 책을 읽고 있다면 어색하더라도 당신을 꼭 안아 주고 싶다. 남편의 ADHD 두뇌는 한순간 나를 웃겨서 바닥에 구르게도 하고, 열쇠가 없어서 집에 못 들어가게 하기도 한다. 우리가 얼마나 힘든지 겪어 보지 않으면 모른다. 그렇지 않은가? 열쇠를 찾아 주어야 하고 모든 것을 기억하는 사람(그래, 기억하는 사람이라는 단어도 있다!)이 되는 건 사람을 지치게 한다. 하지만 나는 당신이 사랑하는 사람의 독특하면서 멋진 면모를 알려 주고 싶어서 이렇게 글을 쓴다. 우린 할 수 있다.

나는 킴이다. 펜의 아내이고 ADHD가 아니다.

---

1 미국 CBS에서 2001년에 방영을 시작한 리얼리티 쇼.

이 책을 읽으면 ADHD인 내 개인적인 경험을 들을 수 있다. 그리고 ADHD인 사람과 함께 사는 게 어떤 삶인지, 이런 사람을 사랑하는 것이 어떤 느낌인지 아내의 경험을 들을 수 있을 것이다. 그러나 모두 개인적인 경험이란 사실을 기억하자. 당신은 우리와 완전히 다를 수 있다. ADHD의 장점 중 하나는 증상이 그 사람만큼 유니크하게 나타난다는 것이다.

우리 부부는 힘들게 얻은 지혜를 나눌 의향이 있다. 그리고 '더 홀더네스 패밀리'라는 플랫폼을 통해 현대적인 가족생활에 대한 재미있는 영상을 공유할 수 있어 행운이라 생각한다. 또한 팟캐스트를 운영하며 ADHD를 포함한 중요한 주제를 전하기도 한다. ADHD 관련 콘텐츠에 대한 사람들의 열렬한 반응에 얼마나 감동했는지 모른다. 내 영상을 보고는 '저도 이래요!'라는 수천 명의 메시지를 받기도 했다. 부모가 자녀에게 내가 만든 웃긴 노래를 들려주면서 "봐봐, ADHD는 그렇게 나쁘지 않아"라고 말했다는 이야기를 들었을 때 얼마나 기분이 좋았는지 모른다. 왜냐하면 ADHD는 정말 그렇게 나쁘지만은 않기 때문이다.

나는 이 질환에 대해 모르는 부분이 많다는 점을 잘 인지하고 책을 집필하는 동안 ADHD 전문가들을 초청해 고견을 청했다. 여러 의사들, 심리학자들, 코치들과 이야기를 나누었다. 그리고 이들 모두가 ADHD가 큰 도전이기도 하지만 증상을 충분히 관리할 수 있는 질환이라는 점을 강조하고 ADHD가 있는 모든 사람에게 높은 잠재력이 있다는 사실을 알려 주었다. 이 책은 강점(내 ADHD 두뇌가 알려 주는 재미있는 사실: 'strength'란 단어는 영어 단음절 중에서 긴 편에 속하며, 'scraunched'에 이어 두 번째로 길다)을 기반으로 해 접근할 것이다. 우리는 당신이 ADHD와 함께 강해지도록 도울 것이다.

> 'scraunch'는 '뽀드득 소리를 내다'라는 의미다. 따로 사전을 찾을 필요가 없도록 이렇게 설명을 덧붙여 둔다.

나는 비교적 쉽게 강점을 내보일 수 있었고, 지지해 주는 파트너를 만났으며, 내 두뇌와 잘 조화되는 일을 하고 있다. 그러나 ADHD는 스펙트럼 장애라서 사람마다 증상이 정말 다양하다. 웃음만 나오는 어이없는 순간을 하루에 열 번 정도 겪는 사람이라면 직장을 오래 다니지 못하거나 ADHD 때문에 의미 있는 관계를 맺지 못한다고 느낄 수 있다. 그리고 어떤 사람들은 좌절감 이상의 감정을 느끼면서 자기비판과 깊은 정서적 고통을 겪을 수도 있다.

나는 ADHD와 관련된 우리 영상에 달린 댓글을 즐겨 읽는다. 정말 많은 사람이 좋아해 준다는 사실을 직접적으로 느낄 수 있어서 좋다. 그러나 다른 면에서 나를 놀라게 하는 댓글도 있는데, ADHD를 가볍게 농담거리로 삼는 것에 상처받은 사람들이 남긴 글이었다. 이들의 말도 충분히 이해할 수 있다. 그렇다. 내가 ADHD를 바라보는 관점은 경험을 기반으로 형성되었다. 아주 운이 좋게도 나는 멋진 경험을 많이 했다. 그래서 이 질환이 마치 꺼지지 않는 저주처럼 느껴지는 게 어떤 것인지 잘 모른다. 나는 모든 ADHD인 사람들을 대변하는 것이 아니라 나를 대변하고 당신도 여기에서 뭔가 공감할 수 있는 것을 찾기를 바란다. 설령 그것이 냉동실에 열쇠를 두고 오는 ADHD의 공통된 행동 같은 것이라 할지라도 말이다. 물론 찾지 못해도 괜찮다. 나는 항상 당신을 응원한다.

만약 극복할 수 없을 정도로 힘들다면, 아주 깊고도 어두운 생각이 든다면, 당신의 정신을 건강한 쪽으로 이끌어 줄 의료 전문가를 찾아보는 게 좋다.

이 책에서 당신이 읽게 될 내용

ADHD인 사람이 쉽게 읽을 수 있게 쓰는 게 내 목표였다. 흰색 가운을 입고 일하는 사람들만이 흥분할 법한 전문 용어로 가득하지 않으니 걱정하지 않아도 된다.

또한 이 책에서는 부정적인 단점 목록을 찾아볼 수 없을 것이다. 극복해야 할 장애물 목록도 없다. 이런 목록들은 서점에 있는 여러 훌륭한 ADHD 관련 책에 선뜻 손을 뻗기 힘들게 하는 요소이기도 하다. 복잡한 신경과학에 대한 설명이나 세부적인 식단 추천도 없다. 이 책에서 당신이 보게 될 부분은 전반적으로 긍정적인 접근 방식과 경쾌한 전개 속도다.

참신함은 ADHD 두뇌가 지속적으로 집중하는 데 필수적이기 때문에 바로바로 실행해 볼 수 있는 유용한 정보로 책을 채우고 내용도 너무 길지 않게 나누었다. 그리고 지루해하지 않도록 재미있는 정보들도 추가했다. 읽고 끝내고 다음 내용을 읽고 끝내는 식으로 가보자. 원하면 내용을 뛰어넘어도 되고 한 장씩 넘기며 모든 내용을 읽어도 된다.

> **책 로드맵**
>
> - **1부**: ADHD 속성강좌-ADHD는 무엇이고 어떤 식으로 영향을 주는가.
> - **2부**: 낮은 평판 관리. ADHD에 덧씌워진 고정관념을 벗기고 멋진 두뇌에 대해 긍정적인 평가로 대체하기
> - **3부**: 생존과 번영을 위한 중·단기적 전략과 기술들.

숨겨진 장애

ADHD에서 문제가 될 수 있는 부분은 이 질환이 평범한 사람들에게 숨길 수 있다는 점이다. ADHD로 진단할 수 있는 일련의 증상은 눈여겨보지 않으면 쉽게 주변으로 묻혀 버린다. 휠체어나 보청기처럼 두뇌 기능이 다르다는 건 항상 보이는 게 아니기 때문이다. 많은 ADHD인이 사회 적응을 도와주는 방법을 이용해 자신의 어려움을 숨기고 있어서 주변에서 이를 눈치채지 못하기도 한다. 그리고 성공한 사람일수록 실제로 이런 장애가 있으리라고 생각하는 사람은 별로 없다. 이런 이유로 사람들은 차량등록 사업소 같은 곳에서 간단하게 양식을 작성하는 단순한 작업조차 완료하지 못하는 모습에 의구심을 품는다.

게다가 ADHD는 기복이 심해서 마치 노력하지 않는 것처럼 보일 수 있다. 때로는 뛰어난 성과를 내기도 하지만 시작도 못 할 때가 있어서 이런 모습을 본 주변인들이 도대체 충분히 할 수 있는 일을 왜 하지 않는 건지 궁금해하며 혼란스러워하기도 한다. '어제는 식기세척기 안에 있는 접시를 잊지 않고 정리해 놓고 오늘은 왜 그러는 거야?' 하지만 자폐 스펙트럼 장애나 간독증이 있는 사람들처럼 ADHD인 사람은 뇌가 다르게 작동하는 방식을 통제할 수 없다. 그냥 두뇌가

그렇게 기능하는 것이다. 안타깝게도 대부분의 사람이 이 부분을 제대로 이해하지 못해 ADHD인 사람의 마음을…, 속상하게 한다.

정말 말도 안 된다. 당신은 그렇게 숨어 있을 필요가 없다. 나는 당신이 보이고 느껴진다. 그리고 ADHD에 대해서 일반 사람들과는 전혀 다른 생각을 하고 있다.

굉장하다고? '굉장한'이라는 의미는 무엇인가?[2]

당신이 최근에 이 질환에 진단을 받았든, 오랫동안 ADHD 모임의 회원으로 활동했든, 내가 꼭 해 주고 싶은 말은 신경 다양성[3]을 지녔다는 건 정말 굉장한 일이라는 점이다. 당장 달려와 단호하게 ADHD의 굉장하지 않은 부

분을 일일이 열거하기 전에 내 말을 먼저 들어 보라. 내가 말하는 'ADHD는 굉장하다'라는 것은 모든 부분에서 굉장하다는 의미다.

이 굉장하다는 단어의 정의를 사전에 찾아본 적 있는가? 고등학교 2학년 때 우리 영어 선생님은 나에게 "사전에서의 정의는…"이라고 말하지 말라고 하실 정도로 나는 사전 인용을 좋아했다. 죄송해요, 핀들렌 선생님. 하지만 이번에는 사전적인 정의를 꼭 언급해야겠습니다.

---

2 이 책의 원제가 "ADHD is awesome"이다.
3 인간의 신경학적 차이를 다른 다양성과 마찬가지로 인정하고 존중하는 개념.

> **굉장한**
> [굉장한]
> 형용사
> 극도로 인상적이거나 대단한 경외심이나 불안, 두려움을 불러일으키는

이 정의는 내가 말하는 'ADHD는 굉장하다'의 의미를 정확하게 담는다. 이 질환은 인상적이고, 대단하고, 경외심을 불러일으키고, 놀라서 눈을 번쩍 뜨이게 하는 긍정적인 부분이 갖다. 하지만 긍정적인 생각의 물줄기만을 뿌릴 수는 없으니, 부정적인 의미를 말하자면, 파악하기 어렵고, 압도적이고, 도전적이고, 두려움을 불러일으킨다는 뜻도 있다. ADHD가 무섭다면 내가 옆에 있다는 사실을 기억하자. 정말이다. 이 질환은 무서울 수도 있다. 하지만 경외심을 불러일으킬 수도 있지 않을까? 당연하지. ADHD인 사람이 하루를 어떤 식으로 보내는지를 생각해 보면 당신도 동의할 것이다. 이 상충하는 두 가지 부분은 모두 사실이다. ADHD에는 도전이 가득하지만, 이 안에서 긍정적인 부분도 생겨난다. 그래서 나는 이 책에서 ADHD의 좋은 면을 공유할 것이다. 나쁜 측면에 대해서는 웃어넘길 방법을 알려 줄 것이다.

이 책을 읽더라도 여전히 식당에 휴대전화를 두고 다닐지도 모른다. 여전히 친구와의 대화 중에 왜 일부 영국인들이 노래를 부를 때 영국식 억양을 쓰지 않는 건지가 궁금해서 친구가 무슨 말을 하고 있는지 전혀 기억나지 않을지도 모른다. 여전히 냉장고에서 양말을 발견할 수도 있다.

그러나 다른 사람과 다르다는 건 무능한 것과 거리가 멀다는 사실로 무장하게 될 것이다. 가만히 있지 못하고 쉽게 지루해하는 그 두뇌는 빠르게 다른 사람과 의사소통하고, 창의적으로 생각하며, 혁신적이고, 다른 사람들을 즐겁게 해

준다. 당신은 이 책을 통해 어려움이 닥칠 때 헤쳐 나갈 도구를 갖출 수 있을 것이다.

ADHD인 사람이 얼마나 많은지 생각해 보면 이 질환이 여전히 제대로 알려지지 않았다는 사실은 정말 우리를 놀라게 한다. 어떤 사람들은 당신이 게으르다거나 무례하다고 생각하기도 하지만 ADHD인 우리는 그게 아니란 걸 잘 알고 있다.

당신의 뇌는 멀쩡하다. 멍청한 사람도, 재난도, 엉망진창인 인간도 아니다. 당신은 ADHD가 있을 뿐이다. 그래서 굉장한 사람이 될 수 있다.

ADHD인 사람이 ADHD가 아닌 사람에게 전하는 편지

ADHD가 아닌 사람들에게:

이 책을 읽어 주어서 감사하다는 말을 먼저 하고 싶다. 당신이 이 책을 집어 든 건 ADHD인 사람을 그만큼 많이 생각한다는 의미며, ADHD 두뇌를 가지고 사는 삶에 대해 더 많이 알고 싶어서일 것으로 생각한다. 당신의 노력에 감사한다. 우리가 겪는 상황을 이해하는 것이 항상 쉬운 일은 아닐 것이다. 같은 뇌 구조가 아니라면 우리의 행동은 이해하기 어려울 수 있다. 당신의 자녀든, 배우자든, 형제자매든, 룸메이트든, 상관없이 ADHD인 그들을 바라보며 이렇게 말할지도 모른다. "세상에, 머릿속에는 뭐가 들어 있는 거야?" 이 책(그리고 이 편지)을 읽고 ADHD에 대해서 어느 정도 힌트를 얻길 바란다.

이제 ADHD를 앓는 사람이 ADHD가 아닌 사람들에게 전해 주고 싶은 몇 가지 사항을 살펴보도록 하자:

1. 우리는 당신을 사랑한다. 항상 그렇게 보이진 않더라도 말이다. ADHD인 사람이 사랑을 표현하는 방식은 당신이 흔히 상상하는 것이나 TV나 영화에서 보여 주는 것과

는 다를 수 있다. 우리는 당신이 부탁한 일을 잊을 때가 간혹 있다. 가령 아래층에 내려올 때 책 좀 가져다 달라고 부탁하면 우리는 당연히 그럴 마음으로 알겠다고 답해 놓고 100퍼센트 잊을 수 있다. 게다가 책을 아래층에 가져오는 것처럼 간단한 일조차 해 주지 않아 상처받은 것에 대해서, 당신과 두 시간 동안 눈을 맞추며 그 감정을 읽을 생각을 하지 않을 수 있다. 하지만 우리는 정말 당신을 사랑하고 소중하게 생각하며 당신이 하는 말에 신경을 쓴다. 우리는 머릿속에 나타난 방해와 맞닥뜨릴 때 완전히 무기력해질 때가 있다. 대화 중에 다른 생각이 떠오른다는 것을 인식하면서 매일 그러지 않으려고 노력하지만, 쉽지 않다. 이런 행동을 하는 것은 당신을 사랑하지 않아서가 아니다. 단지 우리의 뉴런이 이런 식으로 기능하는 것뿐이다.

2. 정말 쉬운 일이 때로는 우리에게 가장 어려운 일이 되기도 한다. 우리는 새롭고 도전적이거나 개인적으로 흥미가 생기는 일에 대해서는 정말 잘한다. 그러나 불을 끄고, 차고 문을 닫고, 생일을 기억하는 '노력'에 대해서라면? ('How to ADHD' 홈페이지에 올라와 있는 훌륭한 영상에서 이 세 가지 신성한 일을 동시에 하는 게 얼마나 어려운지를 알려 준 제시카 맥케이브에게 경의를 표한다.) 우리의 주뇌는 일반적인 사람들처럼 일상의 일들을 처리하도록 설계되어 있지 않아서, 이 세 가지 일을 제대로 하지 못한다. 이 모습이 당신을 화나게 할지도 모른다. 종일 방에 틀어박혀 풍경화를 그리거나 자동 새 모이통을 발명하는 것에 그렇게 많은 시간을 투자하면서도 식탁에 있는 접시를 치우는 일을 기억하지 못한다니 이해하기 쉽지 않다.

3. 우리도 수치심을 느낀다. 집에 휴대전화를 두고 나올 때, 둘을 틀어 놓은 채로 조깅하러 나갈 때, 중요한 약속을 깜빡할 때, 우리는 부끄러움을 느낀다. 겉으로 웃어넘기는 것처럼 보이더라도 말이다. 우리는 문제를 일으킬 때마다 일상의 많은 부분을 제대로 관리하지 못한다는 사실을 깨닫는다. 일부러 이렇게 만드는 건 아니다. 정말이다. 이런 실수들은 절대 의도된 것이 아니지만, 여전히 우리가 사랑하는 사람들이 내 행동으로 인해 화가 난 모습을 볼 때면 기분이 가라앉는다.

죄책감은 당신이 한 일에 대해 기분이 나빠지는 것이고 수치심은 당신이라는 존재에 대해서 기분이 나빠지는 것이라고, 베스트셀러 작가이자 사회과학자 브러네 브라운은 설명했다. 수치심은 번개처럼 순간적으로 내리치는 느낌이라기보다는 유사(퀵샌드)에 빠져 점점 가라앉는 기분이다. 우리가 실수를 하면 뇌에서는 이를 해결할 수 있는지 없는지를 파악하고 그 과정에서 당황스러움과 함께 심장 박동이 빨라진다. 그리고 어느 쪽으로 결론이 나든 실수한 부분을 끊임없이 되풀이하며 '어떻게 그렇게 멍청하고/게으르고/부주의할 수 있을까?'라고 되뇌면서 그 원인을 파악한다. 최악은 어떤 식으로 이런 실수를 했는지에 대해 전혀 알 수 없을 때다. 예를 들어, 향신료를 두는 곳에 립밤을 언제, 어떻게 두었는지 전혀 기억나지 않을 때가 있다. 두뇌가 다른 것에 정신이 팔린 사이 몸이 자연스럽게 쿠민과 시나몬 사이에 립밤을 놓는다. 그리고 이 부분은 기억 저장고에 들어가지 못한다. 어쨌든 이 행동을 하게 되면 부끄러운 감정과 함께, 우리는 왜 이런 식인지, 어떤 부분이 고장 났는지, 왜 이 부분을 고칠 수 없는지를 두고 끔찍한 혼잣말의 소용돌이로 들어간다. (물론 사실이 아니다. 내가 이 책을 쓴 이유도 이 때문이다!)

4. 우리는 당신을 이해한다. 만약 당신이 우울하거나 외롭다는 생각이 든다면 우리가 있다는 사실을 기억하자. 우리는 당신의 행복에 관심이 많으며, 당신을 응원하는 방법을 찾는 일은 새롭고도 도전적이다. "이런 부분에 ADHD 뇌가 관심을 가지나요?"라고 물어본다면 3점 만점에 3점이다. 당신이 좋아하는 팟캐스트에 관해서 이야기한다면 잘 들어 줄 자신은 없지만, 기분이 가라앉고 힘들다면 기꺼이 옆에 있을 것이다. 심지어 웃음을 자아낼 만큼 재미있게 해 줄지도 모른다.

5. 당신이 도움의 손길을 내밀 때 우리는 함께한다는 느낌을 받는다. 매일의 투쟁에서 당신이 협력자로 있어 준다면 그것만큼 행복한 일도 없을 것이다. 우리의 머릿속에서 벌어지는 일을 이해한다면 당신은 자비와 용서로 우리를 도와줄 수 있다. 그러면 스트레스가 쌓이는 것을 예방하고, 증상이 악화되어 격렬한 짜증의 불구덩이 속에 휩싸이지 않을 가능성이 더 커진다. 그러니 서로에게 윈윈이다! 원한다면 우리가 관리하기 어려운 부분을 도울 방법에 관해 물어봐도 된다. 작은 비밀: 우리는 실수하는 걸 싫어한다. 또한 실수에 대해 ADHD를 변명거리 삼는 것도 싫다. ADHD로 탓을 돌리는 행동은 실수에 대해 고민할 필요가 없어서 그럴지도 모른다. 그러나 대체로 우리는 이 상태에 머무르고 싶지 않다. 항상 해결책을 찾지는 못하지만 언제나 배울 준비를 하고 있다. 당신

이 따뜻한 마음으로, 친절하게 알려 주면서 손을 내밀어 준다면 우리는 영원히 고마움을 잊지 않을 것이다. 그것이 당신에게 얼마나 많은 일을 요구하고 에너지를 소비하는지 알기 때문이다. 우리는 ADHD가 잘못된 행동에 쓸 무사통과서라거나, 잃어버린 도서관 책을 찾아 달라고 당당하게 요청할 수 있는 변명거리가 아님을 알고 있다. 그러나 당신이 ADHD 여정에 함께 해 줄 때 진심으로 감사할 것이다.

6. 당신은 반'배척자' 운동가가 될 수 있다. 누군가 ADHD인 사람에 대해 공격적으로 말할 때, 또는 증상이나 다른 행동으로 놀리는 상황에 당신이 있다면, 그 사람에게 (물론 친절하면서 존중하는 어투로) ADHD에 대한 약간의 지식을 전해 주고 이 사람들은 멍청이가 아니라는 사실을 알려 주도록 하자. 우리는 단지 신경 다양성이 있는 두뇌를 가지고 있을 뿐이다. 모든 사람의 뇌가 다르다는 사실을 더 많은 사람에게 알린다면 이보다 좋을 수는 없을 것이다. 사람들이 가진 이해의 폭이 조금씩 넓어질 때마다 ADHD를 포함한 신경 다양성이 있는 사람들에게 세상은 더욱 우호적인 곳이 될 것이다.

이 편지를 끝까지 읽어 주어서 고맙다. 당신의 행동으로 누군가는 더 나은 하루, 어쩌면 자존감도 올라간 하루를 보내게 될 것이다.

존경을 담아,

펜 홀더네스

당신은 혼자가 아니다. 당신의 뇌처럼 기능하는 사람은 이 지구상에 없을 거라고 생각할 수 있지만 그런 비슷한 뇌를 가진 사람들은 수백만 명이나 된다. 우리는 마치 마블의 엑스맨처럼 거리를 다니고, 일반인들 속에 자신을 숨기며, 비밀스러운 유대감과 놀라운 초능력을 공유한다. 그러나 순응과 마찰 없는 상호작용에 가치를 두는 세상에서 우리의 가득한마찰(그렇다, 이건 사전에 없는 단어지만 우리는 앞으로도 새로 만든 단어를 몇 개 더 선보일 것이다)은 마치 자신을 괴짜로 느끼게끔 한다. 그 정도가 아니더라도 최소한 짜증 유발자가 되게 한다.

   인간은 이해할 수 없는 것들에 경계하는 본능이 있다. ADHD인 많은 사람이 자신의 정체성을 편안하게 받아들이지 못하는 이유 중 하나는 이 질환을 제대로 이해하지 못하기 때문이다. '나에게 무슨 일이 일어나고 있는 거야? 왜 다른 사람들과 비교해서 나는 모든 것이 어려운 거지?'와 같은 미지에 대한 두려움은 우리가 잠재력을 마음껏 발휘하는 데 방해가 될 수 있다. 추상적인 것 앞에서 모든 것은 무서워 보인다. 그러니 머릿속 블랙박스 안에 든 비밀을 더 많이 풀어낼수록 ADHD를 싫어하지 않고 잘 이용할 수 있는 기술을 갖추게 될 것이다.

책 초반에 집중할 부분은 바로 수수께끼 풀기다. 어떤 사람이 앓고 있는지, 어떻게 진단하는지, 증상은 무엇인지, 신경학적 수준에서 어떤 일이 일어나는지 등을 알아보며 ADHD에 대해 전반적으로 살펴볼 것이다. 이를 통해 당신은 뇌라는 동그랗고 매혹적인 기관에서 무슨 일이 일어나고 있는지 어느 정도 이해하게 될 것이다.

> 1장은 시간을 조금 더 투자해서 천천히 읽어 보자. 다소 복잡할 수 있지만 정말 중요한 내용이다.
> — 펜

1장

ADHD 개론

ADHD에 대해 잘못 알려진 특징을 아주 간략하게 말하자면, 성격적인 결함과 단점, 의도적 선택이다. ADHD는 부모가 자녀에게 제대로 된 규율을 심어 주지 못해서, 또는 어린 시절 자녀에게 충분한 관심을 주지 않아서 생겨난 게 아니다. 또한 유행도, 트렌드도, 가짜 뉴스도, 불필요한 약을 많이 팔기 위해 만들어 낸 대형 제약회사의 계략도, TV 시청률을 올리려고 불안감을 조장하는 전략도, 학교나 직장에서 특별대우를 받기 위해 꾸며낸 변명거리도 아니다. ADHD가 있다는 것은 모든 행동에 면죄부를 받는다는 의미도, 그렇다고 부끄러운 조리돌림 의미도 아니다. 그러나 이 질환은 아주 오랫동안 여러 가지 수치스러운 이름으로 불려 왔다.

그렇다면 ADHD란 무엇인가? 주의력결핍 과다행동장애(Attention-deficit/hyperactivity disorder)의 줄임말인 ADHD는 두뇌 발달과 기능에 문제가 있는 신경 발달 장애며, 만성적이지만 관리할 수 있다. 다른 사람들과의 뇌 기능 차이는 증상에 따라 대표적으로 세 가지로 나뉘는데, 그것은 부주의함, 충동성, 과다행동이다.

ADHD가 있는 사람은 전형적으로 집중해서 듣기, 과제 완수하기, 시간(과 소지품) 관리에서 어려움을 겪는다. 이들은 가만히 있지 못해 끊임없이 '움직'이고, 말이 많으며, 참을성이 부족하다. 이런 증상은 유년기에 주로 나타나며 성인이 되어서도 그대로 이어질 수 있다. 억울하지만, ADHD가 있는 우리 같은 사람들의 이런 증상은 나쁜 행동이나 무례한 태도, 노골적으로 규칙을 따르지 않는 것처럼 비칠 수 있다. 하지만 일부러 이런 행동을 하는 게 아니라, 신경화학 물질로 인해 무의식적으로 하는 것이다. 다시 말하지만, ADHD는 의도적 선택이 아닌 신경학적 결정이다.

ADHD 증상들

겉으로 보이는 증상	실제 증상
충동성	뇌의 화학반응으로 인한 무의식적 행동
무질서	우선순위 결정 능력 부족
시간 관리 능력 부족	집중력 부족
멀티태스킹 능력 부족	가만히 있지 못함
계획 세우는 능력 부족	인내심 부족

진단명(끔찍한 이름이지만)은 이러하나, 사실 ADHD가 있다고 해서 당신에게 집중력이 전혀 없다거나 가만히 앉아 있지 못한다(때로는 이 중에서 하나, 또는 두 가지 모두에 해당할 수 있다)는 의미는 아니다. **사실 당신이 ADHD가 있다면 일반적인 두뇌 기능을 지닌 친구들보다 집중력이 훨씬 높을지도 모른다. 물론 그 행동에 당신이 진정 흥미를 느낀다는 전제하에.**

최근 의학에서는 ADHD가 자기 조절 능력에 영향을 주는 장애라고 설명한다. 가령 당신이 의자에서 엉덩이를 떼지 않고 있거나, 다른 사람의 말이 끝날 때까지 기다렸다가 창금 알게 된 대왕고래에 대한 흥미로운 사실(일부 대왕고래의 혈관은 인간이 통과할 수 있을 정도로 매우 넓다고 한다!)을 공유하는 행동 등을 달한다.

ADHD가 있는 사람의 하루는 모험으로 가득하다. 때로는 드넓게 펼쳐진 상상력을 묶어 둘 방법을 찾아야 할 때도 있지만, 이런 상상력이 문제를 해결하고 곤경에서 빠져나오게 돕기도 한다. ADHD는 그 증상과 정도가 매우 다양하게 펼쳐진 스펙트럼 형태의 장애이기 때문에 같은 질환을 앓는 사람과 증상이 꽤 다를 수 있고 매일매일 달라지기도 한다. 어떤 날(또는 몇 시간이나 몇 분)은 약하게 증상이 나타나 그 수준으로 지속되기도 하고 스트레스를 많이 받거나 과도하게 자극적인 환경에 놓이면 참을 수 없을 정도로 심하게 나타날 수 있다.

> 만약 당신이 아직도 고래 혈관에서 수영하는 상상에 빠져 마지막 단락에 제대로 집중하지 못했다고 해도 괜찮다. 다시 이 단락으로 돌아가서 한번 더 읽어 보자. 그러면 왜 이때 주의를 기울이지 못했는지 어느 정도 이해할 수 있을 것이다. (참고로 덧붙이자면, 대왕고래의 심장은 길이와 높이가 약 1.5미터 정도라고 한다.)

그렇다, ADHD는 만성적인 장애라서 만성적인 무질서함(내가 무슨 말을 하는지 이해하겠는가?)을 유발하지만, 이를 진단받았다고 해서 세상이 끝난 게 아니다. **이 증상들은 관리할 수 있다**. 고혈압처럼, ADHD도 관리하지 않으면 건강, 특히 정신 건강을 해칠 수 있지만, 이 질환을 정확하게 진단받고 당신의 놀라운 뇌 기능을 세심하게 계획해서 사용한다면, 충만하고 성취감을 느끼는 삶을 살 수 있다. 당신은 행동 변화, 환경 조정, 운동, 마음 챙김 훈련, 전문가의 도움, 때로는 약물 복용을 통해 자기 조절 능력을 향상하는 법을 배울 수 있는데, 이 책 3부에서 ADHD를 관리하는 데 도움이 되는 제안과 전략을 자세히 알아볼 것이다.

ADHD의 원인은 무엇일까?

ADHD에 대해서라면, 선천적이냐, 후천적이냐의 치열한 논쟁에서 선천성이 이겼다고 보면 된다. 지난 수십 년 동안 사람들은 ADHD가 잘못된 양육 방식 또는 성격적 문제 때문이라 여겼고, 종종 이렇게 말했다. "저런 애는 더 엄격한 규제가 필요해! 훈육용 자가 어디 있지?" 그러나 이제 과학자들은 ADHD가 대부분 생물학적으로 결정된다는 것에 동의한다. 이들은 ADHD 뇌가 주의력과 감정, 충동성을 조절하는 영역에서 기능하는 방식이 다르다는 사실을 오랫동안 규명해 왔다.

ADHD의 원인은 당신이 매일 얼마나 많은 설탕을 먹었는지, 자기 전에 비디오 게임을 얼마나 많이 했는지와는 관계가 없다. 또한 당신에게 저녁 식사로 도리토스 과자를 먹게 해 주거나, 식전 기도 중에 당신이 하굣길에 본 독특한 모양의 벌레에 관한 이야기를 꺼내자 주방 세제를 뿌리는 부모가 있는 것과는 상관이 없다. 그러나 ADHD의 생물학적 원인 중에는 유전적 요소도 들어 있어서 부모의 책임이 전혀 없다고 할 수는 없다. 과학자들은 이 질환과 관련된 것으로 보이는 일곱 개의 유전자와 수십 개의 유전체 위치를 알아냈는데, 이는 ADHD가 가족 내 유전성이 있다는 것을 의미했다. 따라서 당신도 ADHD가 있는 친척이 최소한 한 명은 있을 가능성이 크다. 버지니아 커먼웰스대학교의 심리학 임상 교수이자, ADHD 분야의 저명한 전문가인 러셀 바클리의 저서 『Taking Charge of Adult ADHD(성인 ADHD 관리하기)』에 인용된 연구에 따르면, ADHD가 있는 아이 절반 이상이 증상이 같은 생물학적 부모가 있다고 한다.

내가 바로 이 통계의 살아 있는 증거가 아닌가 싶다. 아내인 킴과 결혼해 가정을 이루고 나서야 이 질환의 유전적 요인에 대해 제대로 이해했던 것 같다. 킴은 우리 쪽 가족이 여럿 모인 자리에서 동시에 여러 가지 대화를 능숙하게 이어가는 모습을 놀란 눈으로 지켜보았다. 우리 가족 중 많은 이들이 ADHD 진단을 마치 명예 훈장처럼 달고 다녔고 그 덕분에 나 역시 자신감을 장착한 채 내 두뇌를 마음껏 탐색할 수 있었다.

> **킴이 남긴 메모**
>
> 나는 남편 쪽 대가족과 처음 저녁 식사를 하는 자리에서 놀라움을 금치 못한 채 앉아 있었다. 이곳에서는 대화를 끝내는 사람이 한 명도 없었다. 하나의 말이 곧 다른 주제의 질문으로 이어졌고 그 말이 채 끝나기도 전에 누군가 이야기를 꺼냈으며, 내 옆에 있던 사람은 우리 어머니에 관해 물였다. 정신이 하나도 없었다. 이들은 한번에 여러 대화를 이어 나갈 수 있었지만 나는 혼란스러웠다. 하지만 식탁에서의 이런 에너지가 정말 마음에 들었고 이들 모두에게 반했지만, 10분 정도 그 대화를 따라가려고 노력한 후 엄청난 피로감이 몰려오는 것을 느꼈다.

지연일뿐, 결여가 아닌

어린 나이에 ADHD로 진단받은 사람 중 일부는 성인이 되면 몇몇 증상이 사라진다. 뉴욕 대학교 아동 연구 센터의 주의력결핍 과다행동장애 연구소의 전 임상 이사이자, 아동 정신 건강 연구소 산하 ADHD 센터의 전 상임이사(이렇게 긴 명칭을 모두 언급할 필요가 있는지 의구심이 드는 건 나도 잘 알고 있지만, 끝까지 읽어 준 점에 감사를 표한다. 내가 이 책을 집필할 때 흔쾌히 인터뷰에 응해 준 커츠 박사와 같은 전문가들은 이 모든 타이틀을 얻기 위해 오랜 기간 공부를 한 분들이고, 그렇기에 기꺼이 자신의 시간을 할애해 준 훌륭하고 관대한 박사님들의 대단한 명성을 하나하나 언급하지 않을 수 없었다)였던 스티븐 커츠 박사는 뇌의 기능 차이로 인해서 기술 습득의 속도가 느린 경우와 기술 습득 능력 자체가 결여된 경우를 책 인터뷰에서 명확히 구분해 주었다. 즉, ADHD가 있는 많은 아이가 충동 조절이나 시간 관리 같은 특정 영역에서 발달 지연을 겪지만 그렇다고 능력 자체가 부족하다는 것은 아니라는 의미다. 충분히 연습만 한다면 이런 부분은 충분히 개선할 수 있다.

ADHD의 대표적인 세 가지 유형

모든 ADHD 환자의 증상을 세부적으로 따지면 정말 많겠지만, 크게 세 가지 유형으로 묶을 수 있다: 부주의형. 혼합형. 과대행동/충동형

참고로 나는 혼합형에 속하기 때문에 집중해서 뭔가를 듣거나 책을 끝까지 읽을 때 엄청난 노력이 필요하다. 또한 식사 자리에 함께 있는 사람이 누구든 그 앞에서 냅킨을 조각조각 내고, 상대가 허락만 한다면 끝없이 떠들어댈 수도 있

부주의형
집중해서 듣는 능력 부족, 건망증, 부주의함, 쉽게 산만해짐

과다행동/충동형
가만히 있지 못함, 심리적 불안감, 수다스러움

혼합형
부주의형과 과다행동/충동형이 한데 섞여 있음

다. 그래서 이런 브분을 고치려고 노력하는 중이다.

일반적으로 여자아이가 과다행동/충동형보다는 부주의형으로 더 많이 진단 받는 편이며, 그래서 ADHD가 있는지 모르고 지나가는 경우가 흔하다. 차분히 있지 못하는 것이 멍하니 있는 행동보다 쉽게 알아차릴 수 있기 때문이다.

커츠 박사는 유아의 경우 주의를 집중하는 모습을 보기 드물기 때문에 유아기에서 벗어나면서 과다행동/충동형이 드러난다고 설명했다. 이대 혼자간 가만히 있지 못하는 모습은 쉽게 눈에 띈다. 그러나 부주의형과 혼합형은 대개 아이들이 학교에 다니기 시작하면서 좀 더 긴 시간 동안 과제를 수행해야 할 때 서서히 두드러진다.

어떤 사람들이 ADHD로 진단받을까?

전 세계 수백만 명의 사람들이 ADHD를 안고 살아간다. 미국에서만 전체 아동의 5~10퍼센트 정도, 성인의 3~5퍼센트가 이 질환을 진단받는다고 한다.

수십 년간 사람들은 ADHD가 교실에서 산만하게 돌아다니는 남자아이들만이 지닌 장애라고 여겼지만, 현재 발달한 진단 도구와 높아진 인식 덕분에, 눈에 띄는 행동뿐만 아니라 이런 아이들만의 미묘하게 다른 변화 역시 눈치챌 수 있게 되었다. 17세 이전에 진단을 받은 아이 중 약 90퍼센트가 성인이 되어서도 증상이 그대로 이어지며, 이때는 상황에 따라 증상이 나타났다가 사라지기도 한다.

일부에서는 ADHD가 과도한 진단이라 비판하기도 하지만, 오히려 실제로는 다양한 그룹이 제대로 진단조차 받지 못하는 상황이다. 대표적으로 소외되는 그룹은 다음과 같다:

성인. 성인들에서도 증상이 나타난다는 사실은 최근에서야 알려졌기 때문에 수많은 이들이 자신이 ADHD인지 모른 채 살아간다. 소파 등받이 위를 수없이 올라가던 아이는 자라서 펜으로 회사 책상을 끊임없이 두드리는 어른이 되었다.

일반적으로 ADHD가 있는 성인에서 과다행동을 보이는 경향은 적다. 이들은 이리저리 뛰어다니는 행동보다는 하나의 업무를 완수하지 않고 다른 업무로 뛰어넘는 행동을 더 많이 하는 편이다. 가만히 앉아서 하나의 업무에만 집중하는 것을 매우 어려워하기 때문이다. 에드워드 할로웰 박사와 존 레이티 박사가 공저로 펴낸 『Driven to Distraction(주의 산만의 수렁으로)』에서는 ADHD가 있는 성인 90퍼센트가 심지어 이러한 사실을 제대로 인지하지도 못하고 있다는 내용이 나온다. 많은 성인 ADHD 환자들은 이를 다룬 기사나 팟캐스트를 우연히 접하거나, 이 질환을 진단받은 가족이나 친구에서 관련된 이야기를 듣게 되면서 이런 생각을 하게 된다. 'ADHD에 대한 설명을 듣다 보니 뭔가 익숙한 느낌인데…'

여자아이와 성인 여성. 성인 ADHD 치료와 평가 전문가이자, 리튼하우스 심리평가 센터의 센터장이자 이사, 그리고 'ADDept.org'라는 블로그의 운영자인 마시 콜드웰 박사에 따르면, 여자아이와 성인 여성의 증상은 간과하기 쉬운데, 이는 문제를 겉으로 드러내지 않아야 한다는 사회적 압박이 부분적인 이유로 작용한다고 설명했다. 그 결과 진단받는 수는 여자아이보다 남자아이가 2~3배 더 많다. ADHD가 있는 성인 여성은 '수다스럽'거나 '과도하게 사교적'인 모습을 보이지만, 이런 증상이 단지 사회적 성향에서 비롯된다고 치부한다.

또한 사회적으로 여성은 시간을 잘 지키고 깔끔하며 가족을 보살피는 역할을 맡는다는 이미지 때문에 ADHD가 있는 여성은 자신이 그렇지 못하다는 사실에 큰 수치심을 느낄 수 있다. 제대로 진단을 받지 못한다면, 현장학습을 가는 자녀의 도시락을 깜빡하고, 학교에 제출해야 하는 종이에 사인하는 것을 잊어버리는 이유가, 어떤 부분이건 자신의 부족함 때문이라고 자책할 수 있다. 그러나 이러한 행동은 부족함의 문제가 아니라 뇌 기능의 차이 때문이다.

지능이 매우 높은 사람. 뇌 기능이 뛰어나면 많은 것을 숨길 수 있다. 지능이 높은 사람은 타고난 재능에 의존해서 생활이 가능하기 때문에 증상이 쉽게 가려지고 겉으로 보이는 증상은 아주 미묘하게만 나타난다. 이런 유형의 사람 중 많은 이들이 마감일, 독립성, 압박으로 대표되는 대학 시절에 들어서게 되면 증상이 악화해 종종 ADHD로 진단받는다. 나 역시도 이 분류에 속했기 때문에 아주 오랫동안 내가 ADHD인지 모르고 살았다.

소수 인종. 흑인과 라틴계 아이들은 백인 아이들에 비해 이 질환을 진단받고 치료받는 비율이 더 낮은데, 편견과 제도적 인종차별이 이 인종의 아이와 성인에 대한 인식에 영향을 주기 때문이다. 그래서 소수 인종의 ADHD로 인한 행동은 마치 나쁜 양육이나 부족한 훈육의 결과라고 생각하는 경우가 많다. 진단율을 살펴보면, 백인 아이들은 11.5퍼센트인 반면, 흑인 아이들은 8.9퍼센트, 라틴계 아이들은 6.3퍼센트로 낮다. 소아과의사이자 워싱턴대학교 의과 대학 소아과 교수인 투마이니 코커는 흑인 사회 내에서 ADHD라는 진단명을 특히 흑인 남자아이를 무시하고 비정상이라 규정하는 잣대로 쓰인다는 의혹을 제기하면서, 이 때문에 진단을 통해 혜택을 받을 수 있는 일부 아이들이 제대로 진단조차 받지 못하는 원인이 된다고 주장한다.

어린아이. ADHD의 수많은 특징적인 증상은 어린아이에서 흔히 볼 수 있는 모습과 매우 흡사하다. 그래서 부모나 교사들은 이런 아이들의 산만하고 활동적이고 딴생각을 하는 행동이 자라면서 서서히 사라질 것으로 생각하고, 여기에 대해 별다른 평가나 진단을 받게 하지 않는 경우가 있다.

다른 질환이 있는 사람들. ADHD가 있는 사람들은 우울증이나 불안장애를 동시에 앓고 있는 경우가 종종 있어서 ADHD인지 아니면 다른 질환인지를 정확히 구분하기 어려울 때가 있다.

지금 당신이 이 글을 읽고 ADHD가 있을 법한 사람의 범위가 너무 넓어진다는 생각이 든다면, 그 생각이 맞다. 이런 이유로 지난 수십 년간 이 질환에 대한 인식이 크게 높아졌지만, 여전히 정확하게 진단받지 못한 사람들이 정말 많다.

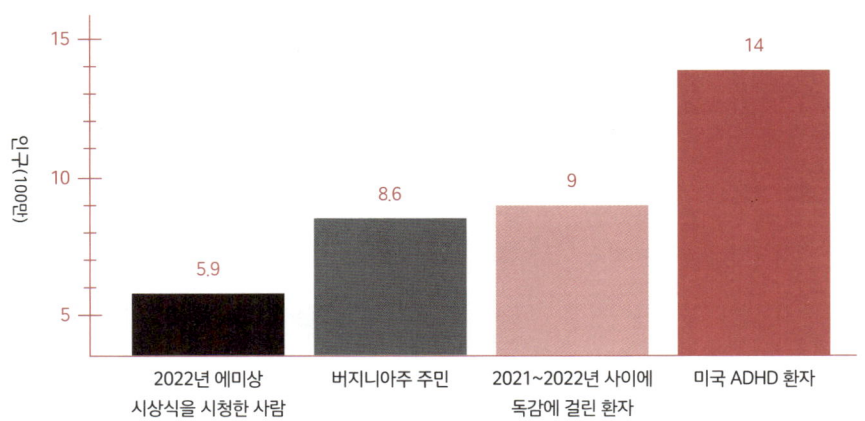

2장
ADHD에 대한 정확한 진단

간단하게 말하면 나는 이런 아이였다. 어른들은 나를 두고 '손이 많이 가는 아이' 아니면 '기운이 넘치는 아이' 또는 '엉뚱한 아이'라고 말했다. 옷을 계단에 그냥 둔 채 정리하지 않거나, 학교 가는 버스를 놓치거나, 숙제를 다 하고도 제출하는 것을 깜빡한다. 그리고 항상 정신없이 돌아다녔다.

만약 당신이 특정 시간 동안의 내 움직임을 추적해서 그림을 그렸다면 〈더 패밀리 서커스〉에 나오는 지도와 비슷했을 것이다. 이 만화에 등장하는 아이는 이를 닦기 위해 방에서 나와 화장실로 간다. 가는 길에 다락방부터 시작해 지하실까지, 모든 곳에 들르고 심지어 개집에도 들어간다. 이런 정신없는 동선은 만화의 지도에 점선으로 표시되어 나온다. 나는 '단 한 순간'도, 심지어 앉아 있는 동안에도 얌전히 있었던 적이 없었고, 내 몸은 차 내부에 흔히 볼 수 있는 고개를 까닥이는 인형처럼 흔들렸다. 그래서 학교에 가면 교실 가장 앞자리, 중앙에 종종 앉았다. 내가 움직일 때마다 선생님이 혼내셨는데 그 무섭다는 감각이 수업 집중에 도움이 되었기 때문이다.

하루는 선생님이 국기에 대한 맹세를 알려 주고 계셨다. 내용을 듣다가 나는 차분히 의자에 앉아서 수업을 듣고 있던 반 친구들을 둘러보았다. 맹세의 내용을 듣고 왜 그 누구도 벌떡 일어나 리처드 스탠즈가 누구냐고 묻지 않는지 궁금했기 때문이다. ('자유와 정의가 있는 공화국에…' 부분이 마치 리처드 스탠즈처럼 들리지 않는가?[1] 지금부터 이 이름이 당신의 머릿속을 떠나지 않고 맴돈다면 미안하다. 하지만 재밌지 않

은가?) 나는 에너지가 넘쳤고 때로는 이 에너지가 나를 압도하기도 했다. 물론 감정적으로 반응하는 친구들도 있었지만 나는 이보다 훨씬 더 극적으로 격해지고 쉽게 울음을 터트렸다. 그래서 나 자신도 내가 정말 이상한 존재며 역사상 나만큼 독특한 아이는 없을 거라는 생각을 했다.

이런 생각은 중·고등학교 시절 동안 내 머릿속을 가득 채웠다. 당시 어울리는 친구가 몇몇 있었는데 한번도 인기 그룹에 속한 적은 없었다. 문제를 풀거나 단어 퀴즈같이 직관적인 행동을 하는 수업에서는 꽤 잘해 나갔지만, 읽고 이해하기, 집중, 숙고, 인내를 요구하는 과목의 성적은 매우 낮았다. 어느 순간부터 이 부분이 그렇게 어려울 일인가 하는 생각이 들었고 평범한 하루를 보내는 것이 왜 이렇게 힘든지에 대한 의문이 들었다. 뭔가 세상이 다른 사람보다 내게 조금 더 가혹하다는 기분이 든 것이다.

우리 어머니가 아니었다면 나는 분명 망망대해에서 길을 잃은 아이가 되었을 것이다. 당시 ADHD가 무엇인지(1990년대 초기 이 질환은 거의 '알려지지' 않았다)도 모르셨지만, 어머니는 내가 숙제나 다른 프로젝트에 뒤처지지 않도록 어깨 너머로 감시하는 것을 사명으로 삼으셨다. 내가 당시 좋아하지 않거나 관심이 없

---

[1] 'to the Republic, for which it stands…'에서 뒷부분인 'for which it stands'를 빠르게 발음하면 'Richard Stands'처럼 들릴 수 있다.

던 것에도 집중하도록 지속적으로 지도하는 데 노력을 아끼지 않으셨다. 결국 나는 (어머니의 도움으로) 평균적으로 높은 점수를 가까스로 땄고 SAT에서도 괜찮은 점수를 받아 좋은 대학에 들어갈 수 있었다. 이후 이런 행운의 흐름은 흐지부지 사라졌다.

나는 어머니의 사랑스러운 파마머리를 보던 그런 아이였다.

대학에서 수많은 의논과 논쟁을 하는 소규모 수업에서는 여전히 잘해 나갔지만, 대규모 강연 수업에서는 형편없는 모습을 보였다. 큰 강당에 앉아 두 시간 동안 대답 없이 한 사람의 말을 일방적으로 듣기만 하는 형태의 수업은 나에게 최악이었다. 우리 학교는 꽤 큰 편이라 수강한 많은 수업이 이런 식으로 진행되었고 결국 학사경고를 받는 지경에 이르렀다. 무려 두 번이나. 3학년 때까지 학점이 다른 학생들에 비해 매우 낮아서 누군가 학점을 물어볼까 봐 항상 겁에 질려 돌아다녔다.

나의 행동은 묵묵히 땅을 가는 소라기보다는 강아지와 더 비슷했다. 시도 때도 없이 펄쩍펄쩍 뛰고 흥분하고 기뻐하는 모습이 딱 그랬다. 하지만 강아지는 비교문학 수업에서 A를 받지 않는다. 이제 내게 무슨 일이 벌어졌는지를 알아내야 하는 시점에 다다랐다.

그해 할머니께서 돌아가셨다. 장례식 후 모든 가족이 삼촌 댁으로 모였다. 내가 사랑하는 사람들이 한 방에 모여 할머니를 기리며 이야기를 나누

> 정확히 말하자면, 내가 마흔다섯 살이 될 때까지 나에게 학점을 물어본 사람은 한 명도 없었다. 〈어메이징 레이스〉에 참가할 때 지원서에 처음으로 학점을 적어 넣었다.
>
> —덴(나)

2장 ADHD에 대한 정확한 진단 41

었다. 그러다 내가 항상 참여했던 대가족 여름휴가 이야기를 누군가 꺼냈다. 이 모임은 해마다 할머니가 모든 경비를 댔고 계획을 직접 짜셨기 때문에 꾸준히 이어졌고, 이제 할머니가 안 계시니 과거의 추억으로 남게 될 것이었다. 여름 모임에서 갔던 여행지마다 나는 항상 멋진 추억을 쌓았기에 이런 모임이 사라진다는 사실은 정말 장례식에 비할 정도로 아쉬운 일이었다. 그러면서 점차 이곳의 대화에 제대로 집중하지 못했고 방에 있는 사람들을 멍하니 바라만 보았다. 내 머릿속에는 지난 여행의 기억들로 가득했다. 그러다 열한 살 때 했던 장기 자랑에 대해 생각하던 중 젤 숙모의 말에 깜짝 놀라 다시 현실로 돌아왔다. "펜, 미안하지만, 더 이상 보고 있기 힘들어서 그러는데, 파리채 좀 그만 씹겠니?" '응?' 순간 눈을 내리깔아 보니, 내 입에는 파리채가 물려 있었다.

나는 물론이고 그 방에 있던 모든 사람이 웃기 시작했다. 이전에도 꽤 독특한 행동으로 누군가가 지적한 적이 있긴 했지만, 파리채라니? 이건 좀 더러운데.

나는 남은 인생을 어린아이처럼 질긴 물건이나 물어뜯으며 보내고 싶지 않았고, 대학교를 졸업하기 위해서 성적을 올릴 방법 역시 찾아야 해서 다음 주 정신과에 가서 검사를 받아 보기로 했다.

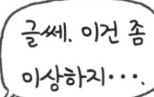

글쎄, 이건 좀 이상하지….

그곳에서 나는 배터리 검사[2]를 받았다. 그리고 결과지를 본 의사는 이렇게 말했다 "ADHD 중에서도 심각한 수준임이 분명하네요."

'아, 그렇군, 그래, 그러면 말이 되지.'

ADHD로 진단을 받는 것은 매직 아이 그림을 노려보는 것과 비슷하다. 처음에는 흐릿한 평면 그림처럼 보이다가 나중에는 파도

---

2 지능검사와 심리검사를 포함한 종합심리 검사.

속에서 점프하는 돌고래가 선명하게 튀어나오는 모습을 보는 그런 느낌. 그리고 "이 그림은 항상 여기에 있었는데 그전에는 왜 한번도 보지 못했을까요. 믿을 수 없어요!"라는 깨달음의 외침. 내 모든 습관과 이상한 행동들로 인해 다른 사람들과 내가 다르다고 느꼈는데 그런 게 모두 설명이 되는 기분이었다. 이후 ADHD에 대해 더 많은 내용을 읽었고 놀라움을 금치 못했다. '아니, 바로 내 얘기잖아! 내가 이랬어! 이것도 나네!' 대학 강당에서 다른 학생들이 잠자코 앉아서 할 일을 하나씩 완수해 나가는 모습을 보면서도, 왜 나는 어떠한 수업에서도 5분 이상을 집중하지 못했는지가 설명되는 것에 안도감이 들었다. 나는 주의력 결핍 과다행동장애라는 병명이 그다지 마음에 들지 않았다. 아니, 사실 너무 싫었다. 그래도 현재의 상태를 알게 된 것은 만족스러웠다.

ADHD는 어떤 식으로 진단하는가?

당신은 내가 앞에서 이 질환을 진단받는 과정을 이야기할 때 실험실에서 하는 검사에 관해 언급하지 않았다는 사실을 눈치챘을 것이다. 이 질환은 적어도 어느 정도는 유전적인 원인으로 결정되긴 하지만, 피검사로는 당신에게 ADHD가 있는지 알 수 없다. 그보다는 환자의 행동 관찰을 기반으로 진단을 내리기 때문에, 이 질환의 여부를 판단하는 데 있어서 주관적인 요소가 상당히 많이 개입될 수 있다. 고혈압이나 당뇨병은 수치를 확인하는 검사로 질환 여부를 알 수 있지만, ADHD 진단에 이런 숫자는 존재하지 않는다. 커츠 박사는 ADHD가 있는 사람을 쉽게 진단할 수 있는 한 가지 방법은, 겨울에 첫눈이 왔을 때 교실에 앉아 있는 아이들을 관찰하는 것이라며 우스갯소리를 했다. 창문으로 달려가는 첫

번째 아이에게 ADHD가 있을 가능성이 크다.

공식적인 진단을 받으려면 심리학자, 정신과 의사, 또는 1차 병원에서 의사의 평가를 받아야 한다. 이들은 미국의 정신의학회의 '정신장애진단과 통계편람 5판'을 기준으로 당신의 행동이 ADHD의 특징과 부합하는지 살펴본다. 이 검사표는 현재 정신 의학계의 성경으로 여겨진다. 물론 해석의 여지가 꽤 있는 편이지만, 훈련된 전문가가 여러 가지 증상의 연관성을 검토하고 매뉴얼에 명시된 기준에 따라 결론을 내린다.

ADHD 진단하기

정신 건강 전문의는 이 질환을 진단하기 위해 환자가 다음과 같은 조건에 해당하는지 살펴본다:

- 앞에서 언급한 세 가지 범주 안에 당신의 행동이 속한다: 부주의함, 과다행동, 충동성.
- 이러한 증상들이 여섯 달 이상 지속된다.
- 증상이 두 가지 이상의 다른 환경에서 나타났다. (예를 들어, 집이라는 개인 공간에서뿐만 아니라, 외부에서도 나타난다.)
- 증상의 정도가 심해 일상생활을 하는 데 방해가 된다.
- 현재 성인이라면 어릴 때부터 이와 비슷한 증상이 있었다.
- 증상이 불안장애나 우울증 같은 다른 질환을 앓은 이후에 나온 것 같다.

의사는 허락하에 당신을 잘 아는 사람들-가족, 선생님, 배우자 등-과도 상담을 하며 이들의 의견을 참고할 수 있다. 겉으로 보기에도, 행동하는 것도, 집행 기능[3]과 자기 조절에서도 ADHD 같다면, 당신은 ADHD가 있을 가능성이 크다.

물론 이렇게 진단을 받는다고 해서 증상이 나아지는 건 아니다. 하지만 당신에게 꼭 해 주고 싶은 말은, 나는 이 질환을 진단받을 때 어느 정도 숨통이 트이는 기분을 느꼈다. 몇 년간 나는 내 머리가 마치 이상한 소음을 내는 자동차와 같다고 생각했다. 하지만 작은 나뭇가지가 차축에 낀 것인지, 아니면 엔진이 곧 터지려는 것인지 도통 알 방도가 없었다. 그래서 이 차를 정비소로 가져갔고 그곳에서 문제가 무엇인지 알려 주었다. 그 순간 안도감과 함께 정신적인 피로감이 사라지기 시작했다. 드디어 나는 망가진 인간이라는 자책을 멈추고 이 문제를 해결하는 방향으로 나아갈 수 있었다. 불확실성이라는 자욱한 안개가 걷히는 상황이 ADHD 진단이 지닌 최고의 장점이다.

그 외에도 진단받은 후 내 주변 관계를 좀 더 개선할 수 있었다. 그래서 연인, 친구, 가족과의 사이 모두가 훨씬 좋아졌다. 대부분의 사람은 누군가의 실수가 무관심이 아니라 신경학적 문제에서 비롯되었다는 사실을 알게 되면, 감정적인 상황에서 사랑하는 사람들에게 더 쉽게 관대해질 수 있다.

어디서 많이 들어 본 것 같지 않은가? 공통적인 ADHD 증상들

당신은 먼저 의사와 상담해서 공식적인 진단을 받아야 한다. 이들 전문가는 DSM-5에 있는 진단 기준을 기반으로 평가할 것이다. 내가 의사는 아니지만, 다

---

3 두뇌가 기획하고 상황에 반응하는 방식.

음의 범주에 나오는 여러 증상이 지속적으로 나타난다면 ADHD로 진단받을 가능성이 크다는 사실 정도는 잘 알고 있다. 당신은 어디에 속하는가? 당신이 겪은 증상을 옆에 있는 네모 상자에 표시해 보자.

부주의함

☐ **낮은 주의력.** "와! 저것 봐봐! 다람쥐야!"

ADHD가 전형적으로 보이는 행동이다. 선생님이 피자에 관한 이야기를 한 후 분수를 설명하기 시작하자, 금방 흥미를 잃고 창밖을 바라보는 아이를 상상해 보자.

☐ **과제 완수가 어려움.** "응, 저 탁자에 있는 테니스 라켓은 내 거야. 제임스 웹 우주망원경에 대한 검색을 먼저 하고 라켓 손잡이 부분을 교체할 생각이야. 이 사진들 본 적 있어? 정말 멋지지 않아? 여기 어디에 망원경을 두었던 것 같은데?"

ADHD가 있는 사람들은 노력이 부족하다기보다는 수시로 더 흥미로운 일을 위해 하던 행동을 다 끝내지 않고 넘어간다. 이런 이유로 당신이 지나간 길을 따라가 보면 반쯤 썰다 둔 양파나 반쯤 청소하다 만 방을 쉽게 볼 수 있다.

☐ **세세한 부분에서 주의력 부족.** "XXL 사이즈라니? 미디움 사이즈로 주문했다고 생각했는데. 바지에 넣으면 입을 수 있으려나?"

ADHD 뇌는 빨리 다음으로 넘어가고 싶은 마음에 사소하고 세세한 부분은 무시해 버린다.

☐ **멍하게 있기.** "내가 얼마나 오래 여기 앉아 있었지?"

ADHD 뇌가 방랑을 시작하면 세상은 평소대로 움직이지만, 당신은 다른 시간대에 머무르는 느낌을 받게 된다.

□ **새로운 존재의 방해.** "오, 너가 좀 봐도 될까?"

아주 밝게 빛나는 것이 나타나면 오래된 것은 버리고 새것을 택한다.

□ **물건 분실.** "혹시 내 열쇠/운전면허증/휴대전화/속옷 본 사람 있어?"

물론 누구나 살면서 물건을 한 번 이상은 잃어버릴 것이다. 그러나 당신에게는 분실을 방지하는 좋은 방법이 없을 때, 마치 빵 부스러기처럼 물건을 흩어트리며 다닐 것이다.

□ **멀티태스킹 능력 부족.** "아니! 출근길에 세탁소에 들러 당신 셔츠를 드라이클리닝해 달라고 맡길 수 없어. 세상에, 내 몸은 하나라고!"

ADHD는 작업 기억에도 영향을 주기 때문에 동시에 한 가지 이상의 일을 처리하기가 매우 어려울 수 있다.

과다행동

□ **불안함-항상 움직임.** "의자를 계속 흔들어서 미안해. 내가 이런 식으로 계속 다리를 떨고 있는지 몰랐어.'

당신에게 ADHD가 있다면 버스를 기다리면서 발끝으로 점프를 하거나, 수업 중에 손가락으로 책상을 두드리거나, 바에서 술에 담긴 얼음을 빨대로 계속해서 젓는 등의 행동을 할 것이다.

□ **다른 사람과의 대화 중에 딴생각을 해서 상대방을 무시하는 행위로 비침.** "염소가 요가할 때 어떤 기분일지 궁금해 본 적 없어?"

무례를 범할 생각이 없지만, 대화에 제대로 집중하지 않으면 상대방은 무례하다고 생각할 수 있다. 당신은 뭔가가 생각나면, 자신이 말할 차례든 아니든, 또는 말하고 싶은 게 대화 주제와 동떨어졌든 상관없이 이를 공유해야 한다고 느낀다.

☐ **인내심 부족.** "절대 줄이 줄어들지 않을 것 같아."

기다림은 ADHD 뇌를 매우 불안하게 한다.

☐ **건망증.** "아니. 약속해. 주차 위반 과태료는 오늘 꼭 낼게."

ADHD는 작업 기억에 좋지 않은 영향을 주기 때문에 좋은 의도로 시작하더라도 마무리 짓지 못할 수 있다.

충동 조절

☐ **시간 관리 부족.** "피아노 연습은 조금 있다 해야지. 이 '월드 오브 워크래프트' 게임만 끝내고 말이야."

즉각적인 보상과 나중에 받는 보상 중에 선택해야 한다면, ADHD 뇌를 가진 사람들은 항상 즉각적인 보상만을 원한다.

☐ **충동적 행동.** "물론이지! 라스베이거스 가자. 너무 재밌겠는데? 차 열쇠 가져올게."

'호미로 막을 것을 가래로 막는다'라는 속담은 ADHD 뇌에 입력되어 있지 않다. 그보다는 '지금 행동하고 문제는 나중에 해결한다' 방식을 더 선호한다.

☐ **감정적 반응.** "이런, 갑자기 너무 감정적으로 대해 버렸네. 내 잘못이야."

ADHD들은 감정의 반응이 순식간에 변할 수 있다. 뇌에 감정을 억제하는 장치가 없어서 대개 강렬하고 큰소리로 반응한다.

☐ **위험을 감수하려는 경향.** "아니, 괜찮아. 보안경은 필요 없어. 설마 무슨 일이 일어나겠어?"

고위험, 고보상. 이게 ADHD들이 추구하는 방식이다. 이들에게 잠재적인 부정적 결과를 예측하는 것은 매우 드문 일이다.

☐ **자기 관리 능력 부족.** "젠장. 또 양치질하는 걸 깜빡했어."

당신이 ADHD라면, 매우 간단한 일상적인 활동도 제대로 하지 못할 수 있다

☐ **규칙을 따르는 행위에 대한 어려움.** "멈추라니? 저 신호는 도로에 다른 차들이 있을 때나 적용되는 거 아냐?"

ADHD 뇌는 추상적인 요구 사항과 결과보다는 즉각적이고 명확한 결과를 선호한다.

☐ **지저분함.** "나중에 치워야지."

정리가 마치 할 일 목록에 추가해야 하는 하나의 과제로 느껴진다.

자, 당신은 몇 개를 체크했는가?

ADHD가 있다고 해서 항상 이 모든 증상이 나타나지는 않는다. 한 번도 나타나지 않은 항목도 있고, 특정 환경에서 받는 스트레스의 강도에 따라 나타났다 사라질 수도 있다. 어떤 날은 유난히 다른 사람의 말을 끊거나 정리를 제대로 못 하고, 또 어떤 날은 오프라 윈프리 수준으로 남의 말을 경청하거나 정리업체로 유명한 홈 에디트보다 더 깔끔하게 정리할 수도 있다. 또한 당신에게 나타나는 다양한 증상은 다른 ADHD인 사람들과 다를 가능성이 크다. 똑같은 질환이

있더라도 뇌 기능이 각각 달라 심지어 가족 간에도 차이가 있다. 이런 이유로 증상이 비슷할 수는 있어도 완전히 같지 않은 게 일반적이다. ADHD의 증상은 마치 시식용 메뉴에서 각자 몇 가지씩 맛보는 것과 같다. 그러니 ADHD에서 한 가지로 정해진 모습이란 없다.

나의 ADHD 증상들

ADHD를 하나의 질환으로 인식하는 데 오랜 시간이 걸리는 원인 중 하나는 사람에 따라 증상이 너무도 다르게 나타나기 때문이다. 할로웰 박사는 인터뷰에서 일부 연구원들이 ADHD를 눈의 결정 질환(snowflake condition)이라 부르기도 한다고 알려 주었다. 온도와 습도에 따라 눈 결정의 모양이 제각각인 것처럼, 이 질환을 앓는 사람의 증상도 유니크하다는 의미다. 다음은 나에게 나타났던 여러 증상이다.

집중해서 듣기 어려움

우리 아버지는 동네에서 존경받는 목사셨다. 예배에 참석한 사람들 대부분이 아버지의 연설을 좋아했다. 매주 아버지는 언제나 흥미로운 이야기로 연설을 시작하셨다. 이어지는 15분 동안 그 이야기와 성경을 적절하게 연결했고 교훈을 일상생활에 적용하셨다. 하지만 그 설교가 얼마나 경이로운 내용이든 상관없이, 나는 단 한번도 집중한 적이 없었다. 물론 처음에는 언제나 집중해서 들었다. 그러다 이 이야기와 연관된 나의 일, 또는 최근에 나온 〈맥가이버〉 에피소드와 어떤 관련성이 있는지로 금세 빠져 버렸다. 아버지가 겸손과 이웃을 사랑하는 내용을 말씀하시는 동안 나는 풍선껌과 라이터로 내 포고 볼[4]을 고칠 방법을 생각했다.

영어 교사였던 어머니는 내가 이해력에 문제가 있다는 점을 아주 정확하게 인지하고 계셨다. 그래서 교회에서 집으로 돌아오는 길이면 종종 이렇게 물으셨다. "오늘 아버지의 설교 내용에 대해 너는 어떤 생각이 드니?" 그러면 나는 처음 2분간의 내용을 토씨 하나 거의 틀리지 않고 그대로 전했다. 그러면 어머니는, "음, 그리고 또 뭐라고 하셨지?"라고 물으셨다. 뒷부분은 고무줄과 분필로 새총을 만들 방법을 고심하던 때여서 당연히 기억이 나지 않았다. 만약 이것이 시험이었다면 항상 낙제했을 것이다. 나는 은근슬쩍 말을 돌리려고 했지만, 어머니는 그때 이미 눈치채셨다고 한다. 내가 정말 존경하는 아버지의 말씀이지만 평생 그 중요한 내용을 제대로 듣지 못할 거란 사실을.

이렇게 상대의 말을 집중해서 듣지 못하는 문제는 현재도 진행 중이다. 나에게는 가장 큰 도전과제이자 가장 큰 노력을 기울이는 부분이기도 하다. 이와 관련해서는 3부에서 자세히 살펴보도록 하자.

여기 코를 파려는 아이가 바로 나다.

---

4 올라가서 균형을 잡는 우주선 모양의 장난감.

가만히 있지 못함

내가 열 살 때, 하루는 농구 연습을 끝내고 집으로
돌아오자 부모님이 이런 말씀을 하셨다. "오늘은 특
히 더 열심히 농구를 했나 보구나? 땀범벅이야." 고개를 숙여
보니 티셔츠 목 주변에는 아주 크고 짙은 반원형 얼룩이 있었다.
연습 중에 특별히 심한 몸싸움을 한 적이 없었기에 그냥 어깨를
으쓱해 보이고는 셔츠를 빨래통에 던져 넣었다.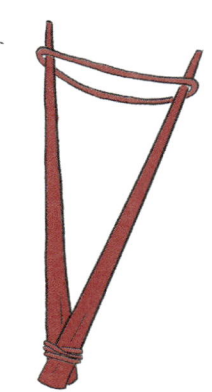

이틀 후 피어슨타운의 초등학교 교실에서 선생님이 지층에 대
해 수업하던 도중에 내게 말씀하셨다. "펜, 셔츠 좀 그만 씹겠니?" 그때야 나는
셔츠의 칼라를 당겨 보았고 여기에도 역시 커다랗고 짙은 동그란 모양의 얼룩이
있었다. 바로 내가 입으로 잘근잘근 씹던 곳이었다. 사실 그런 행동을 하고 있었
는지 전혀 몰랐다.

이후 모든 상의를 건조가 빠른 드라이핏 소재로 입기 시작하면서 꽤 오랫동
안 셔츠를 입으로 빨지 않았는데, 어쩌면 순면보다 그리 맛있지 않아서일지도
모르겠다. 하지만 난 여전히 나도 미처 알아채지 못한 수백 가지 행동을 하고 있
을 것이다(그렇다. 대개는 아내가 이런 행동을 알려 준다). 예를 들어, 나는 식기를 계
속 만지작댄다. 고급 레스토랑에서든, 진지한 분
위기에서든 관계없다. 그리고 식기를 드럼 스틱처
럼 쓴다. 그러면 웨이터가 다가와 와인 메뉴판을
건네며 '그래요, 데이브 그롤[5] 씨, 이제 진정 좀
하시죠'라고 말하는 듯한 표정을 짓는다. 그래서

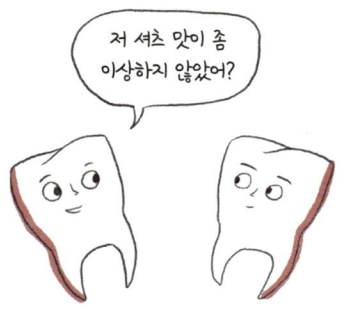

---

5 미국의 뮤지션이자 드러머.

나는 초밥을 즐긴다. 주변에 식기를 두지 않고 손으로 먹을 수 있으니까.

때로는 생각에 너무 빠져서, 육체와 분리된 것처럼 행동을 인지하지 못하기도 한다. 내가 열한 살인가 열두 살 때 오락실 바로 옆에 있는 쇼핑몰의 푸드코트에 간 적이 있다. 식사를 하면서도 내 머릿속은 얼마나 빨리 오락실로 돌아가서 가장 좋아하는 '갤러그'를 할 수 있을까로 가득했다. 이때 백화점에서 오후 근무를 마치고 같은 테이블에 앉아서 휴식을 취하던 두 명의 중년 여성이 나를 보더니 이렇게 말했다. "미안하지만 얘야, 정말 지저분하게 먹고 있구나." 그 말을 듣기 전까지 나는 몸의 움직임을 전혀 인식하고 있지 않아서 어떤 식으로 먹고 있는지 몰랐는데, 알고 봤더니 하이에나처럼 햄버거를 게걸스럽게 먹고 있었다. 아주 평범하게 먹고 있다고 생각했던 것과 다르게, 쿠키 몬스터[6]처럼 지저분하게 먹고 있었던 것이다.

많은 ADHD가 신체적 자극을 갈망해서 항상 무의식적으로 몸을 움직인다. 예를 들어, 입술을 빨거나, 코를 파거나, 펜을 물어뜯거나, 시간을 계속 확인하거나, 식탁 위를 피아노 치듯 손가락으로 두드리거나, 눈을 이리저리 굴리거나, 앞에 있는 물건이 어떤 것이든 만지작거린다.

한번은 내가 참가했던 〈어메이징 레이스〉를 TV로 보고 있었는데, 화면 속의 나는 챌린지를 끝낸 후에도 자전거 타듯이 다리를 움직이고, 팔굽혀펴기[7]를 하고, 얼간이 같은 안경을 코 위로 올렸다 내렸다 하길 반복하고 있었다. 이런 내 모습은 마치 디즈니 만화에 나오는 캐릭터 같았다. 이 모습을 GIF로 만든 움짤 파일을 아직도 가지고 있다. 내 눈으로 직접 보기 전까지, 누군가 휴대전화에 있는 이 움짤 사진을 가리키며 "이거 당신인가요?"라고 물어본다면, 이렇게 답했

---

6 미국 텔레비전 프로그램인 〈세서미 스트리트〉의 원년 멤버 캐릭터.

얼간이 안경 장착!

을 것이다. "그럴 리가요. 정말 얼간이 같은 사람이군요."

주변에 누구도 이런 행동을 하지 않는다는 사실을 직접 목격하는 것도, 왜 나만 이런 행동을 하는지 설명할 수 없는 것도 ADHD에게는 힘든 일이다. 이 정도면 거의 기억상실 수준이다. 누군가 당신의 행동을 지적할 때 그때부터 남의 눈을 심하게 의식하게 될 수도 있다.

건망증

가끔 나는 건망증 교수의 전형적인 모습을 보일 때가 있다. 차이라면 팔꿈치 부분을 천으로 덧댄 형태의 스웨터 대신 카고바지를 선택해서 입는다는 점뿐이다.

한번은 야식으로 땅콩버터 샌드위치를 먹으러 잠옷 가운을 걸치고 주방으로 갔다. 땅콩버터를 집으려고 할 때 얼음물이 마시고 싶어졌다. 얼음을 가지러 가는 도중에 긴바지가 아니라 반바지를 입고 자면 더 편할 것이란 생각이 들어서 입고 있던 바지와 티셔츠를 냉장고 앞에서 벗었다. 다음 날 아침 아내가 주방으로 왔을 때, 그곳에는 마치 불만을 품은 갭[7] 직원이 몰래 침입해 물품을 여기저기 던져 둔 채 사라진 듯한 광경이 펼쳐져 있었다.

열쇠를 차 안에 두고 차 문을 잠그는 일은 셀 수도 없고, 토스트기 때문에 화재 알람이 울린 적도 있고, 차고에 가서는 내가 왜 왔는지 기억이 나지 않거나,

---

[7] 의류 브랜드.

잔디를 반쯤 깎다가 기계를 그대로 내버려 두고, 안에 그릇을 정리하지 않은 채 식기세척기 문만 열어 두거나, 차도에 차를 두 시간 동안 세워 두고, 아직 쓰지도 않은 치실을 쓰레기통에 넣거나, 소파에 더러운 양말을 그대로 두었다. 바로 이번 주에 내가 했던 행동들이다.

> **킴이 남긴 메모**
>
> 펜의 산만함으로 인해 '휴, 정말 큰일 날 뻔했어'라고 되뇌는 일이 집에서 발생한 적이 몇 번 있었다. 지난달, 진료를 기다리며 대기실에 있는데 절대 받고 싶지 않은 알람이 스마트폰에 떴다: '집에 화재경보기가 울리고 있습니다.' 그 즉시 나는 남편에게 전화했다. "아직 집에 있어? 화재경보기가 울리고 있대!" 그러자 남편은 이렇게 말했다. "15분 전에 나왔어. 아침이 베이컨을 구웠는데, 아마 그것 때문인가 봐. 남은 베이컨에서 나오는 연기가 아닐까?" 나는 홈캠 앱으로 집안을 살펴보았지만, 어디에도 불꽃은 보이지 않았다. 그래서 나에게는 영웅 같은 이웃에게 우리 집으로 가 달라고 문자로 부탁했다. 남편이 (언제나 그렇듯) 문을 잠그지 않았으리라 생각했다. 이웃에게 주방으로 가서 베이컨이 담긴 연기 나는 프라이팬 쪽 불을 꺼 달라고 했다. 집은 기름 화재로 인해 잿더미가 될 뻔했다. 이웃은 환기를 시키러 모든 문을 열었고, 그 틈을 타서 우리가 키우는 강아지 써니가 뒷문으로 나가 버렸다-. 우리의 용감한 이웃은 써니를 쫓다가 스프링클러에 그만 발이 걸려 넘어졌고 손에 큰 상처가 남았다. 이후부터 남편에게는 언제든 원하면 아침을 만들 수 있지만, 반드시 시리에게 불을 끄도록 한번 더 상기시키는 알람을 설정한 후에 주방을 이용하도록 했다

소지품 분실

나는 분실의 왕이다. 한번은 땅콩버터를 한 스푼 떠 놓고 어디 두었는지 잊어버린 적이 있다. 먹으려고 보니 사라진 것을 바로 알았지만 두 달 동안 찾을 수 없

었다. (당연히 그렇겠지만 땅콩버터는 엉뚱하게도 부활절 달걀 염색 키트 상자 뒤에 있었다.) 또 한번은 종일 촬영을 한 후 편집하려고 SD 카드를 빼서 위층으로 올라갔다. 도중에 꼬르륵 소리가 나서 주방으로 간 후 잃어버렸다. 아내와 나는 이 작은 카드를 한 시간 반 동안 찾아다녔고 결국 냉장고 안 샐러드용 채소 밑에서 발견했다.

기억하기로는 항상 이런 식으로 행동했던 것 같다. 어린 시절, 외출할 때마다 소지품을 잃어버리는 통에 진절머리가 난 부모님은 이를 해결할 요령을 떠올리셨다. 다른 많은 부모가 하듯이 잃어버릴 때마다 그에 상응하는 대가를 지급하는 방법이었다. 가령 선글라스를 잃어버리면 새것을 살 돈을 벌기 위해 마당에서 일을 해야 했다. 꽤 전형적인 방법이다. 전형적이지 않은 방법도 있었다. 내가 첫차를 샀을 때 아버지께서는 이렇게 물으셨다. "가장 친한 친구들은 누구지?" 나는 친한 친구들 네 명의 이름을 빠르게 말했다. 다음날 아버지는 이 친구들 한 명 한 명의 집으로 찾아가 여분의 차 열쇠를 하나씩 나누어 주었다. 하지만 몇 달 만에 나는 이 열쇠 모두를 사용했다.

내가 잃어버리는 물건을 다시 사는 데 우리 부부가 썼던 돈(여기에는 결혼반지도 포함된다. 믿지 못하겠지만 정말이다)을 모두 더한다면 대학교 한 한기 등록금 정도는 될 것이다.

내가 잃어버린 물건과 다시 찾았던 장소를 한번 매치해 보자:

> 친애하는 펜의 친구들에게,
>
> 이건 내 아들의 차 열쇠란다. 곧 그 애에게 이 열쇠가 필요해질 거거든.
>
> 사랑을 담아,
> 펜의 아버지가

잃어버린 물건과 그것을 찾은 장소는?	
땅콩버터 한 스푼	식료품 저장고 안
수영복	양념통 선반 안
양말	의자 위
열쇠	냉장고 안
커피잔	양탄자 위
여행 가방	약 800킬로미터 떨어진 공중화장실
휴대전화	자동차 위
사과	주방 식탁 위

킴이 남긴 메모

정확히 설명하자면, 남편은 땅콩버터를 뜬 숟가락을 식료품 저장고에 두었고, (술집) 의자 위에 수영복을 놔두고 왔으며, 양말은 주방 식탁에, 휴대전화는 양념통 선반에, 커피잔은 자동차 위(안이 아니라)에 여행 가방은 800킬로미터 떨어진 공중화장실에, 열쇠는 냉장고에, 사과는 양탄자 위에 둔 적이 있다.

나는 모든 ADHD가 한 가지 유형으로 나타나지 않으며, 항상 모든 증상이 나타나는 것도 아니라는 점을 분명히 말할 수 있다. 대표적인 증상 목록을 살펴봤을 때 일부는 '아, 그래. 남편도 분명 이랬어'라고 생각했지만, 어떤 종류는 전혀 일치하지 않았다. 예를 들어, 남편은 위험을 감수하는 사람이 절대 아니다. 우리가 꽤 좋은 일자리를 버리고 사업을 함께 시작한 것은 사실이지만, 이런 큰 결심을 하기까지 남편을 설득해야 했고, 결국 나는 남편을 절벽 끝까지 밀어서 매달린 손가락까지 하나씩 떼어 내어 떨어뜨려야 했다.

다른 부분에서 남편은 ADHD 스펙트럼의 최고점을 받았다. 충동적 행동 부분에서 내가 1.5점 정도라면 남편은 11점이다. 어떤 행사가 조금이라도 재미있을 것 같으면 남편은 내가 알아채기도 전에 이미 참여하러 간다. 반면에 나 같은 경우에는 친구들이 30분 후에 시작하는 콘서트 표를 무료로 준다는 전화를 받아도 가만히 앉아서 장단점을 깊이 생각해 본 후에야 알겠다고 답한다.

남편은 어떤 이유에서건 기다려야 하는 상황을 못 견딘다. 고속도로에서 누군가 브레이크를 살짝만 밟아도 불안해하며, "이번 IC에서 빠질 거야"라고 말한다. 그러면 나는 "잠깐만 진정하고 기다려 봐. 구글맵에서는 이 길이 가장 빠르다고 나와"라고 대답하지만, 말이 끝나기도 전에 이미 차는 다른 길(대개는 더 오래 걸리는)로 들어서 있다.

또한 남편은 침묵을 싫어하고 언제나 즐거워야 한다. 비행기를 탈 때면, 탑승하자마자 노이즈 캔슬링 헤드폰과 아이패드를 연결해 놓고 좌석에 앉자마자 배터리가 부족할 경우를 대비해 좌석 뒤편 화면에 있는 잭에 헤드폰을 연결해 둔다. 남편의 뇌는 끊임없는 자극을 갈망한다.

지금 내가 사무실에서 이 내용을 작성하고 있는데, 남편의 ADHD를 실시간 업데이트를 해야 할 듯하다. 우리 사무실 옆에는 탕비실이 있고 여기에 1인용 커피 머신이 있다. 나는 문을 닫아둔 상태지만 ('방해하지 마시오'라는 보편적인 신호) 옆에서 소란스러운 소리가 들려온다. 남편이 방금 커피 머신에서 추출 버튼을 눌렀고 커피가 나오기 시작하자, "이런, 젠장!"하고 소리쳤다. 분명 추출구 밑에 커피잔을 두는 것을 깜빡했을 것이다. 남편은 근처 찬장으로 달려가 컵을 꺼내 흘러나오는 커피를 마저 받으려고 허둥대면서도 바닥으로 흐르는 커피가 발 위로 떨어지지 않도록 이리저리 피하고 있을 것이다. 내 생각에 이런 일은 한 달에 한 번씩 일어나는 듯하다.

3장
ADHD 뇌 속을 살펴보자

우리의 뇌는 경이로운 공장과 같다. 뇌가 할 수 있는 일을 생각해 보면 놀라움에 입이 떡 벌어질지도 모른다. 뇌는 약 1.3킬로그램 정도의 지방과 수분, 탄수화물, 단백질, 소금-피자에 들어가는 재료와 비슷하다-으로 구성된 것에 불과하다. 그런데도 수달과 비버의 차이를 구분하고, 6분 안에 1킬로미터의 거리를 달리는 데 다리를 얼마나 빠르게 움직여야 하는지 판단하며, 체리와 운율이 맞는 적절한 이름 9개를 생각해 내고, 미분 방정식을 풀 수 있다. 피자가 이런 일을 할 수 있다고 상상해 보자.

(당신이 나와 비슷한 성격이라서 이 책을 잠깐 놓고 지금 당장 옆 사람에게 피자에 든 많은 재료가 뇌의 구성물과 비슷하다는 흥미로운 사실을 알려 주고 싶다면, 바로 행동에 들어가도록 하자. 나는 당신의 마음을 충분히 이해한다. 이렇게 하지 않으면 분명 이 생각이 계속 머릿속을 맴돌아 다음 단락부터 제대로 내용이 머리에 들어오지 않을 것이다. 원하는 행동을 한 후에 다시 책으로 돌아와도 괜찮다.)

저건 수달일까, 비버일까?

이제 다시 내용을 이어 가 보자! ADHD 뇌의 대부분은 정상적인 뇌와 거의 다를 바 없이 기능한다. 충분한 양의 음식을 섭취하도록 하고, 호흡을 조절하며, 상어가 득실대는 바다를 피하도록 유도한다. 그러니 ADHD가 있다고 해서 아닌 사람과 뇌 기능이 극적으로 다르다고 생각하지 말자. 바클리 박사는, 이들의 행동은 단순히 '인간의 일반적인 특성의 극단적인 형태'일지 모른다고 설명했다. 행동이 반복되고 그 정도가 끝 지점에 있을 때 장애라고 판단하는 것이다. 하지만 일반적인 특성을 기반으로 보기에는 ADHD 뇌와 그렇지 않은 뇌 사이에 몇 가지 중요한 증상의 차이가 있다.

등반을 주제로 한 다큐멘터리 영화 〈프리 솔로〉를 본 적 있다면, 등반가 알렉스 호놀드가 뇌 MRI 검사를 했을 때 두려움을 관장하는 영역인 편도체가 제대로 활성화되지 않은 상태라는 사실이 밝혀지는 장면을 기억할 것이다.

이런 뇌 기능 차이로 인해 호놀드는 대부분의 사람, 가령 내 아내 같은 사람이라면 공황에 빠질 법한 행동을 할 수 있는 능력이 생겼다. 그만의 독특한 뇌 구조는 행동하는 방식을 바꾸었다. ADHD도 이와 비슷하다. ADHD 뇌의 독특한 구조가 특이한 행동을 하는 당신을 만든 것이다.

그래서 이번 장에서는 ADHD 뇌에 대한 전반적인 내용, 그리고 주의력, 과다행동, 충동성과 관련된 문제의 원인을 살펴볼 예정이다.

먼저 ADHD 뇌 해부학에 대한 30초 강의로 시작해 보자.

> 아직 이 다큐멘터리를 보지 않았다면 꼭 한번 보기를 추천한다. 알렉스 호놀드는 엠파이어 스테이트 빌딩의 다섯 배 이상 높은 산을 로프나 하네스 같은 장비 없이 오른 인물이다. 놀랍도록 강한 손가락과 발가락 힘만이 치명적인 죽음으로의 추락에서 그를 보호하는 유일한 장치다. 무모할 정도로 극단적이다.
>
> —펜

집행 기능: 내부의 최고 경영자(CEO)

ADHD인 사람의 머리뼈를 열어 앞쪽을 살펴보면 말랑말랑한 콜리플라워 모양 같은 것을 볼 수 있다. 이 조직은 이마엽(전두엽)이라고 하는데, 정말 바쁘게 일하는 부위다. 조금 더 안쪽에는 소뇌와 뇌관이 있으며, 기본적으로 생존과 관련된 기능인, 투쟁, 도피, 동결(싸우거나 도망가거나 얼어붙는) 반응을 조절하고 심장 박동과 뉴런 신호 전달을 유지하는 비자발적 시스템을 조절한다. 반면에 전두엽은 고차원적인 사고를 하도록 돕는 집행 기능의 대부분을 담당한다:

- 우선순위 정하기
- 시간 관리하기
- 계획 세우기
- 충동 조절하기
- 환경의 변화에 적응하기
- 집중하기
- 정보 저장하기
- 목표 세우기
- 전략 세우기
- 자신을 자각하기
- 스스로 동기 부여하기
- 의사 결정하기

일반적으로 집행 기능은 당신의 행동을 저어한다.

전두엽은 한 회사의 최고 경영자와 비슷한 역할을 한다. 신체 모든 시스템을 감독하고 모든 작업이 순조롭고 성공적으로 이루어지게 한다. 뇌가 제 기능을 하는 사람의 머릿속 최고 경영자는 멀리서 지켜보다 필요할 때 "정말 그렇게 하고 싶어? 그게 당신 회사에 최선의 이익이 될까? 아니면 잠깐 시간을 갖고 재고해 봐야 할까?"라고 물어본다. 그렇다면 ADHD 뇌에 있는 최고 경영자는 어떨까? ADHD 뇌의 전두엽은 당신과 당신의 직감을 전적으로 믿는다. 그래서 모든 것에 동의를 표하며, 심지어는 이제 막 시작한 프로젝트를 중단하거나 오전 9시 25분에 점심시간을 갖는다고 해도 반대하지 않을 것이다.

뇌 기능 차이

전두엽은 가장 마지막까지 발달하는 부위다. 일부 전문가들은 25세 정도가 되어서야 완전히 발달한다고 믿는다. ADHD인 사람의 집행 기능을 다루는 전두엽은 일반 사람들보다 크기가 조금 더 작고 심지어는 더 늦게까지 발달한다. 바클리 박사의 보고서에 따르면, ADHD 환자들은 집행 기능과 연관된 뇌의 다섯 영역이 일반인보다 더 작다고 한다. 그래서 대뇌겉질에서의 두뇌 활동은 일반인보다 활발하지 않다. 또한 졸음, 미성숙한 뇌, 집중력 부족과 관련이 있는 '느린 뇌파 활동'이 더 많이 일어난다. 이렇게 보니 당신의 회사가 한번씩 위기에 처하는 상황은 당연한 것 같다.

이런 뇌의 상황이 실제 생활에서 어떤 식으로 작용하는지 더 쉽게 이해하기 위해 예시를 만들어 보았다. 먼저 일반적인 상황들이다:

- 은행에 들어갔는데 줄이 너무 길어서 저 앞에서 돈을 나누어 주는 건 아닌지 궁금증이 생긴다.
- 공원도로에 진입할 때 BMW가 뒤에서 당신 차의 배기구를 뜯어낼 수 있을 정도로 바짝 붙는다.
- 3시 약속이 있고 차로 가면 30분 만에 도착할 수 있다. 배가 무척 고프지만 이미 2시 30분이 지났고 당신은 아직 집을 나서지 않은 상태다.

뇌 기능이 정상인 사람들이라면 각각의 상황에서 집행 기능이 개입한다. 제대로 줄을 서서 인내심 있게 기다리기, 신호에 걸리면 심호흡하며 진정하기, 최대한 빠르게 집을 나서기, 배고픔은 무시하기라는 조언을 내린다. 하지만 ADHD 뇌라면 다음과 같은 다른 반응이 나타난다.

- 긴 줄을 본 당신은 줄을 서지 않고 그냥 앞으로 혼자 가 버린다.
- 뒤차가 가까이 오자 당신은 숨죽여 이렇게 중얼거릴 것이다. "왜 이러는 거야 정말!" 그러고서는 백미러를 보며 꽤 오랜 시간 동안 불안해한다.
- 시계가 2시 30분을 가리키자 빠르게 요기를 먼저 하고 약속 장소로 가면 되겠다고 생각한다. 그나저나 치즈 굽는 데 시간이 얼마나 걸리지?

일반적으로 뇌는 원시적 본능이 튀어나오려 할 때 이를 저지하고 조금 더 이성적인 전두엽이 우세하게 활동하도록 지시해야 하지만, 우리의 약해진 집행 기치즈 구울 시간은 언제나 충분하다고.

능은 행동을 조절하는 능력을 제대로 발휘하지 못한다.

ADHD 두뇌 속 최고 경영자는 일반적인 최고 경영자보다 강하고 지도력 있게 나서지 않는다. 집중, 주의, 감정, 충동 조절, 행동을 제어해야 할 때도 느슨한 경영 스타일로 인해 약한 모습을 보이기도 한다. 하지만 동전의 양면처럼 이를 뒤집어 생각해 보면, 창의력의 사소한 것까지 통제하려는 마이크로 매니저가 저지하지 않아 마음껏 날개를 펼칠 수 있다. 이와 관련된 이점에 대해서는 2부에서 자세히 살펴보자.

어쨌든 당신은 집행 기능을 강화하는 방법을 시도해 볼 수 있다. ADHD는 쉽게 다룰 수 있는 질환을 아니지만 그렇다고 치료가 불가능한 장애도 아니다. 적당한 훈련과 전략만 있다면 제대로 된 지도자처럼 회사를 경영할 능력을 향상할 수 있다.

당신은 조절해야 한다

나와 아내는 최근 ADHD 전문가이자 은유의 대가 마시 콜드웰 박사를 팟캐스트에 초대했다. 콜드웰 박사는 ADHD 뇌에서 벌어지는 현상을 정말 이해하기 쉽게 설명해 주었고 일반적인 뇌와의 차이 역시 알려 주었다.

박사의 말에 따르면, ADHD 뇌는 녹음실에서 볼 수 있는 믹싱 보드와 비슷하다고 한다. 이 기계를 한번도 본 적이 없는 사람을 위해 간략히 설명하자면, 이 장치는 기본적으로 노래의 다양한 요소를 조정하는 수많은 슬라이더, 노브(손

잡이), 버튼이 가득한 거대한 패널이다. 마치 사운드 부스에서 닥터 드레 같은 프로듀서가 사용하는 장비와 같다. 각각의 다이얼에는 0부터 10까지 조정할 수 있는 슬라이더가 있어서 그 강도를 조절한다. 기타를 3단계 정도로 조용하게 넣고, 드럼을 7단계로 크게 하며, 브컬을 8단계로 높일 수 있다. 이런 방식이 바로 정상적인 뇌에서 일어나는 일이다. 슬라이더를 위아래로 움직이면서 더 미세하게 조정한다.

ADHD는 이 슬라이더가 켜짐/꺼짐 버튼으로만 구성되어 있다. 그래서 단계를 서서히 올리거나 내릴 수 없다. 즉, 당신의 뇌는 완전히 작동하거나 꺼지는 형태인 것이다.

그중에서 수시로 스위치가 움직이는 것들이 있는데, 첫 번째는 지루함이다. 지금 하는 일에 흥미를 느끼지 않으면 꺼짐으로 내려간다. 두 번째는 산만함이다. 소음, 당신의 시선을 끄는 것, 몸을 움직이고 싶은 충동, 스치는 생각 등이 포함된다. 이런 산만한 행동은 집행 기능을 방해하고 행동 조절을 어렵게 만든다.

살아가다 보면, 가끔은 이 믹싱 보드에 너무 많은 채널이 한번에 연결될 때가 있는데, 그럴 때면 합선이 된다. 전선은 타고 결국 녹아버린다. 참 극단적인 상황이다, 그렇지 않은가? 그렇다고 당신의 행동을 통제하는 것은 완전히 불가능하다고 생각하지는 말자. 콜드웰 박사는 조건과 상황이 좀 말 따아아악 맞아떨어진다면, 적당한 집중력, 적당한 에너지, 적당한 통제력을 제공하는 중간 지점으로 스위치를 조절할 수 있는 그런 이상적인 상태에 도달할 수 있다고 설명했다. 또한 이상적인 상태에 이르기 위해서는 정신적 배터리가 완전히 충전되어 있어야 한다고 덧붙였다. 그렇다면 배터리 충전에 도움이 되는 것에는 무엇이 있을까? 수면, 영양분, 유대감, 명상, 운동이다. 일부 사람들에게는 약물도 도움이 된다. 물론, 이런 이상적인 상태에 다다르는 게 쉽지 않겠지만, 철저한 계획과 지원이 있다면 충분히 가능하다. (12장에서 이상적인 상태에 도달하는 방법에 대해 자세히 살펴보자.)

콜드웰 박사가 ADHD를 믹싱 보드로 비유해서 설명했을 때 나는 입을 다물지 못했다. 지금까지 들었던 것 중 이렇게 간단명료한 비유가 있을까? 나는 단 한번도 두 가지 이상의 활동을 동시에 쉽게 집중한 적이 없는데 그게 이런 이유였다니. 내가 바로 박사의 설명이 부합하는 사람이다. 그렇다면 나는 매일 믹싱

심지어 이 비유를 노래로도 만들었다.

보드 두 개 앞에서 일하는 사람이라는 의미인 것이다.

나의 두뇌는 완료되지 않은 일들이 쌓여 있으면 제대로 기능하지 않는다. 반면에 아내는 하루 만에 원고를 쓰고 팟캐스트를 녹음하고 재미있는 영상을 찍는 등의 멀티태스킹을 훌륭하게 해낸다. 보고 있으면 하나의 프로젝트가 다음 일에 에너지를 불어넣어 주는 것만 같다. 그렇다고 해서 내가 멀티태스킹을 싫어한다는 의미는 아니다. 단지 뇌가 한번에 여러 업무를 하는 데 집중하지 못한다는 말이다. 나의 경우 지금 하는 일을 완료한 후에야 다음 일로 넘어갈 수 있다.

이달 초, 나는 꼭 게시해야겠다고 마음먹은 흥미로운 영상을 편집하기 위해 복잡한 작업을 한 적이 있다. 그 내용은, 아버지들이 운전할 때 사용하는 손 신호와 관련된 것이다. 일종의 세 손가락 경례로, 손을 핸들 위에 올려놓고 한다. 당시 이 작업을 마무리하려고 안간힘을 쓰고 있었는데, 그때 아내가 머리를 들이밀었다. 내가 하던 작업을 잠시 놓고 자신이 하고 싶은 팟캐스트 내용을 좀 만들어 달라는 부탁이었다. 내용은 전에 내가 받았던 기능 의학 상담과 관련이 있는데, 의사는 중년이 되어서 더는 해서는 안 되는 것들을 알려 주었다. 그 상담으로 나는 꽤 충격을 받았고 좋은 팟캐스트의 에피소드가 될 거로 생각했다. 하지만 내 관심 스위치는 여전히 영상 편집으로 켜져 있었기 때문에 탄수화물을 줄이고 나이를 먹는 것에 관련된 쪽으로 스위치가 켜질 기회가 없었다. 함께 일하는 동료들은 한 10분 정도만 시간을 내어 빠르게 녹음 몇 개만 하면 될 일인데 왜 안 하는지 잘 이해하지 못했다. 나도 그러고 싶지만 단지 두 가지 일을 동시에 할 수 없을 뿐이다.

만약 할 일 목록에 완료되지 않은 일들이 너무 많아지면, 나의 세계는 엉망진창이 되어 제대로 기능하지 않을 것이다. 이런 상황이 되면 약할 때는 짜증을 내거나 예민해지기도 하지만, 심할 때는 공황 장애로 이어지기도 한다.

> **킴이 남긴 메모**
>
> 콜드웰 박사의 믹싱 보드에 대한 비유 덕분에, 나와 남편의 업무 스타일이 왜 그렇게 다른지를 어느 정도 이해할 수 있게 되었다. 내 경우에는 다음 비디오 영상에 필요한 의상을 주문하고, 팟캐스트에 출연할 게스트의 스케줄을 조정하고, 남편이 만든 노래에 맞추어 출 안무를 짜는 데 20분이면 되는 반면, 남편은 이 모든 작업을 하나씩 차례대로 해야 하는 사람이다. 이제는 남편의 뇌가 다음 작업에 제대로 들어가려면 현재 하는 일이 완료되어야 한다는 사실을 알고 있어, 최대한 그 작업 방식을 지지하려고 한다. 현재 나는 남편에게 기대하는 방식을 바꾸었고 나 역시 이런 식으로 일을 하려고 한다. 새롭게 프로젝트를 시작하는 일은 정말 즐겁지만, 남편이 모든 작업을 어떻게 잘 마무리 짓는지 보는 것 역시 흥미로운 부분이 되었다.

ADHD 뇌의 켜짐/꺼짐 스위치는 아주 민감한 시스템이지만 동시에 매우 유용한 부분도 있다. 만약 스위치가 '켜져' 있고 완전히 몰입해 있다면 심리학자들이 말하는 '과집중(hyperfocus)' 상태로 들어갈 수 있다. 이 부분에 대해서는 뒤쪽에서 더 자세히 이야기해 보고 지금은 당신이 한 가지 일에 집중해서 완벽하게 해내는 능력을 갖추고 있다는 사실만 기억해 두자.

집행 기능이 마주하는 도전들

ADHD 뇌가 규제하기 힘들어하는 네 가지 대표적인 범주가 있다: 충동성, 활동, 감정, 집중력. 여기에서는 충동성과 집중력에 대해 자세히 살펴보자.

충동성 조절

당신의 집행 기능 능력은 브레이크 시스템과 같아서 길을 가다가 앞에 무엇이 불쑥 나타났을 때 하는 반응을 통제한다. 이 기능이 제대로 작동하지 않으면 당신은 너무 많이, 아주 멀리, 아주 빠르게 반응해 버린다. 마치 뇌가 얼음 위에서 제동을 걸듯이 말이다. ADHD가 있는 우리 같은 사람들은 충동적인 반응을 제대로 조절하지 못한다. 할로웰 박사는 이런 사람들의 뇌를 두고 페라리 엔진과 자전거 브레이크가 함께 들어간 레이싱 카라고 묘사한다.

대부분의 사람은 잠시 시간을 두고 생각한 후에 행동한다. 어떤 자극을 받은 후 곧바로 반응하기 전에 잠깐 시간을 내서 '지난번에 나는 x를 해서 이런 일이 있었지, 그러니 이번에는 y를 해 보는 게 좋겠어'라고 생각한다. 그러나 ADHD 뇌는 이 단계를 뛰어넘어 곧바로 '그래, 그냥 해 보는 거야!'라고 생각해 버린다.

8년 전 7월 4일, 나는 동네 수영장에서 개최한 배치기 다이빙 대회에 출전한 적이 있다. 내 차례가 다가오자 공중에서 '1과 4분의 1' 바퀴를 한 후에 배치기를 하면 정말 재미있을 것이란 생각이 들었다(이 장면을 보고 싶다면 유튜브에 'Belly Flop 2.0'이라고 검색하면 된다). 내가 다이빙에 성공하자 관객들은 즐거워했지만, 이틀 정도를 두통과 심한 홍조에 시달렸고 안구 뒤쪽에는 물이 차기도 했다. 이런 증상을 겪은 후에도, 나는 매해 대회가 열릴 때마다 같은 방식으로 다이빙을 시도했다. 아버지가 "올해도 또 그럴 거야?"라고 물어볼 때는 이미 다이빙 후의 통증은 잊은 후였다. 네 당연하죠! 부릉부릉 자전거 브레이크를 밟아 보자!

ADHD를 이렇게 바라보면 이해하기 어렵지 않다. 당신은 무조건적인 과잉행

나의 역동적인 /과 4분의 / 배치기를 보라.

동을 하는 게 아닌, 과잉반응을 하는 것이다. 당신의 행동과 반응은 진실의 약을 투여받은 것처럼 생각한 대로 이행해 버린다. 진실되게 사는 것은 훌륭하지만 때로는 그로 인해 너무 빠르거나 큰 반응을 하게 되어 부수적인 피해를 보기도 한다. 7월 4일마다 열리는 행사 때 내가 했던 행동을 보라.

또 하나 더 이야기하자면, 고등학교 3학년 때 고대하던 첫 번째 데이트를 앞두고 있던 날이었다. 데이트를 가기 전에 시내에서 친구들과 길거리 농구를 한 후 운전면허증을 막 땄던 때라 친구 두 명을 차로 집까지 데려다주기로 했다. 그날 나는 수준 이하의 경기력을 보였고 특히 너무나도 쉬운 슛을 놓쳐서 매우 속상한 상태였다. 그 기분을 알아차린 두 친구는 차에서 나를 괴롭히기 시작했다. (정말 10대 남자애들답지 않은가?) 그중 한 명이 내가 고등학교 들어가서 얻은 혐오스러운 별명으로 부르기 시작했다. 이 별명은 그냥 이름 끝에 '이스'라는 소리만 붙이면 되어서 정말 간단하게 말할 수 있었지만, 내가 정말 싫어했기 때문에 그 효과는 대단했다. 이 소리를 들을 때마다 얼마나 끔찍한 기분이 드는지 당신도 알 것이다. 그때부터 완전 멘탈이 나가기 시작했다.

처음에는 심술궂은 놀림에 아버지들이 하듯 최대한 엄한 말투로 장난스럽게 답했다. "그만두지 않으면 이 차를 길가에 그냥 세우겠네, 젊은이들!" 하지만 뒷

좌석에 있던 한 친구가 손가락을 입에 넣더니 내 머리 받침대 쪽으로 손을 뻗어 그 손가락을 내 귀에 집어넣었다.

그러자 더는 이성적인 생각을 할 능력이 사라졌다. 침이 묻은 손가락 하나가 너무 많은 것을 촉발해 버렸다. 계속 억누르고 있던 자제력과 감정 조절 능력이라는 잔가지들이 감정의 격랑에 휩쓸려 사라져 버렸다. 짜증과 화가 머리끝까지 치솟자 생각이 아닌 몸이 저절로 움직이기 시작했다. 마치 내 팔다리가 '저 멍청이 같은 녀석들, 네가 너무 겁쟁이라서 이 자식들을 감당할 수 없다면, 내가 나서 주지'라고 말하는 것 같았다.

나는 소리를 지르며 핸들을 꺾었다. 그날은 매우 춥고 비가 내리는 밤이었고, 어느새 비가 조금씩 눈으로 바뀌던 상태였다. 차는 미끄러졌고 내가 통제할 수 없는 수준이 되었다. 결국 우리는 매우 가파른 도랑에 빠졌지만, 다행히 다친 사람은 없었다.

누군가 죽거나 어딘가 마비된 곳이 없다는 사실을 알게 된 후 이 녀석들(이제는 '친구'라고도 부르지 않는다)은 웃으며 '이 바보야!'라고 소리치기 시작했다. 그리고 거의 수직으로 도랑에 빠진 차에서 간신히 빠져나왔다.

나는 부모님께 전화해서 견인차와 경찰을 불렀고 두 시간 정도가 지나서야 차를 도랑에서 빼서 현장을 벗어날 수 있었다 그리고 내 첫 번째 데이트도 완전히 날아가 버렸다.

집에 도착한 후 부모님께 무슨 일이 있었는지 하나도 빠짐없이 말해야 해서 그냥 얼음이 있던 곳에서 미끄러져 도로 밖으로 벗어났다고 대답했다. 그렇게 거짓말을 한 이유는 그런 잘못을 했다는 것을 사실대로 말하기에 너무 부끄럽기도 했고, 내가 했던 행동을 나 자신도 도통 이해할 수 없었기 때문이었다. ADHD로 인해 과잉반응을 보였던 하나의 사례다.

주의력 조절하기

ADHD들의 집행 기능 문제는 아주 많은 과제를 안겨 준다. 그중에서도 집중하는 능력에 큰 영향을 준다. 마이크로 매니저가 우리를 궤도에 올려놓지 않으면, 주의력은 도로를 이탈한 자동차처럼 급격하게 방향을 바꾼다. 역시 ADHD를 앓고 있는 할로웰 박사는 이렇게 말했다. "우리는 주의력이 부족한 게 아니라 너무 많습니다. 그러니 이를 조절하는 것이 도전과제라고 할 수 있죠."

> "우리의 문제는 주의력 부족의 정반대인 주의력 과다에 있다.
> 그러니 이를 잘 조절하는 것이 과제다."
>
> -할로웰

우리는 어떤 것에도 집중하지 않는 게 아니다; 우리는 모든 것에 집중하고 있다

비유 천재 콜드웰 박사는 ADHD 뇌가 어항과 같다고 또 한번 멋진 비유를 했다. 우리는 어항 속을 수영하는 물고기고 이곳에 담긴 어떤 것에든 깊은 관심을 보인다. '와, 봐봐! 보물 상자야. 아, 플라스틱 해초네, 내 오랜 친구군.' 그러나 어항 바깥에 있는 것은 존재하지 않는 것과 다름없다. 누군가 보물 상자를 물속에서 꺼내서 바깥에 두면 우리는 상자가 존재하지 않는 것처럼 느낀다. 집 열쇠를 문 옆 걸이가 아닌 탁자 위에 두거나, 약병을 침대 옆 협탁에 올려 두는 것도 마찬가지다. 약병을 서랍에 넣는 순간 사실상 이 약은 완전히 사라지는 것과 같다. 며칠이 지나서 당신이 서랍에서 배터리를 꺼내려다 그 옆에 있는 유리병을 보고

서야 '아, 내가 이 약을 먹으려고 했었지'라고 생각할 것이다. '눈에서 멀어지면 마음에서도 멀어진다'라는 속담은 어쩌면 ADHD인 사람(또는 이 질환을 앓고 있는 사람과 함께 사는 사람)이 만들어 낸 말일지도 모른다.

콜드웰 박사는 ADHD 뇌에는 어항 속 잡동사니들을 걸러내는 성능 좋은 필터가 없다고 설명했다. 일반적인 뇌에는 중요한 것과 그렇지 않은 것을 분류해 중요한 부분만 어항에 넣을 수 있는 강력한 분류 시스템이 있다. 그러나 ADHD 뇌는 '중요'라는 이 기준이 매우 광범위해 대부분의 사물에 모두 이 명칭을 붙여 버린다. 그래서 ADHD들은 어떤 신호가 더 중요한지를 분류하는 작업에 서투르다. 재활용 트럭이 내는 소음, 워들이라는 단어 맞추기 게임에서 누군가 두 번의 추측만으로 게임에서 이겼다는 문자, 신나게 흔들어대는 강아지의 꼬리가 당신의 다리를 치는 모습 등, ADHD 뇌에는 이 모든 것이 중요해 보인다. 모든 게 너무 중요한 나머지 하나하나에 다 집중하는 것이다. 한가디로 우리는 집중력이라는 기회를 공평하게 나누어 주는 사람이다. **결론적으로 ADHD 뇌는 주의력이 형편없이 떨어지는 게 아니라, 어떤 것에 더 집중해야 하는지를 결정하는 일이 단지 너무 어려울 뿐이다.**

> 나는 ADHD가 있다. 다음 중 가장 집중해야 하는 것은?
>
> A. 차에 연료가 거의 다 떨어졌다.
> B. 지금 라디오에 나오는 이 그룹의 이름은 무엇인가?
> C. 반물질을 이용해 우주 여행할 때 열을 방출할 방법에는 무엇이 있을까?
> D. GPS가 틀려서 좌회전하는 중이야.
> E. 엉덩이가 가려워.
>
> 정답은 당연히 A지만, 나는 C를 골랐다. #ADHD의 삶

이렇게 집중할 게 많아지면 어항 속은 매우 어지러워질 것이다. 하지만 이곳이 쓰레기통처럼 느껴진다고 낙담하기 전에, 다양한 생각을 한다는 것이 여러 분야에서 즐거움을 찾는 마음을 갖게 해 준다는 장점도 기억해 두도록 하자. 20세기 초, 작가이자 비평가 윌리엄 딘 하우얼스는 이렇게 썼다. '대중의 호감을 받는 사람의 비밀은 많은 것에 흥미를 느낀다는 것이다.' 어떤가? ADHD는 정말 굉장하다!

내가 휴대전화에만 집착하는 게 아닌 것이 확실한가?

ADHD인 사람이든 아니든, 대부분의 사람은 놀라울 정도로 집중하는 시간이 짧다. 현재의 디지털 시대에 우리의 눈과 마음은 온통 이 기계 저 기계로 옮겨 다니는 것이 일상이 되었다. 현대 이전 인간의 평균 집중 시간은 그리 대단해 보

이지 않는 12초로 나왔다. 이후 우리는 스마트폰을 갖게 되었고 이 수치는 8초로 뚝 떨어졌다. 쉽게 이해하기 위해 말하자면, 금붕어의 집중력은 9초라고 한다. 금붕어라니!

다양한 집중력 유지 시간

디지털 시대의 뇌 기능이 정상인 성인	8초
금붕어	9초
인터넷이 나오기 이전의 뇌 기능이 정상인 성인	12초
과집중 상태에 빠진 성인 ADHD	몇 시간 이상

현대 사회에서 우리의 집중력은 여기저기 분산되어 있다. 그래서 많은 사람이 인터넷에서 흥미로운 정보를 계속해서 찾아보며 "내가 ADHD라서 그래"라고 아무렇지도 않게 내뱉는다. 내 아내 역시 종종 이런 모습을 보였다. 바로 오늘만 해도 아내는 주차 위반 과태료를 내려고 인터넷을 시작했지만 결국 밀폐용기를 이용한 새로운 서랍 정리법을 두 시간 동안 검색하고 있었다. 이런 행동은 아주 흔하고 충분히 공감하지만, ADHD와는 그 양상이 매우 다르다. 이런 사람들은 사회적인 분위기로 인해 후천적으로 주의력 장애를 앓는다. 실제로 존재하는 증상이지만 유전자에 새겨져 있는 것은 아니라는 의미다. 반대로 ADHD는 일부러 디지털 기계들을 멀리한다고 해서 상황을 반전시킬 수 있는 질환이 아니다.

ADHD가 있는 것과 단순히 산만해지는 것 사이에는 엄청난 차이가 존재한다.

당신이 산만해질 수 있는 여러 가지 이유

ADHD	후천적 주의력 장애	덩굴옻나무
뇌 기능 차이로 인한 집중력 저하	틱톡 등 숏폼으로 인한 집중력 저하	가려움으로 인한 집중력 저하
초강력	매우 흔함	매우 성가심
유전이 원인	환경이 원인	접촉이 원인
평생	행동 변화로 고칠 수 있음	긁지 않으면 몇 주 안에 치료됨
형편없는 이름	별로인 이름	정말 멋진 이름

우리 뇌가 정말 좋아하는 것: 도파민

주의력결핍 과다행동장애의 특징 중에서 '주의력결핍'은 정확한 명칭이 아니다. 다시 강조하지만, ADHD는 당신의 주의력을 형편없이 떨어트리는 장애가 아니다. 아주 흥미로운 주제에서는 주의력이 완벽하게 작동한다. ADHD인 사람들은 사실 흥미로운 부분에서는 여기에 완전히 몰두해 극도로 효율적인 방식으로 정보를 흡수한다. 문제는 쉽게 지루해한다는 것이다. 색다르다는 인식이 사그라드는 순간, 또는 더 흥미로운 것이 나타나면 처음에 집중했던 것을 버리고 새로운 것을 따른다. 우리 집에서는 이런 모습을 다음과 같이 표현한다. "와! 저것 봐봐! 다람쥐야!"

ADHD인 사람들은 지루함을 질색한다. 정말 싫어한다. 도저히 참을 수도 넘어갈 수도 없다. 지루함이란 감정은 곧 신체적으로도 불편한 느낌으로 변해 간다. 할로웰 박사는 ADHD 환자들이 지루함을 느낄 때 얼마나 힘들어하는지 보여 주는 재미있는 일화를 들려 주었다. 박사가 의사가 되기 위해서 수습 기간을 지낼 때 하버드 교수 모임에서 여는 유명한 강연에 참석한 적 있다. 연사는 세계적으로도 저명한 연구원인 거물급 인사였고, 누가 보기에도 훌륭하게 강연을 이어 나갔다. 할로웰 박사만 빼고, 말이다. 박사는 전혀 그 연설에 집중하지 못했다. 똑바로 앉으려고 노력했지만, ADHD 뇌에는 연설을 듣는 행위가 마치 고문과도 같았다. 결국 박사는 그 고통을 없애려고 가장 가까운 곳의 창문으로 뛰어내렸다! 다행히 뒤쪽에 앉아 있었기 때문에 행동이 크게 주목받지 못했고 강연은 1층에서 열렸기 때문에 다치지도 않았다. 박사는 극심한 지루함을 당장 해결해야 하는 이런 급박함을 오줌보가 터지기 직전의 상태라고 비유했다. 이들이 느끼는 기분은 생물학적 반응에서 온다. 의지의 문제가 아니라 본능적으로 나타나는 문제다. 그래서 불편을 해소하는 것에만 온 신경이 집중되고 그 외는 존재하지 않는 것과 마찬가지가 된다. 이때 남은 선택지가 제발 창밖으로 뛰어내리는 게 아니었으면 좋겠다. 그리고 그런 불편함이 바지 속에 있는 게 아니길 바란다.

ADHD 뇌가 자극을 찾아 헤매는 원인을 거슬러 올라가 보면 도파민이라는 뇌 속 화학물질에 도달하게 된다.

도파민은 '기분을 좋게 하는 호르몬'이라고 가장 많이 알려진 신경전달물질이다. 이 호르몬이 나올 때 사람은 기분이 좋아진다. 하지만 도파민은 동시에 '더 많은 것을 원하게 만드는 물질'이기도 하다. 그리고 동기와 행동, 특히 추구와 갈망에 대한 감정을 지배하고 집중력과 추진력을 조절한다. ADHD인 사람들은 도파민을 운반하는 도파민 수송체 유전자가 일반적인 뇌만큼 잘 작동하지 않아서 끊임없이 더 많은 도파민을 찾으러 다닌다. 마치 여러 개의 구멍이 있는 양동이에 물을 담고 이동하는 것과 같아서 더 자주 되돌아가서 양동이를 채워야 한다. 이런 단점을 해결하려고 우리는 더 많은 행동으로 도파민을 생성하고 좋은 기분을 계속 유지하려고 한다.

다음은 도파민 생성에 효과 있는 몇 가지 예시들이다:

- 새로운 것 하기
- 맛있는 음식 먹기
- 새로운 정보 알기
- 돈 벌기
- 호기심 충족하기 또는 질문에 답하기
- 과제 완수하기
- 음악 듣기
- 위험 감수하기
- 도전에 나서기
- 탐험하기
- 성적인 관계 맺기

재미있는 사실: 일부 과학자들은 이런 식으로 도파민을 추가로 얻으려고 하는 행동이 초기 ADHD인 사람들에게 어느 정도 진화적으로 이점이 있었을 거라는 이론을 제기했다. 그 이유는 도파민 분비를 촉진하는 큰 요소 중 하나가 새로운 것을 탐험하는 것이기 때문이다. 과거 우리 조상들이 수렵과 채집으로 대부분 시간을 보내던 시기, 털북숭이 ADHD 조상들은 저 산등성이 너머에 무엇이 있는지 너무도 궁금해서 직접 확인하러 가는 사람들이었고, 먹음직스러운 신선한 베리류를 발견하거나 당시에 먹기 알맞은 동물 떼를 찾았을 가능성이 더 크다.

—펜

이 모든 행동은 자극으로 귀결된다. ADHD 뇌는 기본적으로 자극을 찾는 것과 연결되어 있다. 우리가 '편안한' 상태를 느끼는 데 필요한 부분이라 뇌는 항상 더 크고 더 좋은 자극을 찾아 헤맨다. 일반적으로 이 질환이 있는 사람들이 과하게 자극을 받은 상태라고 흔히 알려진 것과 다르게 ADHD 뇌는 사실 만성적으로 자극이 부족한 상태에 머물러 있다. 그래서 뇌 기능이 정상적인 사람들보다 기분을 좋게 만들기 위해 더 많은 자극이 필요하다. ADHD들이 평소에 낮은 집중력을 보이거나 충동성을 강하게 내보이는 모습은 모두 뇌를 행복하게 유지하는 자극의 기준에 도달하기 위해 하는 행동일 뿐이다.

ADHD 뇌가 열광하는 것들의 특징은 특히 'How to ADHD' 홈페이지를 운영하는 맥케이브가 아주 적절하게 잘 요약해 주었다. 맥케이브는 ADHD 뇌가 다음과 같은 것들에 매력을 느낀다고 말한다:

1. **새로운 것**. 실용적인 플리스 조끼와 파카가 있는 L.L.빈 카탈로그요? 관심 없어요. 244센티미터 고릴라 동상이 행인들에게 윙크하는 그림이 그려진 크로스백이 수록된 스카이몰 카탈로그요? 오, 보여 주세요.

2. **도전**. 우리는 모든 종류의 경쟁에 반응한다. 세계에서 가장 빠르게 달걀프라이를 만드는 자신과의 경쟁이든, 항아리에 최대한 많은 탁구공을 넣는 경쟁이든 상관없다. (또는 〈어메이징 레이스〉에 참가하거나.)

3. **개인적으로 흥미를 느끼는 것**. 전기톱 사용법을 배운다고 가정해 보자. 설명을 들을 때는 매우 지루할 수 있지만, 이 과정을 생략하면 위험할 수 있어서 2행정 엔진이 무엇인지 배우기 위해 노력할 것이다. 여기에서 우리의 흥미를 끄는 것은 손가락을 무사히 지키는 것이다.

나는 뇌에서 분비되는 도파민의 역할을 공부하면서 그동안 했던 여러 행동이 그제야 이해되기 시작했다. 예를 들어, 나는 여러 형태의 공연을 하는 것을 정말 좋아했는데, 그건 공연이 끝날 때 받는 박수 때문이다. 박수갈채는 언제나 즉각적인 만족감을 주기 때문에 정말 사랑한다. 그 외에도 음악 공연을 하거나 누군가를 웃기면 나의 뇌는 엄청난 도파민을 분출한다.

ADHD 뇌와 기억력

ADHD 뇌와 기억력에 대해 생각하면 가장 많이 떠오르는 것이 운전면허증을 깜빡하고 두고 올 때가 아닐까 싶다. 그러나 하버드에서 교육받은 정신과 의사이자 '헬시 게이머' 회사 운영자인 알록 카노지아 박사에 따르면, 물건을 깜빡하는 것은 기억력에 문제가 있어서가 아니라 낮은 주의력 때문이라고 한다. 술집에서 친구와 이야기하면서 운전면허증을 탁자에 올려놓았을 때 당신은 이 면허증에 주의를 기울이지 않는다. 대신 엉망이 되어 버린 데이트에서 벗어나기 위해 휴대전화에 도움 버튼이 있었으면 좋겠다는 친구의 웃긴 이야기에 귀를 기울이고 있다. 그러니까 당신의 주의 스위치는 '안전한 장소에 운전면허증 놓기'가 아닌 '친구 한나의 도움 버튼에 대한 웃긴 이야기'에 켜져 있다는 말이다. 처음부터 면허증의 위치 따위는 당신의 기억 안에 들어가지도 않았다. 다음부터 ADHD인 사람들을 '잘 잊어버리는 사람'이라고 낙인찍기 전에 먼저 카노지아 박사의 비유를 떠올려 보는 건 어떨까?

ADHD는 작업 기억을 조절하는 뇌의 영역에도 영향을 주는데, 작업 기억은 정보를 기억해서 다음에 할 일을 정하는 역할을 한다. 일반적으로 사람들은 지시에 따르면서 방금 알게 된 정보를 기억하는 동시에 행동으로 옮길 때 이 능력을 사용한다. 그리고 지금 하는 일과 관련 있는 과거의 정보를 찾기 위해 머릿속 기억력 창고를 살펴볼 때도 이를 사용한다.

> ### 작업 기억 비교
>
> 정상적인 뇌 기능을 하는 두뇌의 작업 기억: '흠, 오늘 하늘이 조금 어둡네. 저번에도 이랬는데 그때 비를 흠뻑 맞았지…, 혹시 모르니 우산을 챙겨야겠다.'
>
> ADHD 두뇌의 작업 기억: '흠, 오늘 하늘이 조금 어둡네. 그림자는 없겠어. 그러고 보니 그라운드호그 데이[1]가 생각나네. 그라운드호그는 올해 자신의 그림자를 봤을까? 펑서토니 필[2]은 이날을 제외한 364일 동안 뭘 할까? 부인도 있을까? 잠깐만, 내가 왜 다시 집으로 돌아왔지?'

콜드웰 박사는 작업 기억이 마치 탁자와 같고 우리는 모든 정보를 그 위에 저장한다고 또 한번 멋진 비유를 해 주었다. 문제는 ADHD의 탁자가 크기만 너무 크고 무엇을 그 위에 올려야 하는지 제대로 정리하지 못한다는 것이다. 따라서 새로운 것을 위에 올려놓으면, 있던 물건들이 가려지거나 떨어질 수 있다. 정보로 가득 찬 탁자에서 '터보택스[3] 사용법'이나 '아내가 가게에서 사 오라고 부탁한 것'이라고 적힌 파일을 찾기 위해 전체를 뒤지는 일은 쉽지 않다. 그래서 우리 같은 사람에게는 처음부터 무엇을 찾는지 상기시켜 줄 리마인더가 필요하다.

---

1 미국에서 마멋(그라운드호그)이라는 동물로 겨울이 얼마나 남아 있는지 예측하는 날이다. 마멋이 굴에서 나와 자기 그림자를 보지 못한다면 굴을 떠날 것이고 곧 겨울이 끝난다는 것을 암시한다는 미신이 있다.
2 펑서토니 마을에서는 마멋 한 마리를 펑서토니 필로 정해서 행사를 한다.
3 미국인이 연말정산에 쓰는 소프트웨어.

나는 보통 내 기억을 하나의 컴퓨터라고 생각하는 편이다. 최신 파일들은 보통 드롭다운 메뉴[4]에 저장하는데 여기라면 접근하기가 그렇게 어렵지 않다. 하지만 한번에 두 개의 문서를 열려고 하면 문제가 생긴다. 그때 내 컴퓨터는 고장난다.

가끔 너무 많은 파일이 한꺼번에 열리기도 한다. 해야 할 일의 파일이 언제나 한번에 하나씩 열리지는 않기 때문이다. 인생이라는 깔끔하게 정리된 작업 대기열을 볼 때보다 당신의 주의를 끌기 위해 시끄럽게 아우성치는 혼란스러운 군중을 볼 때가 더 많다. 얼마 전 나는 엉뚱한 아이를 학교에서 데려온 적이 있다. 당시 작곡에 완전히 빠져 있었는데 아내가 아들을 학교에서 데려올 수 있냐고 물었다. "알겠어." 그렇게 대답한 후 다시 작업에 몰두했다. 그리고 2시 45분에는 반드시 학교로 출발해야 한다고 적어 두었다. 2시 30분이 되었을 때는 아직 시간이 충분히 남았다고 생각했다. 아, 그때 아주 멋진 노래가 막 떠오른 게 아닌가! 나는 다시 녹음에 들어갔고 고개를 들어 시계를 확인했을 때는 2시 50분이었다. 이런! 빨리 서둘러야 해. 그리고 집 밖으로 뛰쳐나가…, 딸의 학교로 곧장 갔다. 아이를 차에 태우고 보니 나를 기다린 시간이 몇 분밖에 되지 않았다는 사실에 안도감이 들었다. 그때 휴대전화에 진동이 울렸고 아들의 선생님은 도대체 내가 어디에 있는지 물었다. 그리고 아내 역시 연락이 와서 딸을 데리러 왔는데 어디에 있는지 물었다. 그때 나는 어마어마한 문자 폭탄을 받아야 했다. 아내의 부탁을 들으면서 동시에 작업을 하다 보니 내 머리에 과부하가 온 것이다.

---

4 버튼을 클릭하면 그 아래로 하위 메뉴들이 펼쳐지는 것을 말한다.

ADHD 뇌와 시간

당신이 ADHD라면 시간 감각이 둔할 것이다. 객관적으로 말해서, 가장 똑똑한 과학자마저도 시간의 작동 방식을 정확하게 설명하는 것을 어려워한다. 물리학자가 시간의 본질을 설명하는 것을 듣는 것은 〈닥터 스트레인지〉의 환각적이고 기묘한 부분을 반복해서 보는 것과 같다. 그러나 적어도 ADHD가 아닌 대부분의 사람은 잔디를 깎는 등의 특정 활동에 대해서 소요 시간을 어느 정도 예측할 수 있다. 예전에 민들레를 뽑는 등의 작업을 했던 경험을 떠올린 후 이번에도 이 잡초를 뽑는 데 얼마나 걸릴지 예측하는 것이다. 그러나 ADHD 뇌는 쉽게 작업 기억에 접근해 과거의 경험을 토대로 미래의 경험을 예측하는 일을 어려워한다. 그래서 대개 작업이 얼마나 걸릴지 잘 알지 못한다.

또한 ADHD 뇌는 현재에 엄청난 집중력을 보인다. 다른 사람들에게 시간은 그들의 행동을 관리하는 보스와 같지만, 우리 같은 사람들에게 시간은 옆에서 참견하는 귀찮은 동료와 비슷하다. 우리에게는 당장의 보상과 결과가 훨씬 중요하기 때문에 시간을 계속 무시한다. 또한 현재 일어나는 일이 훨씬 부각되기 때문에 미래에 대한 시야는 가려진다. 그래서 미래에 일어날 일을 무시해 마감일에 맞추어서 일을 마무리 짓지 못할 때가 부지기수다. 우리는 지금 이 순간에만 집중하고 미래 따위는 신경 쓰지 않는다. 이러한 태도 때문에 바클리 박사의 말처럼 미래를 목표로 행동하는 일은 드물다. 우리는 5일 뒤에 어떤 일이 벌어지는지가 아닌, 5분 뒤에 일어날 일에 더 집중한다.

> **킴이 남긴 메모**
>
> 남편에게 있어서 시간은 매우 유동적인데, 사실상 시간을 거의 보지 못하는 사람과도 같다. 만약 9시 정각에 영상 촬영이 계획되어 있다면 남편은 8시 58분에 샤워도, 면도도 하지 않은 채 침대에 누워 테니스 대회인 오스트레일리아 오픈을 보고 있을 것이다. 그리고 내게 이렇게 말할 것이다. "2분이면 준비할 수 있어." 남편은 2분이면 음악을 편곡한다거나 하는 아주 많은 일을 할 수 있다고 반박한다. 그러나 물리 법칙은 언제나 적용되는 법이다. 옷장 옆에 쌓인 옷더미에서 깨끗한 바지를 꺼내서 입는 일 등은 실제로 시간이 걸린다. 누군가 나서서 도와주지 않으면 시간을 하나의 제안 사항처럼 느낄 뿐이다. 그래서 내가 진행 상황을 주기적으로 확인하고 상기시켜서 일을 제대로 하도록 돕고 있다.

ADHD 뇌는 일반인의 뇌와 분명 차이가 있다. 단순히 세상을 보는 방식에만 영향을 주는 게 아니라, 어떤 식으로 세상을 대하는지에도 영향을 끼친다. 다음 장에서는 ADHD 뇌를 가진 채 세상을 살아간다는 것이 어떤 느낌인지 살펴보도록 하자.

4장
ADHD 경험

지난달 우리 부부는 해변으로 차를 몰고 갔다. 차 안에서 나는 느닷없이 'Will she even make it down the aisle?'라는 노래를 Em/C/G/B 코드로 해서 컨트리 음악 스타일처럼 불렀다.

그때 나를 쳐다보는 아내의 표정은 '도대체 저 노래는 또 뭐지?'라고 말하는 듯했다.

나는 "아, 아까 지나간 큰 벽화 봤어? 웨딩드레스를 입은 젊은 여자가 그려져 있던 그 벽화 말이야. 여자가 웃고 있긴 했는데 미소가 좀 어색했어. 뭔가 진심으로 행복해 보이지 않아서 결혼을 후회하는 게 아닌가 하는 생각이 들었지. 과연 그 여자는 결혼식장까지 무사히 갈 수 있을까?"라고 답했다.

내가 사는 세상을 완벽하게 설명해 주는 대답이었다. 벽에 그려진 그림의 여성을 보고 배경을 상상해서 이야기를 만들어 노래로 바꾸는 것은 나에게 아주 자연스러운 일이다. 아내는 "당신이 세상을 어떻게 보는지 정말 궁금해. TV 인형극 프로그램의 머펫들이 노래하는 것처럼 보여?"라고 물었다.

확실히 아내는 그 벽화이 대해 생각하지 않았던 게 분명했다. 웨딩드레스나

코드 변화도. 우리는 나란히 앉아 있지만, 생각은 각자의 방향으로 나아가고 있었다. 이런 식의 대화라면 교차점을 찾지 못하고 계속 이어질지도 모른다: 세상을 바라보는 우리의 렌즈는 얼마나 다른 걸까?

일론 머스크가 뉴럴링크[1]를 완전하게 가동해서 서로의 뇌를 바꾸지 않는 한, 우리 부부는 절대로 상대방의 머릿속에서 무슨 일이 일어나는지 완전히 이해할 수 없을 것이다. 사실 내 머릿속에서 일어나는 일조차 제대로 이해하기가 쉽지 않다. 그래도 다른 사람이 나와 같은 방식으로 세상을 경험하지 않는다는 사실은 외롭고 고립된 느낌을 줄 수 있다. 건조기 안에 오렌지 껍질은 넣는 사람이 오직 당신밖에 없다면 어떻겠는가? 친구와 커피를 마시기로 약속을 해놓고 완전히 잊어서 피클볼[2]을 치고 난 후 전화기를 확인해 보니 '너 도대체 어디야???'라고 화가 난 친구의 문자 열 통을 읽어 본 사람이 당신밖에 없다면? 하지만 당신만 그러는 게 아니다. ADHD의 삶은 일반적인 사람들과 달라 보이지만, 이런 다른 면이 일상 경험에 특별한 양념을 추가하는 것뿐이라는 말을 들으면 어느 정도 안심이 되지 않는가?

---

1 미국의 BCI 개발 업체.
2 테니스, 배드민턴, 탁구의 요소를 결합한 게임.

이번 장에서는 ADHD가 내 일상생활에 어떤 영향을 주고, ADHD의 좋은 점과 나쁜 점, 곤란한 상황까지 모두 살펴볼 예정이다. 저자 한 명의 경험담이긴 하지만 ADHD를 안고 살아가는 당신이 동료가 생겼다는 느낌을 받길 바란다.

집에서의 ADHD

ADHD들은 꼼꼼한 스타일이 아니라 그냥 내버려두면 집은 금방 지저분해진다. 책상에는 잡동사니가 올려져 있고, 옷장 속 옷도 흐트러져 있으며, 매주 주방을 말끔하게 청소하지도 않을 것이다. 겉으로 보이는 모습에도 불구하고 집은 이들에게 하나의 피난처다. 다른 사람들의 평가하는 듯한 시선에서 긴장을 풀고 자유롭게 있을 수 있는 그런 공간 말이다. 특히 식기를 두는 서랍에 펜이 들어 있거나 강아지 사료 팩 안에서 우산을 발견하게 될 때면 더욱 그런 기분이 든다. 또한 집이라는 공간은 거대한 뷔페처럼 ADHD 행동의 결과물들이 펼쳐져 있는 공간이기도 하다.

일과

편안하게 흘러가는 일상적인 생활조차도 ADHD 환자에게는 순조롭게 진행되지 않을 때가 있다. 정상적으로 뇌가 기능하는 사람들에게 자연스럽게 일어나는 일이 우리에게는 그다지 쉽지 않을 때가 있기 때문이다. 아침에 집을 나서는 것만 해도 팩맨 게임에서 배고픈 유령을 피해 도망치듯 피해야 할 장애물과 방해물이 나타난다.

한 명이 ADHD이고 다른 한 명이 ADHD가 아닌 우리 부부 같은 경우에는 함께 생활하는 것이 가끔은 ADHD로 사는 것과 ADHD 없이 사는 것을 비교하는 장기 연구에 참여하는 기분이 들 때가 있다. 결혼한 지 19년이 지난 지금 우리는 한 집에서 함께 일어나 하루를 시작하지만, 아침에 하는 행동은 완전히 다르다. 우리 집에서 벌어지는 하루가 어떤지 알려 주기 위해 일상적인 아침을 다음과 같이 기록해 보았다.

각자의 아침 이야기

나

7:20 기상. 아내는 이미 커피를 마시면서 나와 이야기를 나누고 싶은 것들을 미리 생각하고 있다. 그러고는 바로 딸아이를 학교에 데려다줄 것이다. 우리는 여덟 가지 핵심 주제를 살펴보았고 아내는 아래층으로 내려갔다. 나는 15분 정도 더 잠을 자기로 했다.

7:35 집안 어딘가에서 울리는 알람 소리에 잠이 깼다. 이제 일어났어! 모든 것이 완벽하게 돌아간다면 나는 아들을 정시에 학교에 데려다줄 것이다. 아들에게 20분 이내에 나가야 한다고 말하러 방으로 가는 도중에 이웃이 재활용 쓰레기통을 길가로 가져가는 것을 얼핏 보았다. 오늘이 쓰레기 버리는 날인가? 그나저나 저 녹인 플라스틱 쓰레기를 다 어떻게 하려는 거지? 한번 찾아봐야겠네. 잠깐, 내 휴대전화가 어디 있지?

7:40 나는 (세탁 바구니 안에서) 휴대전화를 찾아 이메일과 문자를 확인했다. 그리고 ESPN.com[3]에 들어가 빠르게 내용을 훑어보고 어제 있었던 듀크 대학과 UNC 농구팀 경기에 대한 분석을 읽었다. 그러다 저번 경기를 보던 중에 어쩌다

---

3 미국의 스포츠 전문 TV 프로그램.

가 저지 셔츠에 케첩을 떨어트렸는지 기억이 났다. 내가 그걸 지웠나? 케첩 얼룩은 왜 그렇게 잘 지워지지 않는 거지? 디디세븐이 얼룩 제거제였지? 아직도 이 제품이 나오나? 나는 이 제품을 구글로 검색해 본 후 오래된 누런 커튼을 새하얀 색으로 다시 바꾸는 유쾌한 유튜브 영상을 시청했다. 나도 이런 제품을 하나 사야겠어.

7:45 아래층으로 내려가 아들이 먹을 달걀과 소시지를 굽고 내가 마실 커피를 끓였다. 달걀을 굽기 위해 불을 켠 후 나중에 끄는 걸 잊지 않기 위해 시리에게 15분 뒤로 알람을 맞추어 달라고 했다. 달걀을 태울 수는 없지. 집도 태울 수 없고. 시계를 보니 시간이 조금 빠듯하다는 것을 알게 되었다. 그런데 아들은 어디 있는 거지?

7:52 아들이 아래층으로 내려왔다. 그 애 역시 내려오자마자 바로 ESPN을 확인했다. 우리는 함께 몇 분간 경기 재방송을 봤고 그사이 달걀은 식어 버렸다. 이런! 5분 안에 나가야 한다. 오늘은 차에서 아침을 먹어야 할 것 같다.

7:59 우리는 차에 있다! 아들은 접시를 무릎에 올리고 흔들거릴 때마다 움직이는 달걀프라이와 소시지를 먹고 있다.

8:00 휴대전화에서 가스레인지를 꺼야 한다는 알람이 울리기 시작했다. 마음속으로 '가스레인지 불 끈 거 확실해?'라고 자신에게 물어본다. 아니. 우선 자칼처럼 아침을 먹고 있는 아들이 내 커피를 떨어뜨리지 못하게 커피잔을 차 지붕 위에 올려놓고 다시 집으로 들어갔다. 가스레인지를 끄고 안도의 한숨을 쉬었다. 휴.

8:01 다시 차로 돌아왔는데 집에 차 열쇠를 두고 온 것 같다. 다시 집안으로 가서 열쇠를 집어 들었다. 차를 타고 시동을 켠 후 후진한다.

8:02 다시 출발하자! (드디어)

아내

6:00 알람이 울렸다. 나는 항상 가족 중에 가장 먼저 일어나 잠깐의 이 고요함을 마음껏 즐긴다.

6:05 커피 한잔을 하면서 생각이 나는 것들을 수첩에 적어 둔다.

6:20 아래층으로 내려갔다. 거실 한쪽 끝에 남편의 왼쪽 신발이 있고 반대쪽에는 오른쪽 신발이 있다. 모자는 거실 바닥 중간에 놓여 있다. 소파에 있어야 할 장식용 쿠션은 주방 식탁 위에 있다. 내 아침은 마치 드라마 〈CSI〉의 한 장면처럼 머릿속으로 시나리오를 재생해야 한다: 여기에서 무슨 일이 일어났지? 어떻게 이런 일이 생겼지?

6:25 집안을 정리한 후 10대 자녀들을 위해 점심 도시락을 싼다. 물론 충분히 스스로 할 수 있는 일이지만 아이들을 사랑하는 마음을 이렇게라도 보여 주고 싶다.

6:45 아이들이 가져갈 물병과 간식을 탁자 위에 나란히 올려 두고 달력과 저녁에 있는 유소년 스포츠 일정(내 업무 일정과 불가피하게 충돌할 수밖에 없는)을 확인한다.

7:20 침실로 가서 깨어났지만, 아직도 침대에 누워 있는 남편에게 저녁에 있을 딸의 경기와 오늘 계획된 회의를 다시금 상기시켜 준다. 내가 딸을 학교에 데려다주고 왔을 때 또 잠이 든 남편을 보지 않길 바란다. (사실 너무 짜증이 나서 남편과 아이들을 깨우지 않고 일부러 늦잠을 자게 둔 적이 있다. 제발 조금이라도 반성했길 바란다.) 아래층으로 내려가 이메일을 확인하고 어제 올라온 블로그 글에 답변을 한다.

7:25 위층에서 남편이 움직이는 소리가 들렸다. 아, 다행이야. 나는 딸을 학교에 데려다주었다.

8:01 다시 차고로 돌아왔을 때 남편은 커피잔을 차 지붕 위에 올려 둔 채 운전

했고 잔은 바닥으로 날아갔다. 아주 멋지게 바닥에 부딪히며 조각조각 깨진다. 이제 정말 알루미늄으로 된 커피잔으로 바꾸어야 할 때인 것 같다.

집안일

집을 관리하는 것 또한 하나의 일이다. 많은 ADHD 환자는 할 일 목록을 만들어 두지만, 대개는 좋은 의도였다는 점만 보여 주는 쓰레기로 전락한다. 절대 집안일을 하기 싫어서가 아니다. 단지 뇌가 매우 활동적인 관계로 일을 하는 중간에 항상 옆길로 새는 게 문제다. 어떤 상황인지 이해를 돕기 위해 아내가 집안일을 부탁할 때 내 머릿속에서 어떤 일이 벌어지는지를 대본으로 만들어 보았다:

아내: 아, 여보, 빨래 좀 개어 줄래?

나: 알겠어!

ADHD 머릿속: 이봐 친구, 뭐해?

나: 이런, 지금은 안돼. 아 내 말 못 들었어? 빨래를 개야 한다고.

ADHD 머릿속: ('헝거스트라이크'의 에디 베더 파트 멜로디에 맞추어): 나는 빨래를 개야 해~~~.

나: (크리스 코넬 파트를 맡아서): 나는 지금 빠아알래를 개고오 있다아아아고오오오오!

ADHD 머릿속: 하늘에서 편히 쉬길 크리스 코넬.

나: 그는 역대 5위 안에 드는 최고의 보컬이야.

ADHD 머릿속: 완전히 동의해. 5위에 드는 다른 가수는 누가 있지?

나: 그건 나중에 생각해 볼게.

ADHD 머릿속: 지금 하라고!

나: 어, 알겠어. 당연히 휘트니 휴스턴하고 조니 캐시….

ADHD 머릿속: 그래, 맨 인 블랙![4] 항상 검은색 옷을 입었으니 세탁이 얼마나 쉬웠겠어?

나: 젠장, 빨래 개야 한다고! 이제, 이거 할 동안 저기 가 있어.

ADHD 머릿속: 알겠어. 가지는 않겠지만 대신 남자들에게 왜 젖꼭지가 있는지를 궁금해하고 있을게.

(잠시 후)

나: 왜 남자에게 젖꼭지가 있지?

ADHD 머릿속: 너도 궁금하지?

나: 우리는 이게 필요 없는데 말이야. 모유가 나오는 것도 아니고. 왜 여기 있을까?

ADHD 머릿속: 구글로 검색해 봐!

나: 조금 있다 할 거야. 이것만 접은….

ADHD 머릿속: 지금!

나(검색 중): 아하! 남자에게 젖꼭지가 있는 이유는 배아가 된 지 몇 주 후에야 Y 염색체가 발현되기 때문이래. 그래서 모든 사람은 어떤 염색체가 나타날지 모르니 모두 젖꼭지를 가지고 태어나는 거지.

ADHD 머릿속: 이제 네 젖꼭지를 한번 보고 싶지 않아?

(이때 아내가 들어오고 젖꼭지를 보는 나를 바라본다. 그리고 빨래는 여전히 개어지지 않은 채 놓여 있다.)

---

4 캐시의 별명.

이런 이유로 우리 집은 반쯤 완성된 집안일의 무덤이 되었다.

우리 아빠는 ADHD: 아이들과의 인터뷰

나는 아빠가 ADHD인 것이 어떤 느낌인지 아이들의 시선에서 알고 싶어졌다. 그래서 조금이라도 더 편하게 말할 수 있도록 아내에게 질문을 넘겼다. 다음은 강도 높은 취재 결과다:

Q: ADHD인 아빠와 함께 살아가는 느낌은 어때?

롤라: 저는 이미 아빠의 행동이나 버릇에 완전히 익숙해져 있어서 이 부분에 대해 따로 생각해 본 적은 거의 없어요. 아빠는 가끔 뭔가를 잃어버리지만, 대부분이 물건이지 생일이라든가 다른 중요한 일정은 거의 잊지 않아요. 그리고 혹시라도 잊으면 그에 대해 보상해 주죠. 왜냐하면 아빠는 항상 활력이 넘치고 좋은 아빠가 되는 것에 아주 진심이거든요. 그래서 ADHD가 있는 게 우리 관계에 어떤 영향을 준다고 생각하지 않아요. 아빠는 내 친구들의 아빠보다 훨씬 웃기고 더 재미있는 행동을 많이 해요. (미안, 친구들아!)

펜 찰스: 아빠는 활력이 넘쳐요. 그리고 물건을 잘 잃어버려요. 열쇠를 차 지붕 위에 두는 행동을 제일 많이 하시는 거 같아요. 그 외에도 리모컨이나 바지를 냉장고에 넣어 두기도 하죠. 하지만 아빠는 멋져요. 그래서 나는 아빠를 사랑해요.

> 사실 확인 담당자가 이 주장에 이의를 제기한다.

Q: 아빠가 ADHD라서 좋은 점이 있니?

롤라: 아빠는 유머 감각이 뛰어나요. 내가 좋아하는 TV 프로그램을 함께 볼 때도 재미있는데, 내가 싫어하는 프로그램을 함께 볼 때도 재미있어요. 그리고 아주 훌륭한 태도를 갖추고 있어요. 예를 들면, 휴가를 가서 아빠가 가방을 잃어버렸을 때 우리가 아빠를

보고 비웃었는데 아빠 역시 그 상황에서 자신을 비웃더라고요. 아빠가 부정적인 사람이었다면 정말 끔찍한 상황이었을 거예요.

Q: 부정적이란 부분이 나와서 말이지만, 아빠가 ADHD라서 느끼는 단점은 무얼까?
펜 찰스: 아빠가 뭔가에 집중하면 주의를 끄는 건 거의 불가능해요. 만약 아빠가 문자를 보내고 있을 때 내가 뭔가 질문을 하면 이런 식으로 그냥 대답해 버려요. "어…, 어…, 어…, 어…, 어?" 하지만 서로 대화하다가 아빠가 나에게 과하게 집중할 때가 있는데 그럴 때면 내가 뭔가 특별한 사람이 된 것 같은 기분이 들죠.

Q: 아빠가 또래였다면 친구가 되었을 것 같아? 아니면 성가신 아이라고 생각했을까?
펜 찰스: 나는 성가신 애라고 생각하지 않았을 거예요. 그리고 당연히 우리는 친구가 되었겠죠.
롤라: 당연히 친구가 되었겠죠. 먼저 아빠는 정말 똑똑해요. 사실 이런 부분은 친구로서 조금 짜증 날 수 있죠. 어디서 이런 것들을 다 배운 걸까요? 그렇지만 아빠가 어린 시절 자신에 대해 이야기하는 것을 들으면 우리가 정말 닮았다고 생각해요. 나는 아빠를 정말 사랑해요. 아빠는 정말 멋진 사람이에요.

학교에서의 ADHD

버팔로대학원 교육학과 교수이자 수상 경력이 있는 그레고리 파비아노는 온라인 세미나에서 이런 말을 했다. 악한 과학자가 ADHD인 사람의 하루를 망칠 목적으로 그의 환경을 설계한다면, 이 과학자는 아주 전형적인 교실 모형을 제시해서 자신의 목표를 달성할 것이다. 아이들은 아주 어린 나이부터 포스터, 분필, 칠판, 20여 명의 다른 아이들로 가득한 자극적인 교실에서 생활해야 한다. 매일 일곱 시간가량을 불편한 의자에 앉아서 어른이 하는 수업을 들어야 한다. 그리고 그 주제는 대부분의 아이에게 재미가 없을 가능성이 크다. 쉬는 시간은 매우 짧고 일어서서 돌아다닐 기회는 거의 없다. 지루~~~~~해. ADHD의 증상을 끄집어내기에 완벽한 환경이 아닐 수 없다.

관심 없는 수업을 듣는 아이라면 누구나 집중력이 떨어질 수 있지만, ADHD인 아이는 자신의 의지와 상관없이 다양한 문제를 일으킨다. 학습을 제대로 따라가지 못하고, 과제는 제출하지 않거나 다 하지 못한 채 내며, 같은 반 아이들이 방해하면 짜증을 내기도 한다. 그렇게 좋은 모습은 아니다. 학교에 다녀본 사람은 누구나 알 것이다. 어떤 식으로든 눈에 띄는 것은 표적이 될 수 있다는 것을. ADHD도 여기에서 예외가 아니다.

나 역시 어렸을 때 괴롭힘을 당했다. 오해하지 말아야 할 것이, 당시 친구들도 있었고 이들과 아주 잘 지냈다. 하지만 내 ADHD의 기질 때문에 사람들이 일반적으로 행동해야 하는 사회적 단서를 항상 제대로 파악하지 못했다. 나는 활동적이었고 관심받는 것을 좋아하는 특이한 아이였다. 이런 나를 보고 괴짜라며 2학년 때부터 5학년 때까지 침 묻은 손가락을 내 귓구멍에 넣거나 스월리[5]를 하는 아이들도 있었다. 이런 행동들로 인해 정말 화가 많이 났다.

완전히 꾸며진 모습이다. 당시 나는 기타를 칠 줄 몰랐다.

(스월리를 처음 듣는다면 모르는 게 나을 것이다.)

---

5 변기 속에 머리를 집어넣고 물을 내리는 행동.

4장 ADHD 경험   95

하루는 스월리를 당한 후 젖은 머리로 집에 돌아와 방으로 들어가 버린 적이 있다. 이때 아버지가 내게 오셨다. 항상 그러시듯이 아주 차분하고 다정하면서 인내심 넘치는 모습이셨지만, 나는 사실 그런 게 싫었다. 나는 내 머리를 변기에 처박았던 아이에게 복수할 계획을 듣고 싶었다. 아버지가 "내가 그 부모에게 말해서 이런 일이 다시는 네게 벌어지지 않게끔 하겠다, 아들아"라고 말씀해 주시길 바랐다. 하지만 아버지는 "펜, 그 아이들의 하루는 어땠을 거로 생각하니? 걔는 좋은 하루를 보냈다고 생각할까?"라고 물으셨다. 그래서 그 애가 하이에나처럼 웃던 모습을 떠올리고는 분명 그랬을 거라고 답했다. 아버지는 미소를 지으며 말씀하셨다. "내가 말해 주고 싶은 점은, 남을 괴롭히는 모든 사람은 그 전에 몹시 나쁜 하루를 보냈던 사람이란다. 그들에게 뭔가 나쁜 일이 있어서 그걸 너에게 푼 것이지. 학교에서도 집에서도 그런 일이 있을 수 있어. 모든 괴롭힘의 근원을 따라가 보면 고통이 존재한단다."

나는 아버지가 그 아이를 혼내 주는 아빠 곰[6] 같은 강한 모습을 기대했다. 하지만 그 대신 내가 괴롭힘을 당하는 게 사실 나 때문이 아니냐고 본능적으로 생각하려는 마음을 아빠 곰처럼 강하게 바로 잡아 주셨다. 괴롭힘의 원인은 내가 아닌 괴롭히는 사람이라는 사실을 알려 주신 것이다. ADHD가 있든 없든, 모든 아이가 자신이 다른 이들과 다르다는 이유로 괴롭힘을 당할 때 아버지의 말을 꼭 기억했으면 좋겠다. 절대 당신의 잘못이 아니다. 그들의 잘못이다. 그들의 삶을 괴롭히는 무언가로 인해 그 괴롭힘이 시작되었을 가능성이 크다.

---

6 강한 아버지의 모습.

직장에서의 ADHD

평범한 직장에서 책상에 앉아 일하는 사람들의 모형을 악한 과학자가 있는 학교에 제출하면 꽤 좋은 성적을 받을 수 있을 것이다. 더 오래 앉아 있기, 더 조용히 하기, 더 지루한 작업하기, 그리고 마감 시간을 정해 압박을 주고 복잡하면서 여러 단계를 함께 진행해야 하는 프로젝트 던져 주기. 그러면 ADHD의 뇌에 분명 큰 영향을 미칠 것이다. ADHD인 사람들에게는 마감일 넘기기, 미루기, 중요한 디테일 간과하기, 프로젝트 관리에 대한 어려움 같은 문제들은 흔한 일이다.

누군가 내게 치과 진료 가기, 데크 사포질하기, 열 명이서 하는 화상회의에서 한 시간 동안 앉아 있기 중 한 가지를 택하라고 한다면 회의 참석 대신 너 이로 데크를 사포질하는 일을 맡을 거라고 말할 것이다. 나에게는 어떤 주제를 가지고 여러 사람이 도여서 회의하는 게 정말 힘들다. 특히 온라인으로 진행된다면 더더욱. 나의 뇌는 이런 화상 회의실 말고도 가야 할 장소가 정말 많단 말이다. 설사 회의에 참석하더라도 여러 명이 모인 그룹보다는 차라리 일대일 방식의 회의를 열 번 가는 걸 선호한다. 여기에서는 집중력이라는 스프링클러를 한꺼번에 여기저기 뿌리지 않고 한 송이마다 직접 물을 줄 수 있기 때문이다.

이와 관련해서는 내 친구이자 동료인 앤 마리 탭키보다 잘 아는 사람은 없을 것이다. 우리 유튜브 채널에서는 그냥 미국 중서부에 사는 이웃 정도로만 소개되지만 사실 훨씬 더 대단한 인물이다. 탭키는 홀더너스 패밀리 프로덕션에서 일상 업무를 담당하는 창의력 넘치는 파트너다. 나의 뇌가 창의적인 부분을 유감없이 발휘하지만 사흘 동안 노래 하나에 완전히 빠져서 다른 세세한 부분을 무시할 수 있다는 사실을 탭키도 나도 일찍이 알게 되었다. 탭키는 이런 혼돈의 시간을 잘 조정해 주고 내가 업무에만 집중할 수 있도록 돕는 인물이다.

↑ 오, 안녕하세요! 이분이 탭키 씨입니다.

ADHD인 사람과 함께 일하는 것은 무엇이 다른가

프로듀서 탭키의 메모

우선 홀더네스 부부와 10년 넘도록 함께 일하게 되어 영광이라는 말을 하고 싶다. 펜을 알기 전, 나는 고객관리를 주제로 한 마케팅 콘퍼런스에 참석한 적이 있다. 그곳에서 마케팅 에이전시에 일하는 아주 창의적인 직원의 엉뚱한 행동을 어떤 식으로 고객에게 설명하면 '전설'적인 인물이 되는지를 배웠다. 예를 들어, 밥이라는 디자이너는 고객과 함께하는 회의에서도 멍하니 낙서를 해대는 직원이라 가정해 보자. 이때 당신은 고객에게 이렇게 말하는 것이다. "밥이 낙서를 하는 건 머릿속에서 지금 다음 프로젝트를 설계하고 있기 때문이죠. 지금 떠오른 아이디어를 잊어버리지 않기 위해서예요." 가끔은 그게 사실일 때도 있지만, 대부분은 그냥 지루함에 뭔가를 종이에 끄적거리는 것이다. 정말 창의적인 사람들은 신경 다양성을 가진 경우가 대부분이라 창의성을 추구하는 곳에서 일할 때 당신은 이런 사람들을 보호할 방법을 찾아야 한다. 이들은 창의성을 펼쳐 보이라고 고용되었지, 회의실에 앉아 있기 위해 이곳에서 일하는 게 아니다.

나 역시 펜의 ADHD로 인해 때로는 그를 '전설적인 인물로 만들'어야 했다. 펜은 고객과 함께하는, 오랫동안 진행되는 대규모 회의를 질색하지만 어쩔 수 없이 참석해야 할 때가 있다. 나는 펜이 머릿속으로 작곡을 하고 있어서 멍하게 있는 것인지 아니면 단지 그 자리를 피하고 싶어서 그러는 건지 매우 잘 구별해 낸다.

펜이 창의성 모드로 들어가면 회의 참석자들에게 이렇게 말한다. "펜, 벌써 머릿속으로 노래를 만들고 있군요?" 펜이 그렇다고 답하면 자유롭게 창의성을 뽐내도록 내버려 둔다. 하지만 탈출 모드라면 이렇게 말한다. "펜, 당신 지금 작곡을 시작하려는군요. 그러면 나가서 제대로 하겠어요? 나머지는 나중에 자세히 따로 이야기할게요." 그러면 펜은 정말 재빠르게 인사를 하고 회의장을 나간다.

우리 팀이 아주 복잡한 프로젝트를 진행하고 있거나 마감일이 촉박한 일을 할 때면 펜은 이 일을 완성하는 쪽으로 엄청난 집중력을 발휘한다. 팬데믹 시절 '더 홀더네스 패밀리'라는 사이트에 매일 새로운 영상을 만들어 올릴 수 있었던 가장 큰 이유는 펜의 ADHD 덕분이다. 펜의 에너지와 결단력은 우리에게 가장 필요한 시기에 전체 팀원들에게도 스며들었다.

펜의 단점은 아주 쉽게 산만해지고 일에 대한 부담감에 압도당한다는 것이다. 우리는 함께 창의적인 일을 하지만, 나는 프로젝트 관리도 하면서 업무가 제대로 진행되게 해야 한다. 펜은 자신이 지금 하던 작업이 어떤 것이든, 더 흥미롭고 새로운 일을 발견하면 금방 집중력이 흐트러지고, 업무가 과중하거나 명확하게 우선순위가 정해지지 않은 일을 맡으면 쉽게 무너지기도 한다. 이와 비슷한 상황을 겪는 사람들에게 도움이 될 만한 몇 가지 팁을 알려 주려 한다:

1. 완료해야 할 작업의 순서를 먼저 검토하고, 필요한 경우 항목별로 목록을 나열한다.
2. 즉각적으로 처리해야 할 업무에 집중하고 장기적인 프로젝트에 대해서는 따로 논의할 시간을 만들어 둔다.
3. ADHD인 직원에게 도움이 필요하다고 판단되면 업무를 조정해 준다.

펜은 업무에 압도당할 때조차도 누군가에게 도움을 요청하는 걸 매우 힘들어한다. 하지만 우리가 도와줄 때면 항상 감사해한다. 팀원들은 어떤 식으로 펜에게 도와줄지 묻지 않고 바로 행동에 나선다 긍정적인 태도로 임하면서 우선순위와 작업량을 확인 하며 돕는다. 이런 식으로 빠르게 평소의 상태로 끌어내면 언제 그렇게 힘들어했냐는 듯이

> 펜은 다시 제자리를 찾는다.
>
> 때로는 펜의 ADHD가 업무를 더 복잡하게 만들기도 하지만 대부분 더 재미있고 흥미롭게 만든다. ADHD는 펜의 정체성이고 우리 팀은 이 부분을 바꿀 생각이 전혀 없다.

밖에서의 ADHD

쇼핑

나는 TV 프로그램에서 치타가 가젤을 쫓는 장면을 영국인 성우가 묘사하는 것을 특히 좋아한다. 이 영국인 성우는 내가 야생에서 하는 행동을 본다면 할 말이 참 많을 것이다. 예를 들어, 내가 온갖 방해 요소에도 불구하고 타깃[7]에서 아보카도를 사려고 힘겹게 쇼핑하는 모습을 가정해 보자.

(다큐멘터리 해설자 데이비드 아텐버러처럼 영국식 억양으로 속삭이듯이 이 모습을 나레이션한다고 상상해 보자.)

"ADHD 인간이 타깃으로의 여정을 시작합니다. 그곳으로 가는 과정에 수많은 위험이 도사린다는 것을 모르고 있습니다. 저기 농산물 코너가 보이네요. 그 순간 반짝이는 비행사 선글라스가 눈을 사로잡습니다. 슬그머니 그쪽으로 다가갑니다. 이 선글라스를 보니 아직 〈탑건: 매버릭〉을 보지 못했다는 걸 깨닫습니다. 세 번째 코너로 가면 이 영화 DVD를 찾을 수 있죠. 영화 코너로 가는 길에 아는 사람을 만납니다. 그 사람이 농구하러 가자고 하네요. 그러고 보니 아들의 농구공 팽창 바늘을 사야 한다는 것이 떠오릅니다. 20분 뒤 농구공 팽창 바늘,

---

[7] 미국의 종합 유통업체.

선글라스, 〈탑건: 매버릭〉 DVD를 사서 집으로 돌아옵니다. 사실 그의 집에는 DVD 플레이어가 없습니다. 그리고 아보카도를 사는 것도 잊었네요."

이동

누구에게나 이동은 힘들지만, ADHD인 사람들에게 활동 간, 또는 장소 간의 이동은 정말 쉽지 않은 일일 수 있다. A를 포장해서 B로 가져가는 사이 우리는 다른 길로 샐 만한 수많은 기회를 맞닥뜨린다.

작년에 우리 가족은 시간을 겨우 내어 플로리다로 짧은 휴가를 가기로 했다. 가서 잠깐 즐기고 바로 돌아오는 일정이었다. 하지만 이런 잠깐의 휴가를 내는 것조차도 할 일이 많다. 먼저 떠나기 며칠 전까지, 일하지 않는 기간에 해야 할 일을 미리 다 마쳐야 한다. 그 후 짐을 싸고 간식을 챙기고 휴대전화에 우리가 탈 항공사 앱을 깔고 다 함께 공항으로 가야 한다. 공항은 ADHD 뇌에게 그렇게 좋은 공간이 아니다. 시끄럽고 부산하며 과하게 자극이 넘치고 삑삑 소리가 나는 골프 카트 같은 산만한 것들로 가득한 곳이다. 아내는 모두가 정확한 시간에, 있어야 할 곳에 도착하도록 지시했다. 짐은 모두 기내로 반입하면 시간을 더 절약할 수 있을 것으로 판단해 각자 자신의 캐리어를 담당하기로 했다.

탑승 시간이 다가오길 기다리며 우리는 엄청난 에너지로 노래를 흥얼거렸다. 그러다 아들이 자신의 캐리어에 기대다 뒤로 넘어져서 손에 들고 있던 밀키웨이

초코바가 게이트 너머로 날아갔다. 탑승 시간이 되자 혼잡한 공간에서 벗어나 다소 조용한 기내로 들어서게 되어서 기뻤다. 늦게 항공권을 예약했기 때문에 모두 떨어져서 앉아야 했고 착륙 후에 다시 모이기로 했다.

도착해서 아내가 자신의 캐리어를 끌고 오는 모습을 보자 나는 〈나홀로 집에〉와 같은 상황을 맞이하게 되었다. 아내의 짐을 보자 내 손에는 짐이 없다는 사실을 깨달은 것이다. 가방이 없다. 소지품이 없다. 아무것도 없다. 나는 식은땀을 흘리며 급하게 물었다. "여보, 비행기에서 가방을 안 가져온 것 같아." (ADHD 전문가의 팁: 가방을 항상 확인하기)

아내는 놀랄 정도로 차분하게 내가 어디를 어떻게 지나왔는지 물었다. 보안 검색대에 두고 왔나? 커피 마시러 델타 스카이클럽 라운지에 갔다가 두고 왔을지도 모른다. 하지만 사실 전혀 기억나지 않았다. 혹시 사람들이 내가 버려 둔 가방 안에 폭탄이 있다고 의심해서 혼란을 일으키는 건 아닐까?

우리는 노스캐롤라이나의 게이트 쪽에 전화했고 그곳에서 가방을 찾을 수 있었다. 하지만 우리는 이미 플로리다였고 옷도, 세면용품도, 천식용 흡입기도 없었다. 나는 아내에게 아이들과 숙소로 먼저 가도록 한 후 타깃에 들러 필요한 물품을 구매했다. 원래 아이들과 함께하는 여행에는 두 명의 수비수가 필요한데,

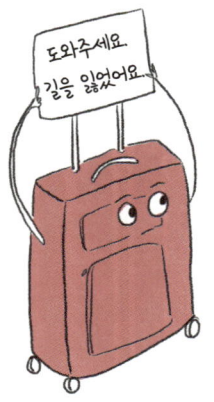

팀원 한 명만 보낸 것에 기분이 매우 안 좋았다.

내 집행 기능은 고장이 났다. 여행과 이동이라는 스트레스로 인해 기본적인 것을 길에 그냥 두고 온 것이다. ADHD인 사람들에게는 이런 일들이 자주 일어난다. 물건이 틈 사이로 빠져나갔을 때는 정말 혼돈 그 자체라고 할 수 있다.

행복한 장소에 있는 ADHD의 뇌

우리가 세상을 지배한다면 삶을 더 편하게 만들어 줄 몇 가지 아이디어가 있다. 다음은 ADHD인 사람들에게 잘 맞도록 내가 바꾸어 본 시스템들이다:

1. 상점 안에는 기다리는 줄이 더 이상 존재하지 않는다. ADHD들은 줄 서는 것을 질색한다. 이들의 세상에서 당신은 원하는 물품을 고르고 휴대전화로 계산한 후 바로 떠나면 된다(이미 이런 시스템을 만들어 낸 스타벅스와 홀푸드마켓에 감사의 뜻을 표한다). 원한다면 음식을 준비하거나 새 게임기 엑스박스를 꺼내 온 매장 직원에게 따로 감사 인사를 할 수도 있다. 그러나 이 행동을 하기 위해 따로 줄을 설 필요는 없다.

2. 레스토랑에서는 예약을 받지 않는다. 당신이 처음 가는 식당에 예약 없이 가더라도 가장 먼저 자리에 앉을 수 있다. ADHD인 사람들은 몇 주 또는 몇 달 전에 예약하는 일에 정말 서툴다. 그래서 유명한 곳에서 식사하는 일이 매우 드물다. 그러나 우리는 새로운 경험을 매우 좋아하기 때문에 이런 곳에도 가 보고 싶다. ADHD의 세상에서는 예약하지 않더라도 바로 주문을 받아 준다.

3. 자동차는 자동으로 청소된다. 차에서 당신이 내리면 애니메이션 〈우주 가족 젯슨〉에 나오는 것처럼 로봇 팔들이 차 안에 있던 커피잔을 씻고 아무렇게나 둔 옷을 개고 바닥에 떨어진 과자 조각을 청소기로 빨아들인다.

4. 학교는 각 수업이 20분만 진행된다. ADHD인 사람들은 사실 배움을 즐긴다. 그래서 대부분 수업 시작 후 집중하지만, 서서히 집중력이 떨어진다(좋아해서 선택한 과목 제외). 학교 수업 방식을 바꾸면 이런 부분을 개선할 수 있다. 수업 시간을 줄이면 쉬는 시간도 많아져서 ADHD 뇌에게는 이보다 좋을 수 없다.

우리는 이를 '스타카토 학습 접근법'이라 부른다. 등교한 아이들은 서로 하이 파이브를 하며 이렇게 말한다. "이것은 내 ADHD 두뇌야. 정말 멋지지 않니? 우리는 뇌의 기능이 다 다르지만, 함께 학교생활을 하고 있어." 교사들은 뉴딜 정책처럼 일상생활과 직접적으로 연관이 없는 내용의 수업을 할 때 단조롭게 설명하는 교과서 중심의 수업이 아니라, 더 역동적인 방식으로 가르친다. 일주일 동안 교사가 프랭클린 루스벨트가 된 척한다든지, 당구를 치면서 각도를 가르치는 방식들을 예로 들 수 있다.

나의 완벽한 ADHD 학교 일정

집행 기능의 차이로 인해 학교 일정이 이렇게 진행되었으면 한다:

9:00-수학	10:15-역사	12:40-수학(이어서)	쉬는 시간
쉬는 시간	쉬는 시간	쉬는 시간	1:55-역사(이어서)
9:25-영어	10:40-예술	1:05-영어(이어서)	
쉬는 시간	11:00-체육	쉬는 시간	
9:50-과학	11:40-점심시간	1:30-과학(이어서)	

---

5. 모든 제품은 분실에 대해 100퍼센트 보상을 보장한다. 당신이 소지품을 잃어버리면 해당 제품 회사에 연락해서 이렇게 말한다. "제가 헤드폰/테니스 신발/배낭을 다른 곳에 두고 온 것 같아요." 그러면 회사에서는 "걱정하지 마세요. 지금 당장 같은 제품으로 보내드리겠습니다"라고 답변한다.

6. 골프는 9홀로 진행된다. 골프는 정말 재미있는 스포츠다. 하지만 왜 항상 18홀로만 게임을 할까? 이렇게 바쁘게 돌아가는 골프장에서 다섯 시간이나 쳐야

한다니. 굳이 다섯 시간 동안 햇볕 아래에 서 있을 필요가 있을까? 그냥 9홀로 빠르게 끝내고 점수를 두 배로 계산하자.

7. 디즈니랜드에는 놀이기구를 더 많이 만들고 더 적은 인원만 태운다. 다시 1번으로 돌아가자면 우리는 줄서는 것을 질색한다. 디즈니랜드에서 놀이기구의 수를 두 배로 늘리면, 그냥 같은 종류로만 두 배 늘리더라도 기다리는 시간이 줄어서 이곳에서 쓰는 돈이 그만한 가치가 있었다고 느끼게 될 것이다. 디즈니에서 실제로 기구를 늘린다고 해도 절대 파산할 정도의 큰 타격이 아니리라 생각한다. 창의력 넘치는 디즈니랜드 직원들이여, 한번 진지하게 생각해 보라.

8. 스포츠 경기 중간에 하는 브레이크타임(하프타임, 타임아웃, 표면 고르는 시간)**을 줄인다.** 스포츠 경기 역사상 라이브 경기를 보면서 '타임아웃을 좀 더 많이 하고, 일반인이 천 달러가 걸린 이벤트성 하프코트 슛을 시도하는 걸 좀 더 봤으면 좋을 텐데'라고 생각하는 사람은 없을 것이다. 그러니 불필요한 시간 낭비를 줄이고 본 경기에 집중하자.

9. 뷔페는 어디든지 존재한다. 공공장소에 따뜻한 음식이 그냥 나열된 모습을 상상하면 건강에 민감한 사람들은 심장마비를 일으킬지도 모른다. 하지만 ADHD 환상의 세계에서 모든 레스토랑에는 신선한 식품이 뷔페로 되어 있다. 종류는 무한하고 음식을 먹을 때마다 새로운 음식이 나온다! 말 그대로 메뉴에 있는 모든 음식을 맛볼 수 있고 나올 때까지 기다릴 필요가 없다.

10. 영화관에서 상영되는 영화는 예고편과 페이크 엔딩[8]을 포함해 두 시간을 넘기면 안 된다. 영화 관계자 여러분, 영화 시간을 편집할 수 있잖아요? 그렇죠? 요즘 마블 영화를 보면 25분짜리 예고편, 2시간 40분짜리 본편, 그리고 크레디

---

8 영화가 끝난 것처럼 보이게 하는 기법.

트[9] 10분을 보고 나서야 보너스 엔딩을 볼 수 있다. 영화 제작에 참여한 모든 사람의 이름을 알고 싶다면 영화표를 사기 전에 확인할 수 있게 해 주어야 한다. 관객들이 이를 참아가며 세 시간 동안 볼 필요는 없다. 그냥 영화의 엔딩 부분을 바로 보여 주길 바란다.

실시간 업데이트: 농담이 아니라, 방금 우리 아들이 영화관에서 '영화 중간에 5분간 휴식 시간을 주는 시스템'을 만들 수는 없냐고 물어 왔다. 그래서 나는 이렇게 대답했다. "그래, 예전에는 그렇게 했어. 그리고 여전히 브로드웨이 쇼에서는 아직 이런 시스템이 있지. 이걸 휴식 시간이라고 불러." 그러자 아들은 놀랐고 그 모습에 나도 놀랐다. 지금의 마블 영화보다 더 짧은 브로드웨이 쇼에서는 10분간 휴식 시간이 있다. 우리 아들은 역시 천재다. 휴식 시간을 다시 돌려 달라!

ADHD 빙고

ADHD 증상은 매일 여러 형태로 불쑥불쑥 나타나고 이런 증상들이 쌓여 가는 모습을 보고 있자면 좌절감이 들기도 한다. 그러니 ADHD 빙고 게임을 통해서 증상들에 대해 좀 더 재미있게 접근해 보자:

지금까지 일상생활을 할 때 ADHD가 어떤 식으로 외부 행동에 영향을 주는지 간략하게 살펴보았다. 이제 더 깊고 깊은 내면을 들여다볼 시간이다. 다음 장에서는 이 질환이 우리의 뇌와 심장에 어떤 영향을 주는지 알아볼 것이다.

---

9 제작 등에 참여한 사람들 이름을 올리는 것.

ADHD 빙고 카드

B	I	N	G	O
옷을 세탁 바구니가 아닌 근처에 둔다.	냉장고에 음식이 아닌 것이 들어 있다.	말하는 도중에 딴생각한다.	내가 어디로 운전해서 가는 중이었지?	이 빙고 카드는 꼭 달력처럼 생겼네? (그리고 난 달력을 싫어하지)
방마다 마시지도 않은 물잔을 두고 나온다.	이틀 전에 입은 바지 주머니에 열쇠가 있다.	내용을 읽지 않고 5분간 한 페이지를 쳐다보고 있다.	한 명의 친구와 주말을 꼬박 지낸 후에 그에 대해 새로운 소식을 하나도 기억하지 못한다.	신발 끈이 풀린 채로 한 시간이 지났다.
저녁 식사 중에 식기를 계속 만지작댄다.	내가 여기 왜 들어왔더라?	보너스 칸	이 비디오 게임 너무 재미있는데?- 이런 세상에, 오늘 며칠이야?	물건을 잃어버리지 않게 달아두는 애플의 에어 태그를 잃어버렸다.
우주가 얼마나 넓은지를 생각하며 그냥 여기 앉아 있다.	물건을 씹고 있다.	밤마다 차고 문을 닫지 않는다.	건조기 안에 립밤이 있다.	한 시간 동안 팟캐스트를 들은 후 단 2분의 내용만 기억이 난다.
레스토랑 계산서 사이에 신용카드를 두고 왔다.	모든 방에 불이 켜져 있다.	모든 사람은 녹색을 똑같이 인식할까?	한 달간 다락방 불이 켜져 있었다.	당신의 생각에 빠져서 이 빙고 카드를 전부 읽지 못했다.

5장
ADHD의 감정적인 부분

인간에게는 감정이 있다. 세상을 살아가며 신체가 경험하는 것이 뇌의 화학반응을 통해 나타나는 기적 같은 결과물이 바로 이 감정이다. 첫사랑에 대한 황홀한 기분, 트럭에 부딪힐 뻔한 후 느끼는 엄청난 안도감, 응원하는 팀이 챔피언십에서 우승한 것을 본 후 느끼는 짜릿함 등이 뇌세포들의 복합 작용으로 일어난다는 사실은 꽤 놀랍다. 그중에서도 ADHD 뇌는 특히 아주 강렬한 감정을 느낄 수 있다.

우리가 앞에서 살펴보았던 부분은 매일 일어나는 일에 대한 '일상생활 관리'의 측면에 속한다. 예를 들어, 제시간에 도착하기, 방해하지 않기, ATM기 앞에 줄을 서다가 '이런 세상에, 네 자리 비밀번호를 누르는데 어떻게 2초 이상 걸릴 수 있지?'라는 생각이 들 중간에 튀어나오지 않기 등이 있다. 그러나 ADHD

는 감정이 얼마나 크게, 얼마나 빠르게 변하는지에도 많은 영향을 준다. 이번 장에서는 좋은 방향이든 아니든, ADHD가 우리의 전반적인 감정을 어떤 식으로 형성하는지 알아보도록 하자.

ADHD가 느끼는 것

ADHD 뇌를 가진 우리는 어떤 것을 강하게 느낀다. 기쁨에서 슬픔으로, 분노로 변하는 감정들은 온몸으로 느끼는 경험이다. 지금 나타나는 감정이 무엇인지를 인식하기까지 시간이 조금 더 걸릴 수 있지만 일단 인식하게 되면 아주 강렬하게 표현된다.

핵심은 이거다: 우리의 감정은 자동차 경주 포뮬러 1의 선수보다 더 빠르게 기어를 바꿀 수 있다. 극단적으로 분노하게 되는 순간 온 핏줄이 분노로 요동친다. 그러다 몇 초 뒤에 좋아하는 밴드가 동네에 왔다는 사실을 알게 된 후 어느새 머리끝까지 흥분으로 가득 찬다. 이게 도대체 무슨…?

콜드웰 박사는 ADHD 뇌에서 일어나는 감정의 변화를 획기적인 방식으로 쉽게 설명해 주었다.

앞에서 언급했던 어항을 기억하는가? 콜드웰 박사는 ADHD인 사람의 뇌에서 나타나는 감정을 어항 물속에 넣은 강력한 염색제로 표현했다. 이 물에 빨간색 염색약을 넣으면 어항 전체가 아주 빠르게 빨간색으로 변해 버린다. 어디를 살펴봐도 물은 완전히 빨갛게 변했고 어항 속에 있는 어떤 것을 쳐다봐도 온통 빨간색뿐이다. 그 후에 다른 색의 염색제를 넣으면 이 물은 즉시 새로운 색으로 변해 버린다. 이제 어디를 살펴봐도 조금 전의 빨간색은 온데간데없이 사라졌다.

변해라, 얍!

한 친구가 당신의 생일 파티에 오기로 약속해 놓고 나타나지 않은 식으로 모욕감을 안겨 주었다고 가정해 보자. 폭발! 이제 당신이 느끼는 기분은 오로지 거절당했다는 사실로만 염색된다. 파티는 망쳤다. 어항 물은 회색이 되어 버렸다. 이제 파티에 참석한 사람들 모두가 집에 가버렸으면 하는 마음뿐이다. 어쩌면 이 사람들도 이곳에 더 이상 있고 싶지 않을지도 모른다. 마음은 타들어 가고 파티를 즐길 수 없다…. 그때 2년 동안 만나지 못했던 한 친구가 깜짝 등장한다. 이때 뇌 화학물질에 따라 두 가지 상황이 일어날 수 있다: 첫째, 회색 물에 너무 깊게 빠져들어서 평소라면 기쁘게 반겼을 이 멋진 친구를 제대로 보지 못한다. 그리고 더 즐기지 못한 자신이 바보처럼 느껴진다. 둘째, 이런 세상에, 이렇게 행복한 기분이라니! 어항 속 물이 황금빛 노란색으로 변했다! 이제 세상은 황홀 그 자체고 거부당했다는 기분은 마치 처음부터 느낀 적 없다는 듯이 완전히 사라졌다.

('황금빛 노란색' 물이란 말에 소변 색과 비슷하다는 생각이 들어 속으로 살짝 웃었다고? 나도 그랬다.)

감정의 기억상실

내 감정들이 어떻게 바뀌는지 잘 보여 주는 이야기를 하나 들려주겠다. 나는 지금 바하마에 있다. 지금까지 본 것 중에서 가장 아름다운 해변을 바라보고 있다. 이때 문자 한 통을 확인한다. 내가 전화하기로 약속한 것을 깜빡해서 누군가가 실망해서 보낸 문자였다. 그때부터 내 감정은 바로 우울 모드로 빠졌다. 지금 보고 있는 해변은 이제 모래 더미일 뿐이고 슬픔에 빠지면서 모든 행복감이 완전히 사라졌다. 이제 나는 우울한 세상을 바라보고 있다. 내 감정은 비슷한 상황에서 이런 식으로 변한다. 극도의 낙담에서 극도의 기쁨으로 바뀌는 데는 몇 초 걸리지 않는다.

내 감정은 기억상실과 비슷해서 이런 모습은 다른 사람들(아내와 같은)을 매우 불안하게 만든다. 그리고 자신도 감정의 괴짜가 아닌가 하는 기분이 종종 든다.

아내는 이런 나와는 다르다. 아내는 다른 나라에서 건물이 붕괴했다는 기사를 읽고 진심으로 눈물을 흘리며, 이 감정을 몇 시간에서 며칠간 내면에 그대로 간직한다. 물론 나 역시 슬픔이라는 감정을 인지-나는 로봇이 아니다-한다. 하지만 처음의 감정이 오후에 있을 테니스 경기를 걱정하는 감정으로 너무나도 빨리 바뀌는 게 그 차이다. 간단히 말해 나는 슬픈 감정을 느끼지 못하는 게 아니라 이 감정이 오래 지속되지 못한다.

올해 어머니의 건강에 문제가 있었을 때 우리 부부가 나타내는 상이한 반응으로 이런 현상은 또 발생했다. 사실 당시 어머니의 상태는 마지막을 준비해야 할 정도로 안 좋으셨다. 어머니는 4년 전 알츠하이머병으로 진단받으셨는데, 만약 누군가 당신에게 죽음의 방식에 선택권을 준다고 한다면 절대 알츠하이머병은 선택하지 말길, 정말 끔찍한 병이다. 처음에는 가끔 단어를 잊어 버리는 정도였는데, 나중에는 말도 제대로 못 하고 먹지도 못하는 상태로 급격히 악화했다. 대학교 학위를 따는 데 걸리는 시간보다 더 짧은 시간에 말이다. 삶을 끔찍한 방식으로 마감하도록 이끄는 질병이다.

나는 이번에도 어머니를 잃는 것에 슬픔을 느꼈다. 특정한 순간 극심한 슬픔이 밀려와 거의 감정의 핵심까지 다다랐다. 그러나 이런 기분은 다른 사람들보다 더 빠르게 바뀌었다. 이와 같은 감정의 흐름에 실망하며 '무슨 일이야, 펜? 왜 너는 그토록 슬퍼하며 울지 않는 거야? 어머니를 사랑하지 않는 거 아니야?'라고 스스로 되물어 보기도 했다.

솔직히 말하겠다. 나는 이 글을 쓰면서도 자신이 괴물처럼 보이지 않을까 걱정했다. 아니면 평범하지만 아주 이기적인 멍청이거나. 당연히 슬퍼해야 하는 순간에도 행복한 감정을 느껴도 되는 건가? 그러나 나는 ADHD가 슬픈 순간마저도 감정을 바꿀 수 있다는 사실을 잘 알고 있다. 느끼지 않는 감정을 느껴야 한다는 압박은 정신 건강에 매우 해롭다. 나는 당신의 감정이 변화무쌍하게 바뀌는 만화경처럼 변하더라도 이 책을 읽고 자신이 이상한 사람이 아니라는 사실을 알길 바란다.

이런 현상은 단지 뇌가 다른 방식으로 작동하는 것일 뿐이다. 절대 당신이 감정을 느끼지 못하는 인간인 게 아니다. 당연히 느낀다. 잠시뿐이지만 말이다. 다시 말해 뇌 기능이 정상적인 사람들과 비교할 때 당신의 뇌는 한 가지에 몰두하는 감정에서 다른 감정으로 더 빠르게 변할 수 있다.

킴이 남긴 메모

우리는 정기적으로 어머님을 뵈러 갔다. 그렇게 찾아갈 때마다 어머니의 모습은 지난번보다 놀랍도록 더 나빠져 있었다. 그 모습에 남편이 얼마나 충격을 받았는지 모른다. 지난주 남편은 어머니에 대해 좋지 못한 소식을 들었다. 의자에 앉은 남편이 겉으로 봐도 감정적으로 얼마나 큰 슬픔에 잠겼는지 알 수 있었다. 그 후 몇 분이 흐르고 벌떡 일어나 말했다. "좋아, 이제 아이들의 유니폼을 챙기러 가자." 남편은 슬픈 감정을 느꼈지만, 그 안에 빠지진 않았다.

감정을 다룰 때 우리 부부의 접근 방식은 다르다. 고통, 상하, 기분이 나빴던 하루에 느끼는 감정을 털어 내는 걸 남편만큼 잘하는 사람은 없을 것이다. 여기에서 장점은 정말 심하게 다툰 후에도 감정이 빠르게 변해서 놀랍도록 쉽게 용서하는 것이다. 나는 그러지 못한다. "그래 용서해 줄게!"라고 말하고는 "사실 용서 안 했어!"라고 소리치며 나가 버린다. 아직도 고등학교 때 싸웠던 그 애들에게 화가 풀리지 않은 상태다.

　수년간 남편과 나의 서로 다른 대처를 지켜보면서 남편의 뇌가 나보다 더 빨리 감정을 대사한다는 사실을 알게 되었다. 이제는 남편이 부정적인 감정에서 긍정적인 감정으로 변하는 폭이 아주 넓더라도 이게 단점이라 생각하지 않는다. 솔직히 전에는 정말 혼란스러웠던 적이 있긴 했다. 하지만 누군가 정말 힘든 시기에 어떤 식으로 이겨 내는지에 대해 내가 감히 판단을 내릴 수 있겠는가? 나는 시어머니가 돌아가시자 슬픔에 빠져 아이스크림을 먹고 울며 종일 침대에 누워 있었다. 이게 남편보다 더 나은 방식이라 생각하지는 않는다. 단지 좀 더 사회적으로 용인되는 방식일 뿐이다. 슬픔에 잠겨 있는 것은 남편에게 통하지 않는다. 그리고 힘든 시기에 자신을 끌어 올리는 남편의 능력이 부러울 때도 있다. 나는 다른 사람이 내 감정 처리 방식을 존중해 주길 바라는 것처럼 남편도 존중하려고 노력한다.

　최근에 시어머니를 뵈러 갔을 때 남편은 침대 곁에 앉아 어머니 손을 잡고 있다가 아주 크게 방귀를 뀌었다. 어머님은 두 아들을 키웠기 때문에 이런 장난스러운 행동에 매우 익숙하셨다. 그때는 더 이상 말을 하지 못하는 상태셨고 깨어 있는 시간보다 잠들어 있는 시간이 더 길지만, 시어머니는 미소를 지으며 입을 우물거리셨다. 웃으시려는 모습인 걸 우리는 알았다. 그러자 남편의 슬픈 감정이 순식간에 코미디로 바뀌었다. 칠흑 같은 어둠에서 빛을 찾아내는 능력은 정말 멋진 것 같다.

잠깐, 기다려 보자. 이게 끝이 아니다!
ADHD의 감정적 파급효과

ADHD는 일상생활을 영위해 나가는 것을 힘들게 한다. 그러나 과제 완수에 걸리는 추가 시간, 다른 쪽으로 새지 않으려는 자신과의 싸움, 지루함을 견디지 못하는 성향 등의 증상에서 오는 좌절감은, 이해받지 못하는 장애를 가지고 사는 것에서 오는 정서적 후유증에 비하면 사소하게 느껴질 수 있다.

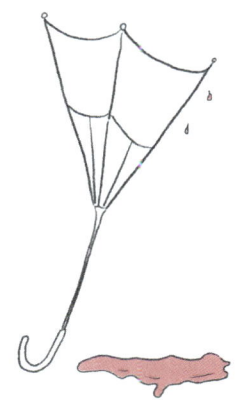

아주 어릴 때부터 ADHD인 우리에게 삶은 더 어려웠고 이런 지속적인 투쟁은 서서히 지치게 만든다. 이는 마치 따스한 바람을 느끼며 봄날 한산한 거리를 거니는 게 아닌, 뒤집힌 우산을 쓰고 빗속을 뛰는 것과 비슷하다. 겨우 집으로 왔지만 이미 몸은 흠뻑 젖어 있다.

어린아이일 때부터 당신은 다른 사람에게 맞게 설계된 세상에 맞추라고 강요당한다. 의자에 얌전하게 앉아 집중해서 듣고, 부지런하게 공책에 필기하고, 배운 정보를 그대로 익히고, 충동을 억누르고, 지시를 따르고, 다른 사람과 잘 지내고, 예의 바르고 공손하고, 감정을 조절해야 한다. 이 중 어느 것도 당신의 본성에는 없는 항목들이다. 그리고 이런 부분을 다른 사람들 역시 알아챈다. 일부는 들으라는 식으로 소리 내 크게 말하기도 한다. 그러면서 당신을 '말썽꾸러기' 또는 '문제아'로 낙인찍는다. 어떤 사람들은 당신이 멍청하다거나 게으르다고 말하고 충분히 노력하지 않는다는 이유로 불만을 드러내기도 한다. 이 얼마나 잠재력 낭비인가. 당신이 방해한다고 느끼거나 '과하다'고 생각하는 같은 반 친구가 당신을 멀리하면 고립되고 외로운 감정이 들 수 있다.

성인이 되면 우리에게 거는 기대감도 함께 커진다. 제시간에 자리 잡기, 잘 정리하기, 명확하게 의사소통하기, 성공적인 인생 살기 등. 그래서 아무리 열심히 노력해도 성과가 나오지 않을 때 패배감을 느끼기 쉽다. 다른 또래들이 쉽게 목표를 정하고 달성하는 모습을 보고 부러워 할 수도 있다. 네모난 구멍에 둥근 못을 박는다면 얼마나 고통스러울지 상상해 보자. ADHD 환자 중 약 40퍼센트가 질환으로 진단받을 수준의 불안 증세를 보인다는 사실이 놀랍지 않은가?

우리가 느끼는 기분은 다른 사람이 어떤 식으로 반응하느냐에 따라 크게 달라진다. 멍하게 있다가 타인에게 비웃음을 당한 적이 몇 번이나 있는가? 아니면 당신을 놀림거리 삼아 헐뜯는 말을 들은 적은? 어떤 문제가 생겼을 때 ADHD인 사람들은 쉽게 희생양이 된다. 확증편향으로 인해 누가 실수를 했는지 그 원인을 따지려고 할 때 교실에 있는 ADHD인 아이에게로 시선이 모이게 되는 것이다. 이런 일들이 반복되다 보면 이들의 자존감에도 영향이 간다. 밖으로 내뱉는 목소리가 서서히 안으로 숨어 버린다. '내가 망쳤어'라는 마음의 소리는 '나는 엉망이야'로 바뀐다. 불교에 '두 번째 화살은 맞지 마라'는 명언이 있다. 당신에게 날아온 첫 번째 화살은 실수였다. 그러나 두 번째-첫 번째 화살로 인해 만들어 낸 수치심이라는 화살-화살은 씻기지 않는 상처로 남는다.

문을 닫는 것을 깜빡해서 키우던 강아지가 밖으로 나가버린 경험이 있는가? 그래서 가족들이 모두 울고 이웃 모두가 도와주기 위해 한번씩 방문했던 적은? 그러다 개를 찾아 데려왔을 때 다른 모든 가족이 식탁 의자에 앉아 머리를 절레절레 흔들며 "또 개가 나가게 두었네"라고 말하는 모습을 상상해 보자. 그래. 나도 그랬다. 이런 식으로 자신을 파괴하는 생각은 우리 같은 사람들에게 흔한 일이며 충분히 개선할 수 있다. 이 책 뒤쪽에서 좀 더 자세히 살펴보겠지만, 간단히 말하자면: 당신의 뇌가 시간 관리를 제대로 하지 못해 약속을 지키지 못하는 것은 실질적인 문제 행동이지만, 성격적인 단점은 아니다. 그러나 이런 부분은 겉으로 드러나는 게 아니라서 다른 사람들이 제대로 이해하지 못할 수 있다. 그래서 ADHD인 사람들은 별다른 능력이 없는 것처럼 보이기도 한다.

자신이 엉망인 인간이 아니라는 사실을 지속적으로 상기하는 것 자체도 하나의 도전이다. 그래도 기억하자. 당신은 그냥 실수했을 뿐이다.

근사하지 않은 느낌

우리는 같은 동네 안에서 이사를 준비한 적 있다. 아내가 3일간 집안 청소를 하며 시장에 내놓을 만한 것들을 정하는 힘든 대장정을 시작했고, 나는 아내를 위해 며칠간 아이들을 해변으로 데려가기로 했다. 그렇다. 아내는 몇 년 동안 쌓인 잡동사니를 쓰레기통에 가득 채우고 중고가게 굿윌도 수없이 왔다 갔다 했다. 그러나 나는 아이들의 얼굴과 몸에 선크림을 듬뿍 발라 주고 타다에서 상어에 먹히지 않는지를 지켜보는 일밖에 맡지 않았다.

> 재미있는 사실: 상어를 거꾸로 뒤집으면, 상어의 호흡 속도가 느려진다. 근육이 풀리고 등지느러미가 곧게 펴져서 무력한 상태가 된다.
> —펜

여행의 마지막 날, 나는 아이들의 발에 묻은 모래를 씻기고 있었다. 그리고 스스로 축배를 들었다. '정말 멋지게 해냈어. 나는 최고의 아빠야. 이제 해야 할 일이라곤 짐을 싸고…, 그리고…, 이런, 내 차 열쇠.'

아이들과 나는 휴대용 의자, 양동이, 우산, 아이스박스를 샅샅이 살폈다. 그러다 여분의 열쇠를 차 안 안전한 공간에 숨겨 두었다는 사실이 기억났지만, 지난번에 내가 열쇠를 잃어버린 후에 이미 써 버렸다는 것이 떠올랐다. 시간이 지날수록 두려움은 커졌고 이제 나는 내가 해야 할 일을 알았다. 아내에게 전화해야 했다. 다정하고 다정하지만, 지금은 무섭고 무서운 아내. 처음부터 누구도 살지 않은 것처럼 말끔하게 집을 정리하는 데 매우 힘든 하루를 보냈을 아내에게 4시간 정도를 더 할애해 해변에서 휴가를 보내는 우리를 구하러 와 주길 부탁해야 했다. 수치스러움 단계는 8이었다. (10이 아닌 이유는 이보다 더 높은 일이 남아 있기 때문이다. 10은 곧 나올 예정이다.) 다른 모든 선택권은 남아 있지 않았고 용기를 내어 아내에게 전화해서 이 소식을 알렸다. 전화기 너머 차디찬 침묵이 이어졌다. 그 후 무거운 한숨이 이어지며 "그래, 지금 갈게"라는 짧은 답이 돌아왔다.

나는 아내가 실망한 모습을 보는 걸 정말 싫어한다. 그리고 내 뒤치다꺼리를 하기 위해 하던 일을 멈추어야 하는 상황은 더더욱 싫다.

두 시간 후 아이들이 내가 주문한 피자를 먹으며 TV를 보고 있을 때 아내의 차가 모습을 드러냈다. 아내는 안으로 들어오기도 전에 이렇게 소리쳤다. "나랑 장난해?"(사실 이보다 더 심한 욕을 했지만 생략하도록 하겠다.) 아내는 문 앞에 서서 열쇠를 방에 던져 버렸다. 짐을 싸느라 아내의 팔에 힘이 없어서 다행이었다. 나는 이 열쇠를 자동차 지붕 위 아주 잘 보이는 위치에 올려 두고 해변으로 떠났기 때문에 아내가 차를 진입로에 세우자마자 바로 알아챌 수 있었다.

이때 나의 수치심 레벨은 10을 쳤다. 사실 이는 수치심 그 이상이었다. 그 이유는 처음 있는 일이 아니었기 때문이다. 그리고 50번째도 아니었다. 그보다 더 많았다. 나는 모든 사람을 실망시키는 혼란 유발자였다. 도대체 무엇이 문제인가? 단지 최고의 아빠가 되고 싶었는데 멍청이가 된 것 같은 기분이었다. 이런 간단한 일조차 제대로 못 하는 이유가 무엇인가? 나는 뭔가가 고장 난 것 같다는 생각이 들었다.

그러나 나는 고장 난 인간이 아니다. 단지 ADHD인 사람이다. 뇌 기능의 차이 때문에 우리 앞에 장애물이 놓여 있을 뿐이다. 그래서 때로는 힘든 일이 생기기도 하지만 그때마다 걱정하지 말라고 스스로 되뇐다.

내가 너무 감정적이었어

당신이 뭔가 고장 난 인간이라고 느끼면 악순환이 시작된다. 자신을 좀 먹는 생각이 집행 기능에 압박을 가하고 증상은 더 심해져서 결국 또 나쁜 생각으로 빠지는 것이다.

다시 콜드웰 박사의 비유를 한번 더 떠올려 보자. ADHD 뇌를 어항이라 생각하면 여기에 능력의 한계치가 있다는 것을 알 수 있다. 감정이 제대로 조절되는 상태에서 당신은 어항 속 인조 해초와 성을 탐색한다. 이런 행동을 물 흐르듯이 (어항을 비유한 것이라 이런 표현을 써 보았다) 잘 해낼 수 있다. 그러나 더 많은 것들을 이 속에 넣으면 제대로 나아가지 못한다. 계속해서 물건들이 더해지다 결국 가득 차 버리면 당신은 제대로 수영을 하지도 못하고 결국 과부하가 오게 될 것이다. 어항 하나에 해결해야 할 것이 너무 많이 들어가 있으면 감정을 제대로 통제할 수 없다.

이런 상황은 우리가 감당할 수 없는 수준에 이를 때 일어나는데, 감정에서 비롯될 수도 있고 집행 기능에 요구가 너무 많이 쌓여서 그럴 수도 있다.

홍수

세 살짜리 아이가 짜증을 폭발할 때를 본 적 있는가? 이성을 잃고 분노라는 순수한 감정이 터져 나오는 모습 말이다. 나는 이런 모습을 꽤 늦은 나이까지 보여주었다. 청소년기 또는 성인이 되기 얼마 전까지 뭔가 정당하지 않다고 느끼거나 해결해야 할 일이 너무 많다고 느낄 때 나는 폭발했다. 그럴 때면 이성은 저 멀리 창밖으로 날아가 버리고 내 몸은 마치 자신의 의지가 있듯이 움직였다. 나는 덩치도 컸고 목소리도 컸기 때문에 이런 상황일 때 얼마나 무섭게 보였을지 충분히 짐작이 간다.

감정이 파도처럼 밀려올 때면 이 감정은 이성적 판단을 담당하는 전전두엽 피질을 완전히 잠식해 버린다. 그럴 때면 방으로 올라가 극심하게 분노를 표출한다. 내 물건을 때려 부수고 벽에 붙은 그림을 다 찢어 버리면서 마치 인간이 아닌 것처럼 에너지를 분출하며 미친 듯이 소리를 질러댄다. 손에 닿는 것-베개, 책, 트로피-이라면 모두 다 던져 버린다. 어릴 때 살았던 집 벽에는 아직도 이 자국이 남아 있다. 감정이 폭발할 때 얼마나 과격하게 트로피들을 집어 던졌는지를 보여 주는 자국이다. (참고로 모두 수학 트로피였고 높이는 약 90센티미터 정도 되었다. 스포츠 트로피와는 달랐다. 이유는 잘 모르겠지만 스포츠 트로피는 크기가 아주 작아서 내 손바닥만 하다.) 한번도 자해하거나 다른 사람을 다치게 할 정도로 위협을 보인 적은 없지만, 상태는 꽤 심각했다.

한참 감정을 분출한 후에는 종종 내가 왜 이곳에 있는지를 완전히 잊어버린다. 마치 단기 기억상실에라도 걸린 기분이었다. 엉망인 방 한가운데 서서 어머니에게 무슨 일이 있었는지 물으면 "글쎄다, 난 단지 네게 신발을 신발장에 넣으라고 부탁했을 뿐이란다…"라고 답하셨다. 아주 사소한 뭔가가 엄청난 짜증을 유발해 내 감정에 내가 먹힌 것이다. 마치 어머니께 화난 것같이 행동했지만, 신발을 정리하는 일처럼 매우 단순한 일조차도 제대로 하지 못하는 사실에 화가 났던 것뿐이다.

대단하게도 우리 부모님은 그럴 때면 나를 그냥 내버려두셨다. 다가와서 "그만 소리 질러. 옆집에서 경찰에 전화하겠어"라고 말씀하신 적이 한번도 없었다. 완전히 지쳐 그만둘 때까지 30분 정도 그냥 두셨다. 진정되면 그때 오셔서 이렇게 말씀하셨다. "그래, 이제 어떻게 할 생각이니?" 직감적으로 부모님은 콜드웰 박사가 했던 말을 이미 이해하고 계셨던 게 틀림없다. 박사는 '감정적으로 폭발하는 사람은 그러고 싶어서 그러는 게 아니라 단지 그런 일이 벌어질 뿐이다'라고 설명했다.

그러면 우리가 할 수 있는 일은 무엇일까? 물론 ADHD를 없앨 수도, 우리에 대한 다른 사람들의 생각을 바꿀 수도 없다. 그러나 적어도 자신에 대해 생각하는 방식을 조절할 수는 있다. 이제 당신이 ADHD에 대해 덧씌워진 이야기를 바꿀 시간이다. 다음 장에서 바로 이 부분을 살펴보도록 하자.

2부

이야기 바꾸기

우리가 지금 하는 이야기들은 매우 중요하다. 너무 오랫동안 ADHD에 대해서 "윽, 이 사람들은 완전 엉망진창이야"라는 식으로 이야기가 진행되었다. 이제 이런 이야기는 바뀔 때가 되었다. 하나씩 바꾸어 보자.

우선 시작하기 전에 분명히 해 두고 싶은 것은, 이야기를 바꾼다는 게 ADHD인 사람들에게 극단적인 낙관주의를 심어 주려는 의도가 아니라는 점이다. 또한 ADHD와 함께하는 삶을 하나의 거대한 불꽃 쇼로 꾸밀 생각도 없다. 이 증상에 반짝이를 뿌리고 'ADHD가 최고의 선물'인 것처럼 행동하기에는 맞닥뜨리는 문제들이 너무 현실적이다. 나 같은 경우에는 양면성을 인정하는 방법을 택했다. 이 질환은 한편으로는 엄청난 타격이 될 수도 있지만 동시에 잘 활용하면 강점이 될 수도 있다. 그래서 나는 ADHD가 삶에 미친 영향을 부인하지 않는다. 이 증상들로 흔들리고 뒤집히고 뒤죽박죽될 때도 있지만, 증상을 대처하는 법을 배우면서 나의 뇌가 가진 독특한 구조의 또 다른 면을 볼 수 있게 되었다. 바로 밝고 빛나는 긍정적인 면을.

    2부에서는 안경이나 다른 소지품을 잃어버리는 ADHD 증상을 받아들이는 단계와 진정으로 멋진 뇌가 주는 선물을 깨닫게 된 단계들을 모두 공유하려 한다.

6장
당신은 괜찮아질 것이다

우선 확실히 말해 주고 싶은 것은, **당신은 괜찮아질 것이다.** 20여 년 전 처음 내가 ADHD 증상을 알아차린 이후 충분히 많은 의심과 절망감에 시달렸지만, 이제 더 이상 이 질환이 내 삶을 망치고 있는 게 아닌지를 걱정하며 잠을 이루지 못하는 단계는 벗어났다. 지금은 이 질환을 이해하고 존중하며 심지어 ADHD 뇌를 찬양하는 단계에 이른 상태다. 당신도 그랬으면 좋겠다. 하지만 ADHD가 얼마나 부담스러운 질환인지도 잘 알고 있다.

킴이 남긴 메모

한 친한 친구가 자신의 일곱 살 아들이 ADHD로 진단받고 난 후 내게 전화를 했다. 친구는 이 이야기를 하면서 당혹감에 목소리가 흥분되어 있었다. 전문 프로젝트 매니저인 친구는 이 질환을 프로젝트로 삼아 철저하게 관리하려 했다. 이미 잠재적인 약물과 익히 알려진 부작용을 상세히 기록한 상호 참조 파일을 만들었고, 치료사가 가족에게 제공하는 전문적인 치료법과 지침에 주석을 단 목록도 작성해 두었다. 이 파일로 ADHD를 치료할 수 있다면 친구는 아마 특허를 냈을 것이다.

그 친구는 자신이 찾아본 연구 결과들을 말한 후 혹시 우리 남편이 어린 시절에 도움을 받았던 시부모님의 전략이 있는지 물었다. 가능한 모든 정보를 얻고 싶어 나에게까지 전화한 것이다. 이 질환을 받아들이는 게 얼마나 힘든지가 명확해 보였다. ADHD에 대해 부담감을 느끼는 건 그 친구만이 아닐 것이다. 자신의 아이에게 맞지 않도록 설계된 시스템을 헤치고 나아가야 한다는 것은 생각만 해도 움츠러들게 만든다. 자녀에게 ADHD가 있다는 말을 들으면 어느 부모든 당황할 수 있다. 특히 만능 구글 박사님과 상담하고 ADHD가 삶을 어떤 식으로 망치는지가 나열된 사이트를 몇 시간 동안 클릭해서 읽어나가다 보면 더더욱 그러할 것이다. 나도 분명 그랬다.

마음이 약해져 있는 친구는 말했다. "나는 그 애가 나중에 직장에서 오래 일하지 못하거나 사업을 하더라도 제대로 된 파트너를 얻지 못할까 봐 너무 두려워. 그 애의 미래가 어떨지 무서워." 이 말은 정말 엄마로서 공감이 되었다. 우리는 모두 자녀를 위해 최선을 다하고 싶고, 때로는 최선의 길이 가장 순탄한 길인 것처럼 보일 때도 있다. 앞에 깊은 구멍이나 장애물이 보이는 길이 아니라 말이다. 그러나 남편과 살면서 느낀 것은 순탄한 길이 반드시 최고의 길은 아니라는 점이다. ADHD인 것에도 많은 장점이 있으며 이로 인해 울퉁불퉁한 길을 여행하더라도 그만한 가치가 있다고 느껴질 때도 많다. 사실 내 친구는 다른 여러 자료를 찾아 인터넷을 돌아다니고 나에게서 들은 내용으로 단계별 전략을 짤 필요가 없다. 그냥 이 말이 필요할 뿐이다. "다 잘될 거야."

그리고 정말 그럴 것이다. 정말 괜찮아질 것이다. 힘든 시간이 될까? 그렇다. 전통적인 학교나 직장에서 ADHD인 사람이 잘 지낼 수 있도록 그에 맞는 환경을 마련해 달라고 부탁하는 일은 정말 쉽지 않다. 그러나 우리 부부가 배운 것처럼 ADHD라는 독특한 길을 걷는 사람은 아주 많고 이들은 활기 넘치고 재미있고 놀라운 삶을 살아간다. 이 질환으로 진단받은 후 익숙해지는 데는 시간이 다소 걸리겠지만 혼돈에 빠질 만한 일은 아니다. 당신은 할 수 있다.

한번 더 말하자면: 당신은 괜찮아질 것이다. 그리고 다시 한번 반복하지만, 나는 ADHD와 함께 살아가며 겪는 어려움을 축소할 생각이 없다. 이 질환으로 인한 문제는 실제로 존재하니까. ADHD는 다루기가 쉽지 않다. 그래서 삶을 갈기

갈기 찢는 무한한 폭풍 시스템을 가진 것 같다고 느낄 때도 있을 것이다. 단 한 가지도 제대로 해낼 수 없을 것 같은 기분이 들 때도 있을 것이고 당장 그만두고 싶을 정도로 일을 완전히 망쳐버리는 때도 있을 것이다. 그러나 내가 분명히 말하고 싶은 것은 당신은 괜찮아질 것이란 점이다. 제대로 된 마음가짐과 도구만 있다면 ADHD를 다루는 법을 배울 수 있고 이에 따라 더 강해질 것이다.

성과 내기

좋은 소식은 지금처럼 ADHD들이 살아가기 좋은 시대도 없다는 것이다. 물론 여전히 이 질환의 존재를 부인하는 사람들도 있다. (진지하게 생각해 보자. 지금 2024년이다. 시대의 흐름을 따르자, 제발.) 그러나 사실 사회는 신경 다양성을 수용하는 데 있어 오랜 길을 걸어왔다. 정통 ADHD 전문가 할로웰 박사는 인터뷰에서 자신이 처음 ADHD에 관한 연구를 시작했던 몇십 년 전에는 이 질환에 대한 긍정적인 정보를 거의 찾을 수 없었다고 지적했다. 박사가 본 자료는 부정적인 내용이 대부분이었다. 당시 연구원들이 이 질환의 어두운 면을 주로 강조했던 것은, 부분적으로 대부분의 ADHD 연구가 의료 모델에서 나왔기 때문이다. 그래서 이 질환을 바라보는 관점은 거의 병리학(문제를 일으키는 원인을 찾는)을 기반으로 했다. 당연히 그럴 수 있다. 의료적인 개입이 필요하다는 것은 보통 그 사람이 그 병으로 힘들어한다는 의미니까 말이다. 누구도 자신이 매우 창의적이고 활력이 넘친다고 뽐내고 싶어서 병원을 찾지는 않는다. 그러다 보니 질환으로만 편향되어 연구되었고 그 과정에서 꽤 부정적인 이미지가 씌워졌다.

그러나 지난 몇십 년간 연구원들은 점차 긍정적인 면에도 관심을 기울이기 시작했다. 할로웰 박사 역시 이 질환의 긍정적인 특성에 집중했다. 창의성, 독창성, 기업가 정신, 생각의 전환을 할 수 있는 능력. 박사는 ADHD인 사람들이 담대한 시각이 있다는 사실을 알아냈다. 우리는 타고난 몽상가다. 그리고 직관적이고 친절하며 강한 정신력을 지녔다.

박사는 이렇게 말했다. "이런 능력은 사거나 배워서 얻을 수 없죠. 그래서 아주 귀중한 자산이 됩니다. 단점은 어느 정도 해결할 수 있습니다. 제 역할은 환자들의 장점을 최대화하고 단점을 최소화하도록 돕는 것이죠."

할로웰 박사는 ADHD를 하나의 선물이라 생각한다고 답했다. 물론 원해서 받은 선물은 아니지만 그런데도 선물이 분명하다고 했다. 그리고 ADHD에서 나타나는 단점을 고칠 효과 좋은 방법은 우리가 이미 알고 있다고 지적했다. 다시 말해 충분히 노력만 한다면 이 질환에서 오는 많은 습관을 없앨 수 있다는 것이다. 약속 시간에 늦는다거나, 정리를 못 한다거나, 잡동사니로 공간을 채우는 등의 문제들 말이다. 동시에 당신은 '태어날 때부터 가진 실력으로 당신만의 노래'를 부를 수 있다. ADHD인 사람들이 삶의 질을 높일 방법은 찾아보면 많다. 더 중요한 것은 자신의 노래를 부를 수 있도록 허락하는 마음가짐일 것이다.

ADHD 장점과 단점

장점	배워서 얻을 수 있는가?
창의성	없다
과집중	없다
대담한 시각	없다
직감	없다
결단력	없다

단점	관리할 수 있는가?
부주의함	있다
충동성	있다
과다행동	있다

다른 사람들도 다르지 않다

ADHD 증상으로 힘든 날이면 모든 일이 엉망으로 돌아간다는 느낌을 받는다. 나도 그 마음을 잘 안다. 이럴 때 기분을 좋게 하는 방법 중 하나는 나와 비슷한 질환을 앓고 있지만, 천재로 주목받는 사람들을 떠올리는 것이다. 이들 역시 힘든 날을 보냈을 것이다. 그래도 업계 최고가 되었다는 사실을 상기한다. 우리가 목표로 나아가는 길은 사람들이 전형적으로 택하는 길이 아니며, 좀 더 돌아가더라도 더 흥미로울 것이 분명하다. 사실 정치인에서부터 시인까지, ADHD인 사람들은 다양한 분야에서 빛을 발하고 있다. 이런 사람들이 아니었다면 전화기, 백열전구, 자동차, 축음기, 자동문, 디지털 사진 같은 발명품은 볼 수 없었을 것이다. 그렇다. 이런 사람들이 없었다면 우리는 어두컴컴한 방에 앉아 음악을 들을 수도, 차고에서 말을 꺼낼 방법을 물어보려고 친구에게 전화할 수도 없을 것이다. 게다가 이 말을 찍으려던 삼각대가 달린 못생긴 카메라를 놓고 이상한 커튼 속에 머리를 집어넣어야 했을 것이다. ADHD가 있는 재능 넘치고 영향력 있는 사람들이 얼마나 많은지 알면 놀랄지도 모른다. 굉장하다는 생각이 들 것이다.

우리처럼 ADHD인 유명한 사람들에 대해 얼마나 알고 있는지 문제를 풀어볼 시간이다.
(당신은 이들 모두에게 ADHD가 있다는 사실을 알고 있는가?)

세계 신기록을 세운 올림픽 수영선수 마이클 펠프스는 훈련 중에 하루에 약 1만 2000칼로리를 섭취했다고 한다. 이 정도의 칼로리를 섭취하기 위해 당신이 마셔야 하는 펌킨 스파이스 라테는 몇 잔인가?

A. 2
B. 7
C. 15
D. 25

정답은 D다. 정확하게 25.5잔이다. 그러나 펠프스는 달콤한 음식만큼 짭짤한 종류도 좋아할 것 같다. 펠프스의 책 『꿈으로 세상을 제패하다: 인간 물고기 펠프스』에 보면 아침 식사로 '달걀프라이, 치즈, 양상추, 토마토, 구운 양파, 마요네즈가 들어간 샌드위치 세 개, 오믈렛 한 개, 그리츠[1] 한 그릇, 슈가 파우더를 뿌린 프렌치토스트 세 장을 주문하고 그 후 입가심용 초콜릿 칩 팬케이크 세 장'을 더 주문한다고 한다. 그것도 혼자 먹을 양으로.

펠프스의 어머니인 데비 여사는 〈애디튜드〉 잡지와의 인터뷰에서 "네가 1초에 3미터 수영을 한다면 500미터를 수영하는 데 얼마나 걸릴까?"와 같은 질문으로 수영에 쏠린 관심을 이용해 교육에도 관심을 유지할 수 있도록 했다고 밝혔다. (그러면 펠프스는 '그렇게 오래 걸리지 않아요! 나는 마이클 펠프스라고요!'라고 답했다고 한다.)

다음 중 실력 있는 셰프 제이미 올리버가 수집할 것 같은 것은 무엇인가?

A. 요리 대회에서 떨어진 참가자들의 영혼
B. 유목
C. 오래된 주철 팬
D. 프룻오브더룸 속옷 상의

---

1 삶은 옥수숫가루로 만든 포리지.

정답은 B. 유목이다. 이 유명한 셰프는 고급 재료를 파는 가게의 도마보다는 유목으로 도마를 만드는 것을 선호한다. 올리버는 ADHD뿐만 아니라 난독증도 있어서 학습 장애를 동반하는 20~30퍼센트의 ADHD 환자와 같은 범주에 속한다. 그러나 이런 장애들도 올리버가 요리 명예의 전당에 오르는 것을 막지 못했다.

다음 중 영화배우이자, 가수인 솔란지 노울스가 주장할 수 있는 업적은 무엇인가?

A. 고등학교 하키 팀에서 주도적으로 점수를 냈다.
B. 뉴욕 구겐하임 미술관에서 예술품을 전시했다.
C. 그래미 시상식에서 최고의 R&B 앨범상을 받은 최초의 여성 아티스트다.
D. 네이선스 핫도그 먹기 대회에서 10위 안에 들었다.

정답은 B. 다재다능한 노울스는 세계에서 알아주는 일류 미술관-뉴욕 구겐하임 미술관, 휴스턴의 메닐 콜렉션, 런던 테이트 모던을 포함해-에 자신의 예술품을 전시했다. 노울스는 건강·의료 플랫폼인 'BlackDoctor.org'와의 인터뷰에서 자신이 처음 ADHD로 진단받았을 때 다른 병원에 다시 갔다고 밝혔다. "저는 처음에 진단을 내린 의사의 말을 믿지 않았어요. 이 질환이 약을 팔기 위해 만들어 낸 병이라는 이론을 완전히 믿고 있었거든요."

다음 중 ADHD인 데이비드 닐리먼이 설립한 제트블루 항공사에서 직원들이 사용할 수 없는 단어는 무엇인가?

A. 화구
B. 정신
C. 승객
D. 싼

정답은 C, 승객이다. 직원 매뉴얼에는 '승무원들'에게 승객이라는 단어의 사용을 금지

승객이라고 부르지 말 것

하고 있다. 닐리먼의 말을 빌리자면, "'승객'이라는 말은 짐스러운 존재로 느껴질 수 있기 때문입니다." 대신 승무원들은 기내에 탑승한 사람들을 '고객'이라고 부르도록 교육받는다. 실수하는 직원은 벌금으로 1달러를 내야 한다.

많은 ADHD 환자처럼 닐리먼 역시 강한 회복탄력성을 가지고 있다. 닐리먼은 〈아이엔씨 매거진〉과의 인터뷰에서, "인생에서 무슨 일이 일어나는지는 중요하지 않습니다. 일어났을 때 어떻게 대처하느냐가 중요하죠"라고 말했다.

다음 중 '푸 파이터스'의 데이브 그롤이 가장 뛰어나게 잘하는 것은?

A. 클레이사격

B. 드라이월(석고보드) 설치

C. 액슬 로즈 흉내 내기

D. 자수

속임수 문제다! 보기에는 답이 없다. 그롤이 가장 잘하는 것은 드럼 연주다. 우리 시절 최고의 드러머 중 하나인 그롤은 한번도 드럼 수업을 들은 적이 없다. 물론 그롤은 클레이사격이나 두더지 잡기 게임도 꽤 잘한다. 또한 나에게는 최고의 그룹인 너바나의 드러머였다는 사실 역시 잊지 말자.

그롤은 음악 잡지 〈롤링 스톤〉과의 인터뷰에서 어머니 집에서 발견한 예전 성적표를 보고 자신이 어렸을 때부터 항상 수업 시간에 친구들을 즐겁게 해 주려고 했다는 사실을 알게 되었다고 밝혔다. ADHD인 우리에게는 너무나 익숙한 모습이다.

다음 중 저스틴 팀버레이크가 부른 시엠송은?

A. '아임 러빙 잇'

B. '브레이크 미 오프 어 피스 오브 키캣 바'

C. '브링스 아웃 더 타이거 인 유'

D. '후즈 댓 키드 위드 더 오레오 쿠키?'

정답은 A. '아임 러빙 잇'이며, 퍼렐 윌리엄스와 함께 부른 곡이다. 팀버레이크는 독일 맥도날드의 'Ich leibe es' 시엠송에서 영감을 받아 이 노래를 불렀고 600만 달러를 받았다. 요즘에는 ㅅ 엠송을 듣기가 왜 이리 힘든가? (참고로 내 머릿속에 막 '요즘에는 시엠송을 듣기가 왜 이리 힘든가?'라는 제목의 시엠송이 막 떠올랐다.)

스콧 켈리는 2016년에 단일 우주 비행으로 우주에서 가장 오랜 기간(340일)을 보낸 비행사라는 기록을 세웠다. 이후 마크 반데 헤이(355일)와 프랭크 루비오(371일)가 이 기록을 다시 앞질렀다. 다음 중 켈리가 우주에서 전화를 건 사람은 누구일까?

A. 톰 울프, 『필사의 도전』 작가

B. 쌍둥이 형제 멜리사

C. 브리트니 스피어스

D. 화가 밥 로스

정답은 A다. 켈리는 책을 쓸 때 어떤 기술을 쓰면 좋은지 궁금해 울프에게 전화해 조언을 구했다. 울프는 연필을 추천했고 켈리는 이를 무시했다. 아마도 켈리가 정말 중요한 것(도구가 아니라 내용)에 집중하는 방법을 알고 있었기 때문일 것이다. 켈리는 〈댈러스 모닝 뉴스〉와의 인터뷰에서 자신의 ADHD에 대해 "우주에서 제가 잘하는 것 중 하나는 우선순위를 정하고 가장 중요한 것에 집중하는 것입니다. 그리고 그보다 덜 중요한 것은 쉽게 무시할 수 있었죠. 저는 '그런 건 신경 안 써'라고 자주 말했습니다"라고 기자에게 말했다. (그리고 그의 쌍둥이 형제의 이름은 멜리사가 아니라 마크다.)

윌.아이.엠은 '리치 포 더 스타스'라는 노래로 어떤 영예를 얻었나?

A. 화성에서 송출된 첫 번째 곡

B. 피플스 초이스 어워드 올해의 곡

C. 2012년 버락 오바마가 가장 좋아한 곡

D. 2012년 가장 많이 다운로드 된 곡

정답은 A다. 이 노래는 무선 신호를 통해 탐사선 큐리오시티 로버에서 약 2억 4000만 킬로미터 떨어진 지구로 전송되었다. '데일리 미러'와의 인터뷰에서 윌.아이.엠은 ADHD가 자신의 경력에 도움이 되었다고 밝히면서, "ADHD에 대해 배운 것 중 하나는 집중력을 유지하는 게 어렵고, 가만히 앉아 있지 못하며, 항상 움직이고, 많은 것을 생각한다는 것입니다. 하지만 이런 특성은 창의적인 아이디어를 내야 하는 녹음실이나 회의에서 두각을 드러내게 해 주었죠"라고 말했다.

다음 중 영화배우 채닝 테이텀의 취미는 무엇인가?

A. 근육 만들기

B. 슬랙라이닝(줄타기)

C. 뜨개질

D. 조각

이번에도 속임수 문제다! 정답은 A와 D다. 테이텀은 흙으로 조각품을 만들고 자신의 몸 역시 조각처럼 만든다. ADHD로 인한 좌절감을 해소하는 출구가 바로 예술이었다고 밝혔다. <뉴욕타임스>와의 인터뷰에서 "현재 이 질환에 대한 시스템은 제대로 만들어져 있지 않습니다. 수십억 달러 규모의 회사를 효율화할 수 있는 발전된 시대라면 당연히 어려움을 겪는 ADHD 아이들 역시 도와야 하지 않을까요?"라고 말했다.

『도그맨』과 『캡틴 언더팬츠』 시리즈의 작가 데브 필키는 이 메가 베스트셀러 도서의 캐릭터를 언제 떠올렸을까?

A. 해변 지역인 저지 쇼어에서 산책하는 도중에

B. 욕실 타일을 다시 까는 도중에

C. 초등학교 때 폭력적인 행동으로 복도에 꿇어앉아 있을 때

D. 레드 핫 칠리 페퍼스 콘서트에서

정답은 C이다. 필키는 쉬는 시간이면 종종 떠오르는 생각을 대강 휘갈겨 적었는데 이 아이디어가 후에 『도그맨』과 『캡틴 언더팬츠』의 밑거름이 되었다. 다행히 부모님이 필키의 그림을 모두 보관하고 지녔기에 가능했다. 필키는 ADHD 덕분에 역경을 대처하는 법을 배웠고 출판사에서 처음 거절당했을 때도 이에 굴하지 않고 꾸준히 목표를 밀고 나갈 수 있었다고 말했다. (필키는 내 아들이 가장 좋아하는 작가다. 필키의 책이 1억 3000만 부 이상 팔린 걸 보면 내 아들 같은 팬들이 정말 많은 것 같다.)

체조 선수 시몬 바일스는 연습 중에 공중에 떠 있으면서 방향감각을 잃은 느낌을 뭐라고 설명했을까?

A. 트위스티스

B. 플러터바이즈

C. 백플립퍼리즈

D. 더퓨크스

정답은 A, 트위스티스다. 바일스는 올림픽 경기가 진행되는 동안 정신적으로 건강한 상태를 유지하기 위해 다음 출전을 포기했고, 이런 용감한 결정으로 정신 건강의 영웅이 되었다. 그러나 이게 처음은 아니다. 2019년 애더럴(ADHD 치료에 사용하는 약) 양성 반응이 나왔을 때 이 올림픽 금메달리스트는 트위터에 'ADHD인 것과 약을 복용하는 것은 전혀 부끄러워할 일이 아니다'라고 글을 남긴 적이 있다.

다음 중 TV 저널리스트 리사 링이 기사를 쓰기 위해 했던 행동은 무엇인가?

A. 북한으로 들어가려고 의료 코디네이터로 위장 잠입한 일

B. 개장수로 사칭한 일

C. 심해로 잠수해 4분 동안 숨을 참은 일

D. 종아리에 보형물 삽입한 일

정답은 A다. 링은 백내장을 앓는 북한 주민을 돕기 위해 인도주의적 임무를 수행하려고 북한에 입국했다고 주장했다.

링이 ADHD로 진단받게 된 경로는 독특하다. 한번은 ADHD에 관해 취재하던 중 전문가들이 설명하는 내용이 무척 익숙해서 검사를 한번 받아 보았다. 그리고 자신이 실제로 그 기준에 부합한다는 사실을 알게 되었다. 링은 "저는 정말 오랫동안 이 병과 싸웠고, 낮은 집중력 때문에 좌절한 적이 너무 많았습니다. 그래서 이렇게 진단을 받게 되어 조금은 안도감을 느낍니다"라고 밝혔다.

우리는 목표를 향해 달려가는 과정에서 ADHD로 인한 한계와 잠재력 모두를 볼 수 있다. 다음 장에서는 당신의 발목을 잡을 수 있는 정신적·정서적 장애물을 알아본 후 ADHD와 함께 멋진 미래로 나아가는 길을 모색해 보도록 하자.

7장

ADHD 마주하기

ADHD로 진단받는 것과 이를 받아들여서 나라는 존재와 잘 버무리는 것은 또 다른 문제다. ADHD가 현재 당신의 전체 정체성을 나타내는가? 자랑해야 하는 부분일까, 아니면 다른 사람이 편견을 갖지 않도록 감추어야 하는 부분일까? 문제가 생길 때마다 ADHD를 탓해야 할까? (바로 답하자면, 당연히 아니다!) ADHD에 집중한 틱톡 채널을 시작해야 할까? 당신의 증상은 나와 다를 것이고 당신의 가장 친한 친구의 ADHD 증상과도 다를 것이다. 중요한 것은 ADHD와 함께하는 삶은 창의적이고 활력 넘치며 모험으로 가득하지만, 최고의 삶을 살기 전에 극복해야 할 장애들이 있다는 점이다. 진단명(내가 정말 싫어하는)부터 시작해 보자.

이렇게. 끔찍한. 이름이. 또 있을까.

주의력결핍 과다행동장애처럼 최악의 진단명도 없을 것이다. 이 단어들의 조합을 한번 보라. '주의력'은 그렇게 나쁘지는 않다. 그러나 그 뒤에는 부정적인 단

"삼진 아웃"

어가 주르륵 이어져 있다. 이렇게 짜증 나는 단어들로 이루어진 병명을 받는다고 생각하면 기분이 썩 좋지 않다.

나는 ADHD로 진단받고 전체 병명이 적힌 종이를 들고 집으로 돌아왔다. 그땐 종이에 적힌 그 이름을 그다지 보고 싶지 않았다. 우선 나는 과다행동을 한다고 생각하지 않았다. 어떤 결함이 있다고 생각하지도 않았고 장애란 단어도 솔직히 거슬렸다. 처음 진단을 받은 후 느꼈던 어느 정도의 안도감은 이 질환을 설명하는 데 쓰는 실질적인 단어를 보자 반 정도 사라졌다. 아니, 더 나빠졌을지도 모른다. 만약 의사가 이 질환의 처음 병명을 사용했다면 말이다: 미세 뇌 기능 장애

과거 ADHD를 부르는 명칭 중 가장 최악의 단어는 무엇인가?

- 둔한 아동 증후군
- 과잉 행동적인 아동 증후군
- 과흥분 증후군
- 과잉운동성 충동 장애
- 아동기 과잉운동 반응
- 미세 뇌 기능 장애
- 도덕적 통제에 대한 병적인 결핍

정말 이 이름을 바꿀 수 있으면 좋겠다. 음악을 하는 사람으로서 스타카토라는 이름이 떠올랐다. 내 머릿속에서 일어나는 일들을 묘사하기에 아주 적절해

보인다. 음악가들은 짧게 뚝 끊어지는 음을 나타낼 때 이 용어를 사용하는데, 스타카토로 연주하면 각각의 음이 산만하게 들릴 수 있지만 활력이 넘치고 대체로 매우 경쾌하다. 그러니 병명을 이렇게 바꾸는 건 어떨까?

이 질환의 이름을 두고 문제 삼는 이는 비단 나뿐만이 아니다. 커츠 박사도 이렇게 말했다. "제가 ADHD 분야에 한가지 선물을 할 수 있다면 명칭을 주의력결핍 장애가 아니라 주의력조절 장애라는 이름으로 바꾸는 것입니다. 대부분 환자는 주의력이 부족한 게 아니라 과한 모습을 보여 주는 때가 훨씬 많기 때문이죠." 전적으로 동의합니다. 박사님.

할로웰 박사 역시 제대로 된 이름으로 변경하는 데 찬성했다. 박사가 보기에 현재의 이름이 적절치 않다는 것이다. "결핍 장애라는 것은 틀렸기 때문에 이 이름에 반대합니다. 게다가 이 명칭에는 비하하는 의미도 담고 있죠. 이 단어를 사용하면 첫 단추부터 잘못 끼울 수 있습니다. 당신이라면 '지루하고 멍청하고 못생긴'이라는 의미로 언급되는 사람과 결혼하고 싶나요? 현재의 명칭이 이런 의미를 담고 있습니다." 박사는 'VAST'으로 이름을 변경하는 것을 아주 오랫동안 찬성해 온 인물인데, 이 단어를 풀어 보면 '임기응변적 주의력 특성'이다. 여기에 전적으로 동의한다. 사실 다른 이름이라도 찬성할 것이다.

나도 주의력결핍 과다행동장애보다 더 나은 이름 몇 가지를 생각해 보았다:

- 타고난 선택적 집중
- 집행 기능 지연
- 고적성 고집중(HAH!)
- 다양한 주의력 스펙트럼 차이(VAS 차이) (미안하다 자꾸 줄임말을 쓰게 된다.)
- 지루함 과단 증후군

- 사실 어떤 것도 지금 이름보다는 나을 것이다

ADHD 개명 생성기

지시 사항: 아래의 설명을 따라 새로운 ADHD 병명을 만들어 보기

- ADHD 병명으로 설명할 형용사 선택하기
- 다음 단어 중 하나 선택하기: 마음, 두뇌, 조절, 집행 기능
- 당신이 정말 신날 때 흔히 내뱉는 단어 선택하기

예시: 혼잡한 집행 기능-야호!

나는 주의력결핍 과다행동장애라는 이름에 절대 익숙해지지 않을 것이다. 그러나 적어도 ADHD라는 줄임말에 어느 정도 적응되었다는 점을 언젠가 인정하게 될 것이다. 마치 당신이 해리라는 대머리 남자를 보자마자 "이런, 세상에, 정말 끔찍한 이름이군요!"라고 하는 것과 같다.[1] 그러나 시간이 지나면서 당신은 해리가 다트를 매우 잘하고 노래방에서 '스위트 차일드 오 마인'을 자신의 스타일로 멋지게 바꾸어 부르는 사람이라는 사실을 알게 되면서 해리라는 이름이 점차 중요하지

---

1 여기에서는 '해리(Harry)'의 발음이 머리카락이 많다는 의미의 영어 단어 '헤어리(hairy)'와 비슷한 데서 나온 탄식과도 같다고 여기면 된다.

않게 느껴질 것이다. 이때 당신은 해리라는 불쌍한 이름이 아닌 다른 모든 면을 보고 있다. 이처럼 ADHD의 이름이 바뀌기 전까지 이 이름이 보이지 않는 것처럼 생각해 보자. (잠깐, 보이지 않는 것은 원래 못 보는 게 아닌가?) 이 단어가 우리를 정의하게 두지 말고 이 단어에 숨어 있는 사람들에 더 집중해 보자.

멋지군, 정말 멋져

ADHD는 병명도 끔찍하지만, 이 질환으로 인해 삶이 얼마나 더 힘들어질 수 있는지를 보여 주는 통계는 더 충격적이다. 정신 건강 문제부터 재정적인 타격까지, ADHD는 여러 가지 문제를 발생시킨다. 물론 귀를 막고 이를 외면하고 싶은 유혹이 올라오겠지만 실제로 직면하는 문제를 알게 되면 강력한 보호막을 만들 수 있다. 그러니 현실을 직시하고 몇 가지 무서운 사실을 솔직하게 알아보도록 하자.

당신이 ADHD라면 다른 사람들에 비해 다음과 같은 일을 경험할 확률이 높다:

- 직장에서 해고당하기
- 불안장애와 우울증에 시달리기
- 학습 장애
- 학교생활 중에 지적을 받을 확률이 무려 80퍼센트
- 이혼하기
- 약물이나 술고 관련된 문제
- 유급
- 조기 사망
- 수면 장애
- 학교 중퇴
- 감옥 수감
- 사고
- 속도위반 딱지 떼기

- 부채
- 저소득
- 어린 시절 발달 단계 지연
- 조기 성 경험
- 원치 않은 임신
- 성병 감염
- 치과 치료 요망
- 과체중

휴, 길다. 마치 FDA 승인을 받지 못한 새로운 의약품의 부작용을 읽는 것 같지 않은가? 그러나 분명히 강조하고 싶은 것은, 높은 확률이 당신의 최종 목적지가 아니라는 점이다. 어떤 상황이 통계적으로 가능성이 크다고 해서 반드시 당신에게 그대로 적용된다는 의미는 아니다. 당신에게는 미래를 통제할 수 있는 주체성과 힘이 있다.

목록을 살펴보았으니 이 형편없는 목록이 틀렸다는 것을 증명할 시간이다.

당신의 생각에서 제거해야 할 다섯 가지 오해

당신이 아무리 자신감이 넘쳐흐르더라도 흔하게 알려진 몇 가지 오해로 인해 자존감에 상처를 입을 수 있다. 우리가 하나씩 해결해야 할 다음 장애물은 당신의 머릿속에 단단히 자리 잡은 귀찮은 고정관념들이다. 최고의 ADHD 삶을 사는 데 방해가 될 수 있으니 방치하지 말자.

1. ADHD 진단은 나에게 뭔가 문제가 있다는 의미다

심지어 진단이라는 단어 자체도 마치 당신을 커다란 손가락으로 가리키며 '질환이 있으니 뭔가 문제가 있다'라고 말하는 것 같다. **그러나 진단이라는 것은 문제를 지적하는 게 아니라 단순한 설명일 뿐이다.** '거대한'이라는 추상적인 의미가 아닌, '195센티미터'라는 정확한 의미라고 생각해 보자. 아니면 '과도한 비용'이 아닌, '100달러의 비용'이라 생각해 보자. ADHD 진단은 단순히 '당신의 뇌는 이런 방식으로 기능한다'란 으기일 뿐이다. 여기에 어떠한 가치 판단도 없다.

2. 아는 사람 중 이런 경험을 하는 사람은 나밖에 없다

당신이 없애야 할 또 다른 고정관념은 전 세계에서 이런 싸움을 하는 사람은 오직 자신뿐이라는 믿음이다. 나도 충분히 이해한다. 1993년의 어느 날로 기억한다. 당시 대학교 수업 중이었는데 아주 창의적인 심리학 교수가 학생 한 명을 앞으로 불러냈다. 그리고 헤드폰을 씌워서 모든 소리를 차단했는데, 심지어 자신의 목소리마저도(당시 노이즈 캔슬링 헤드폰이 대중화되기 전이었다) 들리지 않았다. 그러자 그 학생은 제대로 말조차 하지 못했다! 대부분의 학생은 웃고 넘어갔지만, 열정적인 음악인으로서 나는 이 헤드폰에 완전히 매료되었다. 이 마법 같은 기계는 어떻게 작동되는 거지? 배경 소리를 완벽하게 차단하는 동시에 음악이나 다른 오디오 소리를 재생할 수 있는 건가? 이 제품을 라디오섁[2](라디오섁을 기억하는가?)에서 구매할 수 있을까? 여러 노래를 녹음할 때 내가 가진 녹음 기계에도 이 기술을 적용해서 불필요한 주변 소리를 차단할 수 있을까? 이런 헤드폰을 사려면 가격이 어느 정도 할까? (미리 경고하자면, 매우 비쌌다.)

어느 순간 수업은 끝나 있었다. 나는 수업의 마지막 30분가량을 제대로 듣지 못했고 결국 다음날 친 시험에서 낙제했다. 친구들이 지금까지 쳤던 것 중 가장

---

2 RadioShack: 미국의 전자 기기 소매 체인점.

쉬웠다고 했던 시험을 말이다. 7년 정도 후 보스에서 나온 콰이어트컴포트 노이즈 캔슬링 헤드폰은 큰 인기를 얻었고, 보스와 비츠바이닥터드레[3]는 많은 돈을 벌어들였다. 그리고 내가 해낸 것이라고는 '낙제' 하나뿐이었다.

ADHD로 살아가는 것은 고립된 생활을 하거나, 다른 이들과 함께 생활하더라도 한 바구니 속 아주 귀여운 병아리들 틈에 껴있는 못생긴 새끼 오리와 다를 바 없다고 느끼게 한다. 그러나 당신만 그런 건 절대, 절대 아니다. 아마도 자신을 제외한 이들은 정상적인 뇌 기능을 한다고 생각할 수 있지만 사실 그렇지 않다. 대략 15~20퍼센트의 사람들이 여러 수준의 신경 다양성이 있다. 만약 우리 같은 신경 다양성 유형의 사람들을 모두 모아서 다른 행성으로 보내버린다면 지구는 꽤 지루한 행성이 될 것이다. 그리고 이들이 모인 거대한 행성에서 모든 흥미로운 일들이 벌어지게 될 것이다.

3. ADHD 행동은 선택한 것이다

틀렸다. 절대, 그렇지 않다. 이 고정관념이 ADHD에 붙은 가장 악랄하고 짜증

---

3 오디오 브랜드.

나는 것 중 하나다. 그 이유는 마치 우리가 겪는 이런 문제가 결국 우리의 책임이라는 것처럼 들리기 때문이다. 할로웰 박사와 레이티 박사가 공저한 『Driven to Distraction(주의 산만의 수렁으로)』에서는 이런 내용이 있다. '신경학적 조건은 개인의 의지로 통제되는 게 아니다.' 우리는 일부러 주의가 산만한 행동을 하는 게 아니다. 마치 귀가 들리지 않는 사람이 자신의 선택으로 그렇게 되는 게 아니듯이 말이다. 자발적인 행동은 의식적인 생각과 의지가 담긴 의사결정을 해야 나온다. 이를 닦는 등의 거의 자동이라 생각하는 행동조차도 자발적인 행동이다. 그 이유는 이를 닦지 않겠다는 결정(좋은 행동은 아니지만) 또한 내릴 수 있기 때문이다. 반면에 소화를 시키거나 심장이 뛰는 등의 비자발적 행동은 마음대로 바꿀 수 없도록 신체 시스템 속에 완전히 묶여 있다. ADHD로 인한 행동이 이런 비자발적 행동이다.

집행 기능과 ADHD 코칭 전문가인 노린 러셀 박사는 ADHD 행동은 신경 발달 장애가 표면적으로 나타나는 방식이라고 설명했다. 그리고 이런 행동을 묘사하는 단어가 증상이라고 한다. 콧물이 나거나 눈이 가려운 게 꽃가루 알레르기의 증상인 것처럼, 의자에 비딱하게 기대어 있거나 수업을 방해하거나 멍하니 딴생각하는 행동은 ADHD의 증상이다. 박사는 알레르기로 인해 누군가 재채기를 할 때 우리는 그 사람에게 그 행동을 그만하라고 강하게 주장하지 않는다. 절대 그러지 않는다. 재채기는 하나의 증상이라 여기고 이에 따른 치료를 받도록 한다. ADHD인 사람에게 '집중해!'라고 말하는 것은 마치 말을 더듬는 사람에게 '똑바로 이야기해!'라고 소리치는 것과 같다.

자발적 행동과 비자발적 행동 분류

자발적 행동	비자발적 행동
타코벨에서 찰루파 주문하기	타코벨에서 먹은 음식 소화하기
〈쥬라기 공원〉 시청하기	벨로키랍토르가 튀어나올 때 깜짝 놀라기(반사작용)
피클볼을 친 후 물을 벌컥벌컥 마시기	딸꾹질
수학 시험 대비 공부하기	수학 점수를 본 순간 뛰는 심장
아빠의 농담에 웃기	ADHD가 있는 사람처럼 행동하기

킴이 남긴 메모

인정하기 부끄럽지만 사실 남편의 증상이 비자발적이라는 사실을 받아들이는 데 오랜 시간이 걸렸다. 우리 이모 중 한 명은 소아마비가 있어서 움직일 때는 휠체어를 사용해야 했다. 그래서 집안에 경사로를 설치하거나, 손이 닿지 않는 것을 집을 때 쓸 집게를 두는 등의 편의시설이 필요하다는 것을 충분히 이해했다. 이런 것들이 이모에게 필수적이라는 사실은 이모를 본 사람이라면 누구나 공감했다. 그러나 남편의 ADHD는 달랐다. 언제나 문제점들을 볼 수 있는 게 아니라서 주방의 모든 서랍을 다 열어 놓고 나간 모습을 볼 때 올라오는 분노의 한숨을 억누르는 것이 때로는 너무 힘들었다. 하지만 '그이도 어쩔 수 없이 이러는 거야'라고 스스로 되뇌면 이런 감정이 어느 정도 누그러졌다. 이 사람은 저 빌어먹을 서랍들을 내가 모두 닫아 주길 바라는 건가? 물론 그렇겠지. 하지만 이런 행동이 남편의 잘못이 아닌 것은 알고 있다. 남편은 우리 이모처럼 자신에게 맞는 편의시설이 필요할 뿐이다.

4. 내가 할 수 있는 것은 없다

ADHD는 뇌 기능의 차이에서 비롯된다. 이 부분을 바꿀 수는 없으니 '완치'라는 개념도 없다. 하지만 뇌는 놀랍도록 유연하므로 다양한 방식으로 바꾸고 성장할 수 있다. 신경과학계에서는 이런 현상을 신경가소성(neuroplasticity)이라고 부른다. ADHD의 단점에 대해서 가감 없이 말하는 바클리 박사조차도 이 질환을 '정신의학 분야에서 가장 치료가 쉬운 장애'라고 부를 정도다. 당신이 ADHD라면 특정 분야에서 약한 부분이 있거나, 특정 기술을 습득하는 데 다른 사람보다 느릴 가능성이 있다. 그러나 이 기술을 배울 능력이 전혀 없다는 의미가 아니다. 그러니 전략을 잘 세울 수만 있다면 능력을 더 강화할 수 있다. 제대로 된 보조 시스템과 통제를 유지하는 연습을 통해 가장 최상의 상태로 끌어 올릴 수 있는 것이다. 나 역시 지난 몇십 년 동안 더 집중해서 듣고 휴대전화와 열쇠를 분실하지 않도록 ADHD 관련 요령들을 활용하고 있다. 잠시 후에 이와 관련된 더 많은 내용을 살펴보도록 하자.

당신의 ADHD 시스템은 비자발적이지만 증상의 강도와 빈도수는 관리할 수 있다. 그러니 ADHD에 완전히 끌려다니지 않아도 된다. 호흡과 심장 박동을 조절하기 위해 할 수 있는 일이 있는 것처럼, 증상을 조절하는 전략 또한 존재한다. (3부에서는 가진 기술을 더 강화하고 증상을 관리하는 전략 몇 가지를 공유하겠다.)

5. ADHD가 있는 것은 수치스러운 꼬리표를 다는 것이다

어쩌면 지금 당신은 '수준 이하'라거나 '기타'로 여겨지는 것에 익숙해져 있는지도 모른다. 심지어 자신을 그런 식으로 생각하고 있을지도 모른다. 당연히 그럴 수 있다. 나를 싫어하는 사람들도 꽤 많았고 나에 대한 의문을 품은 적도 많았다. 이런 마음에서 벗어나는 것은 엄청난 변화다. 자유로워지는 하나의 변화. 먼저 '**ADHD는 선택해서 나오는 증상이 아니기 때문에 그에 대해 자책할 필요가 없다**' 라는 것을 인식하도록 하자. 당신에게 땅콩 알레르기나 제1형 당뇨병이 있다면 이에 대해 수치심을 느끼지 않을 것이다. ADHD 역시 부끄러워할 필요가 없다. 당신의 잘못이 아니다. 원해서 얻은 게 아니며, ADHD인 사람 옆에서 옮은 것도 아니다. 그냥 그렇게 태어났을 뿐이다.

ADHD의 고정관념에서 벗어나면 뛰어난 나로 진정성 있게 살아가는 첫걸음을 뗄 수 있다. 당신은 다른 사람과 다르다는 것에 사과할 필요가 없다. (다른 사람의 건강이나 행복에 심하게 피해를 주지 않는 이상—이 질환은 감옥에 가지 않아도 되는 보너스 카드는 아니니까.) 이제 ADHD에 대해 부끄러워할 일이 아니라는 메시지를 줄 시간이다.

다른 사람들의 생각에서 없애야 할 한 가지 더: '그런 건 존재하지 않아…'

킴이 남긴 메모

우리 부부가 ADHD 관련 콘텐츠를 만들면서 얻은 반응은 놀랄 정도로 긍정적이었다. 시청자들은 우리의 솔직하면서도 낙관적인 시각에 진심으로 감사하는 듯했다. 그러나 인터넷이라는 특성상 악성 댓글도 있기 마련이다. 한번은 내가 자몽을 얼마나 좋아하는지에 관한 이야기를 인스타그램에 올린 적이 있다. 몇 시간도 채 지나지 않아 이런 메시지를 받았다. '그러면 딸기는 어떤가요? 지금 딱 제철이에요. 딸기 이야기도 해 주셨어야죠.' 그래도 이건 과일과 관련된 내용이니 큰 문제는 되지 않는다. 그러나 ADHD처럼 복잡한 질환의 경우, 사람들의 객관적이지 못한 주장들이 난무한다. 가령 진단을 회피 수단이라며 적극적으로 비판하는 사람들이 있다.

사람들은 남편의 모습에 이렇게 댓글을 달기도 한다. '이런, 세상에 오버 좀 그만해!' 마치 남편이 활기차고 열정적인 모습을 꾸며낸 것처럼 지적한다. 남편의 과장된 행동이나 항상 기분이 최고조에 달한 모습에 달리는 악성 댓글을 보는 것이 남편에게는 상처가 된다는 것을 잘 알고 있다. 그러나 이는 페이스북 용으로 꾸며낸 게 아니다. 내 남편의 진실되고 진정한 모습일 뿐이다. 차를 타고 있을 때 남편은 자신이 좋아하는 노래가 나오면 아주 열정적으로 춤을 추고 차는 유압 장치 마냥 위아래로 흔들린다. 나는 그런 모습을 정말 좋아한다. 그리고 남편이 자신을 비꼬는 댓글을 보고도 아랑곳하지 않고 창의적인 ADHD 두뇌를 마음껏 발휘하는 모습이 자랑스럽다. 저리 가라고, 악플러들아. 남편은 자존감이 꽤 높은 편이라 자신의 익살스러운 행동에 누군가 못되게 굴 때도 잘 견뎌낸다. 그러나 ADHD의 존재 자체를 완전히 부정하는 글을 읽을 때면 화가 폭발한다.

이런 댓글이 있었다. '단순히 지루한 것을 못 참는 알레르기가 있는 것 아니야.' 또는 '단지 자녀가 특별한 대우를 받게 하려는 부모들의 핑곗거리에 불과하지.' 이런 글에서 내가 정말 화가 나는 것은 다른 사람의 경험을 근본적으로 부정하기 때문이다. 〈덤 앤 더머〉를 보고 눈물이 날 때까지 웃었다고 누군가 말했을 때, 나는 그 사람과 같은 경험을 하지 못할 수도 있다. 그러나 짐 캐리의 추한 헤어스타일을 공감하지 못한다고 부정하는 것은 논리에 어긋난다 《재미있는 사실! 짐 캐리는 원래 앞니가 살짝 깨져 있었다. 영화에서는 이 모습을 그대로 보여 주기 위해 라미네이트를 벗겨냈다고 한다.》 누군가가 자신의 삶에 대해 말하는 것을 무조건 부정하는 사람은 다른 사람에게 공감하는 능력이 부족하다는 사실만 보여 줄 뿐이다. 그냥 선의로 믿어 주는 태도를 보이면 안 되는 걸까?

나는 지난 20여 년간 ADHD 뇌를 아주 가까이서 개인적으로 지켜보았고 단순히 지루한 게 너무 싫어서 나오는 행동이 아니라는 것을 증명할 수 있게 되었다. 인간은 모두 지루함이라는 불편한 감정을 피하려는 본능이 있다. 그러나 ADHD는 지루한 화상회의를 싫어하는 사람들보다 훨씬 강하게 감정을 나타낸다. 나는 남편이 매일 ADHD 증상과 어떻게 싸우고 있는지를 지켜본다. 때로는 굉장히 힘들어할 때가 있다. 남편 스스로 환경을 조정할 수 있다면 훨씬 나을 것이다.

ADHD 존재를 외면하는 사람들이 이 질환으로 인한 행동을 이해심 없이 대처한다면 ADHD인 사람들의 삶은 더 힘들어질 것이다. 그러니 수용하는 환경을 늘리는 것이 매우 중요하다.

> 언젠가 스티븐 힌샤우 박사에게 ADHD에 대해 사람들이 꼭 이해했으면 하는 한 가지를 물었을 때 간결하게 답했다. "이 질환이 실제로 존재한다는 생각입니다." 참고로 힌샤우는 캘리포니아대학교/버클리 캠퍼스의 명망 있는 심리학 교수이자 아동·청소년 임상 심리 협회의 전 소장이다. 그리고 이렇게 덧붙였다. "ADHD인 사람은 아무런 노력을 하지 않는 게 아닙니다. 사실 아주 많은 노력을 하죠. 단지 효과 없는 전략을 썼던 것뿐입니다."
>
> 결론: 여러분, ADHD는 실제로 존재합니다.

ADHD를 받아들이면 자신의 강점은 살리고 약점을 보완하려 노력할 수 있다. 그러나 먼저 이 질환에 대한 올바른 인식을 세울 필요가 있다.

8장
운영 사고방식 전환

ADHD에 관한 생각을 바꾸기는 쉽지 않다. 사람들이 당신의 행동을 게으르다거나 무례하다고 치부해 버리면, 마치 온 세상이 당신을 두고 실패한 사람이라고 압박하는 캠페인을 벌이는 것 같은 기분이 들 수 있다. 또한 의료계에서도 능력이 아닌 문제에만 집중한다면 이런 기분이 들 것이다.

할로웰 박사는 환자들에게 이렇게 말해 준다. "저는 당신이 할 수 없는 것을 치료하지 않습니다. 단지 가진 재능을 펼치도록 도울 뿐이죠." 그러면 환자들은 종종 이렇게 묻는다. "이게 재능이라면 어디로 가야 반품할 수 있죠?" 이들은 이미 생활 속에서 짜증을 유발하고 부끄러운 존재라 생각하는 ADHD 증상에만 집중하는 데 익숙해져 있다. 환자들이 어떤 부분에 더 집중해야 하는지 알기만 한다면 이 질환에 감사할 것들은 정말 많아진다.

이제 '나는 이 질환을 극복하겠어'라고 다짐하는 것은 그만하고 이 진단을 받아들일 준비를 해 보자. 당신은 ADHD가 있다. 이는 진정으로 굉장한 일일지도 모른다.

> "지금 가장 필요한 것은 더 많은 과학적 발전이 아니다. 물론 이러한 발전은 언제나 필요하지만 가장 시급한 것은 홍보다. 기존의 이미지를 바꾸고 낙인을 없애며 성공 사례를 널리 알리는 것이 더 중요하다."
>
> -할로웰

ADHD 정체성을 가지는 다섯 단계

우리 부부가 가장 좋아하는 비유 창조가이자 ADHD 전문가인 콜드웰 박사는 환자들이 진단을 받아들이는 것을 돕는 데 진료의 상당 부분을 할애한다. 박사에 따르면 사람들이 자신의 ADHD 정체성에 대해 고민할 때 다섯 단계를 거친다고 한다. 신경 다양성을 가진 사람들은 자신에 대해 좋지 않은 감정을 느끼기 때문에 초기 단계를 가장 힘들어한다. 다음은 ADHD를 받아들이는 과정에서 전형적으로 느끼는 생각들이다:

1. **정상적인 뇌 기능만이 옳아.** 정상적으로 뇌 기능을 하는 것이 표준이고 이렇게 되어야 해. 모든 사람은 이런 형태의 두뇌를 가지고 있는 것처럼 행동해야 하며, 나 역시 예외가 아니지. 결국 세상은 이 유형의 두뇌를 기준으로 설계되어 있으니 성공하고 싶다면 나도 그에 따라 행동해야 해.

2. **오호, 내 두뇌는 정상적인 기능을 하는 종류가 아닌 것 같아.** 생각보다 더 힘든걸. 제대로 생활하려면 스스로 고치려고 노력해야 할 것 같아. 주변 세상에 맞추기

위해 나를 바꿀 방법을 찾아야겠어.

3. 흠. 나를 바꾸는 게 그렇게 효과 있는 건지 모르겠어. 내가 어떻게 하더라도 뇌 속에 꼬인 부분을 반듯하게 펼 수 없을 것 같아. 나는 '해결'할 수 없을 것 같아. 좀 힘드네.

그 후 남은 두 단계에서 우리는 자신을 있는 그대로 받아들이고 제대로 깨닫는다:

4. 이게 내 두뇌군. 어떻게 사용하는지 배워야겠어. 그래, 나는 자신을 바꾸려고 노력했지만 실패했어. 어쩌면 그렇게 할 필요가 없었을지도 몰라. 사실 내 두뇌는 꽤 멋진 것 같아.

5. 나는 장단점이 있고 당신도 장단점이 있어. 우리는 도두 장단점이 있어. 나와 당신은 다르지만 그렇다고 누가 더 뛰어나다거나 뒤처진다는 건 아니야. 그냥 다를 뿐이지. 어떻게 하면 약점을 보완하고 강점을 뒷받침할 수 있을까? 다른 사람들의 강점을 칭찬하면서 약점을 지지해 주려면 나는 무엇을 해야 할까?

나 역시 시간이 좀 걸리긴 했지만, 드디어 마지막 단계에 들어섰다고 기쁘게 말할 수 있다. **만약 당신이 나를 앉힌 후 앞에 있는 테이블에 버튼을 올려 두고 "이 버튼을 누르면 당신의 ADHD는 사라질 겁니다"라고 말한다면, 나는 누르지 않을 것이다.** 이제 ADHD는 나의 일부다. 정말로 멋진 일부다. 수백만 명의 사람들에게 미소를 짓게 하는 가사를 쓸 수 있도록 몇 시간 동안 내내 집중하게 해 주는 나의 소중한 일부다. ADHD는 매우 넓은 시각, 자신을 개그 소재로 삼는 능력, 공감 능력, 어마어마한 호기심을 안겨 주었다. 이제 누군가 자신의 두뇌와 바꾸자고 해도 거절할 것이다.

> **킴이 남긴 메모**
>
> 남편은 아주 오랜 시간 기나긴 여정 끝에 ADHD를 받아들일 수 있게 되었다. 아직도 매일 새로운 문제에 봉착하긴 하지만 말이다. 남편이 자신의 뇌를 받아들이는 방식을 다른 ADHD인 사람들에게 추천하고 영감을 주었다는 사실이 매우 자랑스럽다.

ADHD에 대한 태도를 조정하는 네 가지 방법

제임스 카메론 감독은 이런 말을 남겼다. "자신에게 한계를 짓지 마라. 그건 다른 사람이 할 일이다."(참고로 카메론 감독은 정말 자신의 영화 제작비에 한계를 두지 않았다!)

그렇다. ADHD의 잠재적 단점을 인식하는 것은 필요한 단계지만 그렇다고 강박적으로 집착할 필요는 없다. 부정적인 생각은 습관과 같고 끝없이 반복되는 원과 같다. 그러니 이런 생각이 스며들면 자신을 오염시키고, 스트레스를 주며, 증상을 악화하고, 자신에 대해 나쁘게 평가할 수 있다. 그러면 또 스트레스를 받고 증상이 악화하는 현상이 반복된다. 무슨 말인지 이제 이해했을 것이다.

다음은 ADHD에 관한 생각을 긍정적으로 바꾸는 데 도움이 되는 네 가지 기술들이다.

1. 혼잣말 수정하기

어떤 상황이 안 좋게 흘러갈 때 다음 중 당신의 머릿속에 떠오른 생각과 가장 비슷한 것은?

1. 이런, 그건 그냥 실수야. ADHD 때문에 또 망쳤어!
2. 어떻게 이런 바보 같은 짓을 할 수 있지? 나는 멍청이야.
3. 내 잘못이 아니야. 세상 모두가 나를 적대하고 있어.

마치 여성 잡지에 나오는 퀴즈 중 하나와 비슷해 보이지 않는가? 여기에는 자신에 대해 깨달으라는 노골적인 의도가 명백하게 담겨 있다. 증상이 나타났을 때 자신에게 어떤 식으로 말하는지는 ADHD를 바라보는 관점에도 영향을 준다. 이런 혼잣말은 결국 자신에 대한 평가에도 영향을 끼칠 것이다.

우리의 상상력은 놀랄 정도로 대단하다. 토성에 모래성을 쌓는다거나, 구아바 소스를 곁들인 스파게티를 먹는다거나, 스페인 정복자 코르테스를 물리치는 아즈텍 전사가 된 것 같은 기분도 우리는 상상할 수 있다. 그러나 상상력에는 함정도 존재한다. 우리의 놀라운 두뇌는 환상적인 시나리오를 짤 수 있지만 불필요한 고통을 유발할 수도 있다.

가령 당신이 누군가와 대화하다가 상대방이 뭔가 사적인 이야기를 진지하게 하는 중간에 말을 끊어 버렸다고 상상해 보자. 오, 이런. 상대방은 분명 기분이 나빴을 것이다. 당신의 뇌는 대화에 참여한 다른 사람들이 '이 사람 도대체 왜 저러는 거야'라는 표정을 지으며 눈빛을 교환하는 모습을 보고, 잠재하는 사회적 고립의 위협을 인식한다. 이때부터 심장은 빠르게 뛰기 시작할 것이다.

인간이라는 종은 서로 의존해야 생존에 유리하다. 그 결과 우리의 뇌는 사회적 고립을 실제 화재와 같이 인식한다. ADHD의 뇌가 뜻밖의 장애물을 만나는 때가 이때다. 대화에서 실수하더라도 실제 안전에는 위협이 되는 것이 없다고 인식하지 않고, 무슨 일이 있었는지

8장 운영 사고방식 전환

를 곱씹으며 머릿속에서 그 상황을 재생한다. 그리고 공황에 빠져 '만약 ~하면 어떡하지'라는 생각에 완전히 몰입한다. '내가 나쁜 인간이라고 생각하면 어떡하지? 이 대화에서 나를 쫓아내면 어떡하지? 다른 사람들에게 다시는 나와 대화하지 말라고 말하면 어떡하지?' 이런 비참한 생각들은 자아비판으로 향할 수 있다. '내가 왜 그런 말을 했을까? 나는 뭐가 문제인 거야? 나는 완전 멍청이야.'

중요한 점은 이런 생각을 하는 것이 지구상에 우리밖에 없다는 것이다. '소방관들이 제때 도착해서 정말 다행이야. 밤새 저 나무 위에 있을 뻔했어. 나의 어리석음에서 구해 주다니 운이 좋아'라고 생각하는 고양이는 절대 없을 것이다. 고양이들은 안정감을 느끼는 땅에 발을 디디는 순간 바로 다람쥐를 쫓으며 가 버릴 것이다. 여기에서 자아비판 같은 것은 찾아볼 수 없다.

자아비판을 하는 것은 나 자신을 괴롭히는 것과 같다. 내면의 소리는 모욕적인 말들로 당신을 깎아내린다. 그러니 내면의 괴롭히는 자아를 치어리더로 바꾸어 보자. 뒤에 서서 든든하게 당신이 한 행동에 가장 사랑스러운 해석을 전해 주고 이해해 주고 승리에 하이 파이브를 건네는 존재로 말이다. 당신의 두뇌는 안전한 공간, 피난처, 당신에게 겨누어진 부정적인 것들에서 도망칠 수 있는 공간이 되어야 한다.

뇌는 나쁜 시나리오만큼 좋은 시나리오를 떠올릴 능력이 있으므로 다음에 자신을 채찍질하고 싶은 유혹이 고개를 들면 다음 네 가지 'R'을 시도해 보자.

생각을 전환하는 네 가지 R

- **재조정하자**('R'ecalibrate). 자문해 보자. '정말 형편없는 짓을 했는가?' 당신이 어떤 영상을 보고 있는데, 예기치 않은 오류가 발생했다고 상상해 보자. 그러면 영상이 끝날 때까지 오류에 집착할 것인가, 아니면 이 정도는 너무 흔한 기술적 실수라 그냥 넘어가겠는가?

- **기억하자**('R'emember): 당신만 그러는 게 아니다. 나 자신을 부정적으로 생각하는 것은 ADHD인 사람이라면 누구나 해 봤을 행동이다.
- **나 자신을 상기시키자**('R'emind yourself): 문제는 내가 아니다. ADHD로 인한 문제다. 당신은 ADHD 이상의 존재다. ADHD는 단지 일부일 뿐, 당신을 모두 설명하지 못한다.
- **나 자신에게 너그러워졌을 때 상을 주자**('R'eward yourself for being compassionate with yourself): 뇌를 훈련해 자기 연민을 습관으로 들이려면 긍정적 강화 방법을 활용하면 된다. 5분 늦게 도착했지만 작은 실수를 용납하고 넘어갔는가? 보상으로 멘토스를 먹어 보자. 농구 게임에서 신을 하이탑 신발을 깜빡했을 때 '에이, 그냥 스니커즈 신고 뛰자'라고 생각했는가? 팀원 우선 선택권을 가져 보자. 프레젠테이션 자료의 슬라이드 순서가 섞였을 때 '다음에는 더 잘하겠습니다'라고 차분하게 말했는가? 동네를 5분 정도 산책하며 복잡했던 마음을 풀어보자.

우리는 굳이 자신을 모욕하지 않아도 충분히 많은 비판을 받고 있다.

2. 당신의 차별점을 받아들이기

힌샤우 박사는 ADHD에 대해서라면 급진적으로 수용하는 마음가짐을 가지도록 독려한다. 여기에서는 표준을 넘어선다는 의미의 '급진적'이라는 단어가 중요하다. 조금은 무섭고 어쩌면 질서를 뒤흔들 수도 있다. 그렇다. 이게 ADHD다. 나는 급진적인 수용이란 아이디어가 정말 마음에 든다. 그 이유는 이 말의 반대말이 급진적인 거부이기 때문이다. 우리는 충분히 타인에게 거부당해 왔다. 그러니 적어도 자신에 대해서는 수용이란 것도 누려 봐야 하지 않겠는가?

나는 이 급진적인 수용을 부모가 자신과 성향이 전혀 다른 아이를 양육하는 것에 비유하길 좋아한다. 만약 당신이 매우 활기찬 사람이라면 놀이터에서 자녀와 뛰어놀고 아이가 구름사다리에서 뛰어내리거나 친구를 사귀어서 함께 술래잡기하는 모습을 기대할 것이다. 하지만 태어난 후에 보니 딸이 구름사다리에서

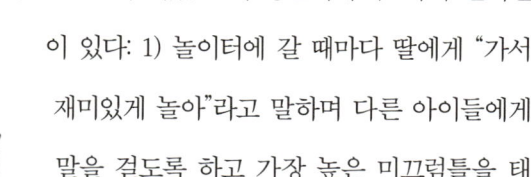
점프하기보다는 그 뒤에 숨어 있는 것을 더 좋아한다는 사실을 알게 되었을 때 당신에게 두 가지 선택권이 있다: 1) 놀이터에 갈 때마다 딸에게 "가서 재미있게 놀아"라고 말하며 다른 아이들에게 말을 걸도록 하고 가장 높은 미끄럼틀을 태운다. 2) 조용히 비눗방울을 부는 딸아이의 옆으로 가서 있어 준다. 당신이 1번을 택한다면 싸움과 울음이 가득한 미래로 이어질 것이다. 아이가 어떨 때 행복하게 노는지를 받아들이는 대신 당신이 생각하는 놀이의 형태만을 강요하기 때문이다. 아이에게 자기 생각을 투영하지 말고 아이 그대로의 특성에 집중해야 한다. 당신이나 배우자가 기대하는 생각을 버리는 일은 ADHD로 진단을 받은 후에 해야 할 일이기도 하다. 고통스럽지만 거쳐야 하는 단계다.

지구상의 모든 인간은 한계를 가지고 태어난다. 어쩌면 당신은 즉석에서 노래를 뚝딱 만들어 내지 못할 수도 있다. 또는 선반 가장 위 칸에서 물건을 꺼낼 때 의자가 필요할지도 모른다. 아니면 혀를 동그랗게 마는 동작을 할 때 멍청이처럼 보일지도 모른다. 인간의 한계는 실제하고 때로는 매우 성가시다. 그러나 이에 대항해서 싸우는 것은 더 힘들다.

오해하지 말아야 할 것이, 남과 다름을 받아들이는 것이 굴복하라는 의미가 아니다. 우선 한계를 인정하고, 열린 마음으로 받아들이고, 필요한 도움을 구하고, 새로운 도구와 전략을 시도하는 급진적인 노력이 필요하다. 누구도 당신에게 제시간에 도착하지도 못하는데 뭐하러 시계는 차고 있느냐고 말하지 않는다. 그러니 시계를 버리는 극단적인 행동을 하기보다는 우선 시간 감각을 잊을 때가 있다는 사실을 인정하고 이 문제를 제대로 해결하려 노력해야 한다. 3부에서는 약점을 보완해 최고의 삶을 살 수 있도록 환경을 조정하는 방법에 대해 살펴볼 것이다. 그러나 지금은 당신의 뇌가 다른 사람들과 다르다는 점을 받아들이는 것에만 집중하도록 하자.

3. 나를 따라 해 보자: 비교는 절망을 부른다.

ADHD 관련 책을 보면 대부분 알베르트 아인슈타인의 말(그가 했다는 증거는 없지만)을 인용하고 있다: '모든 사람은 천재다. 하지만 당신이 나무를 오르는 능력으로만 물고기를 판단한다면 그 물고기는 평생 자신이 바보라고 믿으며 살아갈 것이다.' ADHD 환자들에게는 마치 사무실 칸막이에 붙어 있는 '힘내세요'와 같은 표어다.

엄청난 메시지다. 당신이 물고기라면 나무를 오르는 능력이 있는지 없는지는 걱정할 필요가 없다. 당신은 절대 원숭이, 다람쥐, 고양이, 얼룩다람쥐와 나무 오르기 대결에서 이기지 못할 것이다. 원숭이가 되기를 바라며 시간과 에너지를 낭비하는 대신, 물고기가 된 것에 기뻐하는 것은 어떨까? 물고기는 물속에서 호흡할 수 있고, 물은 지구 표면의 71퍼센트를 덮고 있다. 세상에, 원숭이가 그렇게 할 수 있을까? 물고기처럼 당신에게도 독특한 재능을 많이 가지고 있다. 비전이 있고 매우 창의적이며, 재미있고, 때로는 위험을 감수할 의지가 있으며, 다른 사람은 꿈꿀 수도 없는 독창적인 사고를 할 수 있다.

그렇다, 당신은 최고의 신발 정리 전문가도 아니고, 항상 쓰레기통에 휴지를 버리는 것을 깜빡할 수도 있다. 최고의 신발 정리 전문가가 되거나, 휴지를 가장 잘 버

8장 운영 사고방식 전환

리는 사람이 되는 게 정말 당신이 원하는 것인가? 차가 가장 깨끗한 사람이라는 트로피를 받고 싶은 사람이 과연 있을까? 그보다는 놀라운 창의성에서 충족감과 열정을 얻는 게 더 낫지 않을까?

세상은 신경 다양성 덕분에 더 살기 좋은 공간이 되었다. 우리의 뇌가 연결되는 방식은 매우 다양해서 세상을 경험하고 상호작용하는 방식도 여러 가지다. 모든 사람에게 '올바른' 방식이란 존재하지 않으며, 유일하게 올바른 방식이란 자신에게 잘 맞는 방식이다.

당신의 마음가짐을 개선하는 데 좋은 방법은 타인과 비교하지 않는 것이다. ADHD가 있든 없든, 비교는 교활한 녀석임을 잊지 말자. 머릿속에 자리 잡으면 행복을 야금야금 먹어 버린다. 당신이 이기더라도 비교라는 녀석은 한숨을 쉬며 이렇게 말한다. "그래, 그림을 잘 그리긴 했어. 하지만 너는 집중해서 듣지를 못하잖아?"

두 사람의 기술을 두고 직접적으로 비교할 수 있는 거의 유일한 분야라 하면 수영, 달리기, 스키, 체스 대회 같은 것들이다. 그러니 당신이 전문 운동선수나 열정적인 그랜드 마스터가 아니라면 다른 사람과 비교하지 말고 당신이 가진 놀랍고도 유일한 강점을 떠올리도록 하자.

나는 누군가와 비교한다는 생각이 들면 영화배우 프레드 로저스가 한 말을 되새긴다. "세상에 당신과 같은 사람은 한 명뿐이다. 사람들은 당신이 당신이기 때문에 당신을 좋아할 수 있다." 다른 사람과 비교해서 내가 어떤 위치에 있는지 판단할 필요가 없다. 나 자신으로 있는 것만으로도 충분하다. 고마워, 로저스.

4. 한 발 떨어져서 바라보기

무언가 잘못을 해서 수치심이 밀려올 때면 자신에게 물어보자. '지금 이게 정말 큰 문제야? 지금, 바로 지금 이 순간만 딱 떼어 놓고 볼 때 말이야. 예를 들어, 누군가 죽거나 팔다리를 잃었나? 아니면 손가락?' 대부분 실수는 당신이 더 크게 벌여 놓지만 않으면 그리 큰 문제가 되지 않는다. 대개 심장마비가 아니라 딸꾹질 정도의 수준이다. 코르티솔이 분비되어 턱이 굳어지면 이 사실을 기억하기 어려울 수 있으니, 머릿속에서 약속을 어기거나 집에 휴대전화를 두고 왔다고 자책하는 목소리가 들리기 시작하면, 이 목소리에 빠지지 말고 자문해 보자. '나중에는 이 실수를 두고 웃으며 이야기할 수 있을까?' 그러면 답은 거의 항상 '그래'라고 나올 것이다.

다음에 실수를 저지른다면

뭔가를 잊어버리면…	그러면 이렇게 해 보자…
병원 진료 예약	다시 예약을 잡고 일정에 적어 두기
집에 두고 온 휴대전화	다시 집으로 가서 가져오기
가장 친한 친구의 생일	다음에 특별한 날 만들기 (가장 친한 친구들이라면 아마도 지금쯤 당신을 이해했을 것이다.)

관점의 변화

당신이 ADHD 정체성을 진심으로 가지고 싶다면 증상의 특징을 바라보는 시각을 바꿀 필요가 있다. **ADHD 두뇌는 축복으로도 저주로도 생각할 수 있다. 선택권이 있다면 축복을 선택하는 게 어떤가?**

당신의 사고방식에 따라 세상을 어떤 식으로 경험하는지 달라지고, 마음가짐에 따라 집중할 대상이 결정지어진다. 삶을 비참하게 하는 방해꾼으로만 증상을 여긴다면 긍정적인 부분이 충분히 있음에도 ADHD를 부정적으로만 볼 것이다(확증편향이 문제다). 그러나 당신이 긍정적인 부분에 집중하면서 증거를 찾는다면 이 질환을 보는 시각은 많이 달라질 것이다. 뇌를 훈련해 부정적인 면보다는 긍정적인 부분에 매달리도록 하는 것이다. 이는 마치 어항에 새로운 염료를 넣는 것과 같다.

그렇다면 ADHD의 일반적인 특징의 관점을 바꾸는 몇 가지 예를 살펴보도록 하자.

과도함 ☞ 활기 넘침

책을 읽으려고 책상 앞에 앉아 있다고 상상해 보자. 당신은 다리를 떨기 시작한다. 머리를 끄덕이며 박자를 맞춘다. 몇 분 후 벌떡 일어나 아침에 화분에 물을 주었는지 확인하러 간다. 그리고는 주방으로 달려가 물 한 잔을 빠르게 들이켠다. ADHD가 있는 사람 중 많은 이들이 얌전히 앉아 있지 못해서 지적을 받는다. 당신이 과다행동/충동성 또는 혼합형이라면 몸을 끊임없이 움직여야 한다는 충동을 느낄 것이다. 지속적으로 신체를 움직이는 게 나쁜 것은 아니다. 반대로: 앉아서 주로 생활하면 특정 암, 고혈압, 당뇨병 발병 확률이 올라간다. 게다가 가만히 앉아 있으면 수면에도 나쁜 영향을 준다.

신체를 움직이면 육체적·정신적 건강에 좋다. 이런 행동은 기억력을 높이고 우울증 같은 정신 건강 문제가 생길 확률을 감소시킨다. 또한 보기 좋은 정도의 몸매를 유지할 수 있게 한다. 한 연구에 따르면 조금씩 몸을 움직이기만 해도 하루에 350칼로리를 소모한다고 한다.

에너지를 충분히 쓰지 못하는 사람들로 가득한 현대 사회에서 당신의 에너지를 마음껏 분출해 보자. 다른 사람들이 졸린 눈을 하고 '스페이스 인베이더' 게임을 하는 동안 '소닉 더 헤지흐그' 소리를 내며 즐겁게 뛰어다니는 삶은 행복할 것이다. 게다가 이런 에너지는 다른 사람을 자석처럼 끌어당긴다. 성격이 조용한 사람들이 종종 ADHD인 사람의 눈부신 에너지에 매료된다.

쉽게 지루해짐 ☞ 새로운 것을 찾아다니는 갈망

긴 줄, 교통 체증, 통화 대기. ADHD인 사람에게는 악몽 같은 일들이다. 우리는 모두 인내심이 미덕이라는 것을 잘 알고 있지만, 새로운 것에 대한 갈망을 버릴 수는 없다. 기다리는 것이 우리를 미치게 만드는 이유는 뇌가 자극을 절실히 원하기 때문이다. 다행히 이런 지속적인 자극에 대한 욕구 덕분에 다른 사람들과 똑같은 삶이 아닌, 새로운 이야기를 찾아 나서는 삶을 살아간다.

나 같은 경우 새로운 것이 하나도 없을 때 엄청난 불안감이 밀려 온다. 어떤 사람들은 반복되는 일상이 사라지는 것을 두려워하지만 나는 그 반대다. 앞으로 나아가는 느낌이 없을 때 이런 기분이 불안감을 몰고 온다. 나는 새롭고 도전적인 것을 좋아한다. 내가 정복하거나 이겨내는 그런 것 말이다. 그래서 안전지대를 벗어나는 것—행동 전문가들 대부분이 성장으로 이어진다고 말하는 조건—은 나에게 평온한 느낌을 안겨 준다. 일부 사람들에게 자신의 능력 밖의 상황이나 자신이 알아서 해결해야 하는 상황에서 스트레스를 받지만, 나의 뉴런들은 이때 불타오르면서 평화로움을 느낀다. 그 결과 아직도 끊임없이 새로운 것을 배우고 있다.

부적응 ☞ 일반적인 규범을 따르지 않음

많은 ADHD가 자신의 북소리에 맞추어 행진하고 가끔 행렬에서 벗어나기도 한다. 우리는 엄격한 일정을 따르며 정해진 이정표와 기준을 충족하는 경로를 그다지 따르고 싶지 않다. 또한 독특한 자신만의 방식으로 일을 처리하려는 경향이 있다. 그래서 무도회에 파란색 턱시도를 입거나, 대학교에 진학하기 전에 1년간 휴학을 하거나, 전통적인 교육을 완전히 포기해 버리기도 한다.

당신은 다른 사람들이 전통적인 길을 따르며 가는 모습을 보고 자신이 뭔가 아웃사이더라는 느낌을 받을지도 모른다. 하지만 정말 재미있는 일들은 정도에서 벗어난 곳에서 벌어진다. 대부분의 사람이 한 방향으로 움직일 때 우리는 지그재그로 움직이며 흥겹게 몸을 흔들며 춤추다가 다시 제자리로 돌아온다. 바로 여기에서 혁신과 차별화가 나타난다. 다양성과 흥미를 불러일으켜 세상을 뒤흔드는 반짝이는 개성과 획기적인 아이디어가 없었다면 세상은 지루한 바위가 되었을 것이다. 천재적인 재즈 뮤지션이자 작곡가인 델로니어스 몽크는 이런 말을 했다. "천재는 자신과 가장 닮은 사람이다." 다른 사람을 따르지 마라. 천재가 되어 보자.

말썽꾸러기 ☞ 재미있는 사람

ADHD인 사람들은 벽에 기대어 다른 사람들을 조용히 관찰이나 하다가 나중에 일기에 기록하는 그런 타입이 아니다. 보통 우리는 다른 사람의 관찰 대상이 되며, 매력적이고 재미있고 파티를 즐기는 타입이다. 항상 재미를 갈망하기 때문에 사람들이 매우 즐거워한다. 흥겨운 시간을 보내고 싶은가? 그럼 우리와 함께 해 보자. 언제나 낯선 사람에게 다가가서 대화할 준비가 되어 있는 사람들이다. 새로운 장난감이 있으면 "저것 좀 봐도 될까요?"라고 가장 먼저 물어보는 사람들이다. 가장 높은 롤러코스터를 타거나 마술사가 몸을 반으로 가르는 대상에 자원하기도 한다. ADHD인들이 아니었으면 이런 자발적인 즐거움은 별로 없을 것이다. 사소한 말썽이 없다면 삶은 졸음이 올 정도로 지루하지 않을까.

충동성 ☞ 창의성

할로웰 박사는 한 인터뷰 중에 이런 질문을 던졌다. "창의성이야말로 충동성이 제대로 발휘된 것이 아니겠습니까?"

박사는 새로운 아이디어를 생각하기 위해 따로 계획을 세우지 않는다고 덧붙였다. 즉, 이렇게 말하지 않는다는 것이다. "11시: 브레인스톰을 할 시간이야!"라고 한 후에 번뜩이는 아이디어가 생각날 때까지 기다리지 않는다. 절대. 다른 사람이나 상황에 따라 억제되었을 때 나타나는 충동도 포함해, ADHD 뇌가 자신의 충동을 따를 때 아이디어는 저절로 튀어나온다.

나 역시 충동성 덕분에 창의적으로 일부 문제를 해결했다. 2023년 여름, 우리 가족에게는 두 가지 중요한 목표가 있었다: 1) 가을 스포츠 대표팀 대회를 나가기 위해 아이들의 체력을 단련시키기, 2) 〈슈츠〉 에피소드 최대한 많이 보기. 〈슈츠〉는 기업 법률을 다룬 막장 케이블 TV 프로그램이다. 그러면서도 너무나 중독적이라 아들이 여기에 완전히 빠져서 코치 선생님이 매일 팔굽혀펴기를 50개씩 하라는 것도 완전히 잊을 정도였다. 에피소드 하나를 보던 중 나는 충동적으로 아들에게 말했다. "지금 팔굽혀펴기를 열 개 하도록 해!"

"왜 열 개야?"

그래서 나는 이유를 생각해 내야 했다. "그건 하비가 방금 파란색 서류철을 저 남자에게 건네주었기 때문이야."

"저런 장면은 많아. 그러면 그때마다 팔굽혀펴기를 열 개씩 해야 해?"

그러자 나는 더 충동적으로 말했다. "그래! 그리고 루이스가 화를 낼 때마다, 하비가 깊은 생각에 잠겨서 창밖을 볼 때마다, 누군가 "고작 그거 주려고 여기까지 온 건 아니잖아요!"라고 말할 때마다, 팔굽혀펴기를 해." (모든 에피소드에서 이런 장면이 수없이 반복된다.)

아들은 정말 좋아했다. 그날 이후 아들은 하루에 팔굽혀펴기를 50개에서 100개 정도 했다. 이런 막장 같은 TV를 보면서 완전히 흥분해 버렸다. 창의성은 부족한 억제력에서 나온다. 모든 것을 규칙대로 하고 자신의 행동을 자세히 모니터링하는 융통성 없는 사고방식은 새로운 아이디어를 받아들이거나 새로운 방식으로 사물을 바라보기에 이상적인 조건이 아니다. 그런 이유로 융통성 없는 사람들은 새로운 아이디어를 거의 내지 못한다. 이들은 문을 경계하면서 지키느라 너무 바빠서 하나라도 통과시키는 법이 없다. 우리 ADHD들은 '그래, 뭐 어때?'라는 문지기를 가진 경우가 대다수다. (창의성에 대해서는 9장에서 더 자세히 살펴보자.)

위험 부담 ☞ 용기

몇 군데 멍, 막다른 길, 낯선 사람들의 거절—위험을 감수하는 사람이 될 수 있는 잠재적 이점에 비하면 적은 대가다. 나는 용기를 불러일으키는 흥분을 느낄 수 있다면 응급실에 몇 번 방문하는 정도는 기꺼이 감수할 수 있다. 우리에게는 탐험가, 개척자, 한계를 뛰어넘는 사람, 사회·문화 발전을 위해 곧바로 뛰어들 준비가 된 사람들이 필요하다. 또한 무서운 뱀을 잡아 주고, 로봇 지배자들이 세상을 장악하려고 인간을 위협할 때 이에 맞서 싸울 사람이 필요하다 토머스 스턴스 엘리엇은 '멀리 가기 위혀 위험을 감수한 사람만이 얼마나 멀리 갈 수 있는지 가늠할 수 있다'란 명언을 남겼다.

예민함 ☞ 섬세함

우리의 감정은 아주 변덕스럽게 변한다. 고립되거나 부당하게 취급받는다는 기분이 들 때 종종 아주 예민하게 반응을 보이는데, 반대로 이를 섬세함으로 생각할 수 있다. 감정을 억누르지 않고 표현하며 살아가는 것이 진정성 있고 건강한 방식이다.

불복종 ☞ 독립적인 사상가

규칙을 무시하면 엄청난 문제에 봉착할 때가 있다. ADHD인 사람이 속도위반 과태료를 더 많이 내고 심지어는 이 질환이 없는 사람에 비해 감옥에 갈 확률 또한 더 높다고 한다. 우리는 가만히 규칙을 따르는 사람들이 아니다. 독립적으로 생각하고, 권위에 의문을 제기하며, 지나치다고 생각할 때 부당함에 맞서 싸운다.

예측 불가능 ☞ 유연성

ADHD와 함께하는 삶은 매번 놀랍다. 뇌에 있어 예측 가능성은 곧 끝을 의미하기 때문에 이런 불확실성은 좋은 현상이다. 우리는 정혜진 길을 따라가는 데 능숙하지 않아서 빠른 사고와 즉흥성이 필요하고 때로는 모험과 즐거움으로 이어지는 상황을 겪기도 한다.

우리 가족이 최근에 휴가차 스키를 타러 갔을 때 일어난 일이 아주 좋은 예시가 될 것 같다. 딸과 내가 길을 잘못 든 적이 있는데 그곳은 영어를 할 수 있는 사람이 거의 없는 외국이었다. 또한 표지판도 매우 복잡했다. 그런 상황에서 당황한 채 눈을 파서 구덩이를 만든 후 그 안에서 스키 순찰대가 구조하러 올 때까지 웅크리고 있을 수도 있겠지만, 우리는 즉흥적으로 대처했다. 스키 장비를 벗고 길을 건넌 다음 다시 스키를 탔을 때야 리조트에서 벗어났다는 것을 알았다. 이때 우리는 웃음을 터트렸고 처음 리프트를 탔던 곳이 아닌 완전히 다른 마을에 있다는 사실에 더 크게 웃어 버렸다. 장비를 들고 곤돌라를 찾으며 마을을 돌아다니는 우리의 모습은 바보 같았다. 그리고 곤돌라를 찾기 위해 스키를 타지 않는 사람들과 함께 산 정상에 올라갔을 때는 더 바보 같았다. 하지만 우리는 이런 어리석음을 함께 비웃기로 했다. 산꼭대기에 도착해서 우리를 올바른 길로 인도할 지도를 찾았을 때는 마치 풀 수 없는 퍼즐을 푼 것만 같았다. 정말 황홀한 기분이었다. 이런 순간에는 태도가 상황을 바꾼다. 예상치 못한 일이 벌어지더라도 기쁘게 받아들이고 수용하는 방법을 배우면 문제가 발생할 때 더 유연하게 대처할 수 있다.

산만함 ☞ 호기심

할로웰 박사는 산만함이라는 동전을 반대로 뒤집으면 호기심이 나타난다고 생각했다. ADHD는 모든 소음이나 바스락대는 작은 소리를 쫓는 강아지와 같다. 이 강아지는 단순히 쫓기만 하는 게 아니라 '저건 뭐지? 저건 뭐지? 저건 뭐지?' 하며 그 대상을 알아보기 위해 소리를 쫓는다. 박사는 ADHD인 사람은 단순히 자극에 반응하는 게 아니라 문제의 근원을 찾아서 움직인다고 설명했다. 호기심이 너무 강하면 코를 들이밀지 말아야 할 곳에도 코를 넣어 문제가 될 수 있다.

바스락거리는 소리 중 일부는 스컹크나 전갈이 내는 소리일 수도 있다. 그러나 호기심은 발견을 이끄는 원동력이다.

룸바 댄스처럼 여러 주제를 왔다 갔다 하는 마음-하나의 아이디어가 튕겨 나와 돌고 돌아 다른 아이디어로 옮겨 가는 마음-은 전통적인 정보만 받아들이는 사람들이 가지 않는 곳으로 데려다준다.

이번에는 어제 벌어졌던 일을 이야기해 보려 한다. 당신이 이 글을 읽을 때쯤이면 이 이야기가 TV 쇼에 나오거나 아니면 아무 일도 일어나지 않을 것이다. 어제 아내와 나는 할리우드의 대단한 사람들과 회의했고 그곳에서 우리는 가정에서 벌어지는 모든 재미있는 일들을 음악으로 표현해 게임처럼 즐기는 쇼를 제안했다. 회의의 일부에는 우리가 얼마나 빨리 콘텐츠를 만들 수 있는지를 증명하는 것도 포함되어 있다. 회의가 끝난 후 나는 회의 자체에 대한 노래를 작곡하고 녹음해 30분 이내에 그들에게 보냈다.

이 작업은 듣기에 정말 어려워 보이지만 나의 톡톡 튀는 두뇌 덕분에 사실 저녁 식사를 준비하는 것보다 더 쉬웠다. 당시 화상회의는 전반적으로 보면 꽤 일반적인 모습이었지만, 나의 두뇌는 14분 만에 커피 두 잔을 다 마신 프로듀서, 카메라를 껐다가 10분 뒤 다시 켜는 이상한 행동을 한 직원, 키슈를 만들 때 으깬 해시브라운 크러스트를 사용한다고 뜬금없이 말한 방송사 직원 등을 떠올렸고 그 내용을 노래로 만들었다. 우리가 빠르게 보낸 노래의 내용은 진부한 프레젠테이션 회의의 모습이 아닌, 일상생활에서 일어나는 특이한 일에 관한 것이었다. 경영진은 이 노래를 듣고 "어떻게 그렇게 쉽게 창의적인 아이디어를 생각해 낼 수 있는지 모르겠어요"라며 호평을 남겼다.

톡톡 튀는 내 두뇌, 잘했어!

대충 마무리함 ☞ 큰 그림에 집중

디테일, 디테일. 열정이 불타오르면 사소한 것은 쉽게 지나칠 수 있다. 물론 이런 특성을 보고 세세하고 중요한 부분을 간과한다고 생각할 수도 있지만, ADHD 뇌가 목표에 집중하고 열정적으로 나아간다고 생각하면 이 모습을 응원할 수도 있다. 열정은 배워서 얻는 게 아니다. 물론 몇 가지 사소한 일들이 빠질 수 있겠지만, 끊임없이 이중으로 확인하면서 완벽주의의 함정에 빠지지 않으려는 행동보다는 큰 성과를 내는 능력이 훨씬 가치가 있다. 인간이 철자 검사기를 발명한 데는 그만한 이유가 있다.

나는 완벽해지려고 노력하지 않는다. 물론 나를 바꾸고 싶었던 때도 있었고, 서둘러 결승선을 통과하며 "다 끝났어요!"라고 말하는 대신 조금 더 시간을 두고 기다렸으면 좋지 않았을까 생각하던 시간도 있었다. 하지만 모든 사소한 일에 매달리지 않으니 생산성이 더 높아졌다.

ADHD로 인해 기분이 우울해질 때 힘든 부분을 무시해 버리거나, 햇빛과 무지개를 뿜어내는 호스를 분사하며 긍정적인 태도만으로 해결하려는 시도는 그다지 도움이 되지 않는다. 하지만 가끔은 자신의 도전에 놀라운 능력이 함께 한다는 사실을 상기하면 부정적인 생각이 올라오는 것을 막을 수 있다. 이제 9장과 10장에서 ADHD의 가장 흥미로운 장점, 즉 ADHD 배지를 자랑스럽게 달고 싶게 만드는 몇 가지 요소를 알아보러 가자.

9장
당신이 가진 ADHD 장점

> 이제 드디어 최고의 부분에 도달했다. 여기까지 오는 데 어느 정도 인내심이 필요했다는 것을 잘 알고 있다. 그리고 어쩌면 일부 내용을 두 번 이상 읽어야 했을지도 모른다. 이제는 좋은 내용을 읽을 차례다.
>
> —펜

당신은 발견하지 못했거나 깨닫지 못한 재능이 내면에 숨겨져 있지 않을까 하는 생각을 해 본 적 없는가? 재치 있는 발언으로 사람들에게 빠르게 인기를 얻는 모습, 다른 사람들은 지친 상황에서도 계속해서 움직여 친구들 사이에서 에너자이저 토끼로 알려진 모습, 어떤 일에 몰두할 때면 초인적인 수준의 집중력을 발휘하는 모습, 모두가 당신의 재능이다. ADHD가 내리는 축복에 온 것을 환영한다. 정말 많고도 놀라운 축복이다. 9장에서는 창의성, 과집중, 자신만의 멋진 삶을 설계할 수 있는 능력 등 우리를 정말 흥분시키는 장점들을 살펴보려 한다.

창의성

> '토마토를 타고 질주하는 말을 보지 않으려는 사람을 보면 멍청이라고 단언할 수 있다.'
>
> -앙드레 브르통, 『Break of Day(새벽)』(1934)

ADHD가 주는 뛰어난 재능 중 하나는 번뜩이는 창의적인 생각이다. 이런 능력을 지닌 사람들은 특히 수행 능력, 반복 능력, 섬세한 작업 능력이 부족하지만, 최고의 아이디어 창조자이자 브레인스토밍 전문가들이다.

우리 같은 사람들은 삶을 신선한 방향으로 바라보고, 새로운 방식으로 현명하게 문제를 푼다. 그리고 ADHD가 아닌 사람보다 전통적인 것에 갇히지 않는다. 이런 특성으로 인해 발명, 예술, 사업적인 아이디어에서 엄청난 두각을 드러낸다. 역사상 가장 창의적인 모습을 보여 준 사람 중에는 신경 다양성을 가진 이들이 매우 많다. 아인슈타인과 모차르트가 ADHD였을 것으로 추측하는 사람들도 있다. 우리는 마치 목줄을 채우지 않은 개와 같아서 어딘가에 얽매이지 않고 자유롭게 탐험한다. 이런 마음을 방황하게 두면 사고의 경계는 확장된다.

창의적인 사람이라고 하면 세련되면서 캐주얼한 옷을 입고 전망이 탁 트인 아파트에 사는 예술

분명 이웃들은 이런 나를 괴짜라고 생각했을 것이다.

가나 음악가를 떠올리기 쉽지만, 창의성은 다양한 형태로 나타난다. 예를 들어, 교외에 살면서 온라인으로 쾝을 하고 노래를 부르는 아빠도 창의적인 사람이라 할 수 있다.

창의성은 배우, 음악가, 예술가에게 힘을 실어 줄 뿐만 아니라, 발표 중이 청중이 졸지 않도록 하거나, 기숙사 옷장 공간을 효율적으로 나눌 좋은 아이디어를 내거나, 오랫동안 풀리지 않았던 문제를 해결하는 능력으로 나타나기도 한다.

독창성

당신의 ADHD 두뇌는 진부한 길을 걸어가지 않고, 하나의 생각에서 다른 생각으로 뛰어넘는 능력이 있다. 즉, 당신의 머릿속에는 독창성이 가득하다는 의미다. 어머니 생신 선물을 어떤 것으로 할지 생각하고 있다고 해 보자. 어머니가 조류 관찰을 좋아한다는 사실을 떠올리자 곧 당신이 들고 커피를 마시고 있는 수제 커피잔 손잡이 굴곡이 자꾸 신경 쓰인다. 흠, 그리고 몇 초 후 어머니께 쌍안경이나 송골매가 그려진 스웨터를 선물하는 대신 새가 목욕할 수 있는 그릇을 만들 지역 도예 수업을 인터넷으로 검색한다.

킴이 남긴 메모

남편은 창의적인 선물을 하는 데 도사다.

신혼 때 우리는 거의 파산 직전이라 뉴욕으로 이사 후 맞이하는 첫 번째 크리스마스에서 쓸 수 있는 돈은 5달러 정도밖에 되지 않았다. 크리스마스 날 남편은 0 상하리만치 무겁고 괴상하게 포장한 선물을 주었다. 포장을 풀어 보니 그 안에는 돌이 몇 개 들어 있었다. 처음에 나는 당황했다. "어…, 고마워?" 그러고는 곧 이 돌을 어디서 가져왔는지 깨닫고 완전히 기분이 풀려 버렸다.

사귄 지 한 10개월 정도 지났을 때 플로리다에 살고 있던 우리는 함께 뉴욕으로 여행을 간 적이 있다. 거기에서 직장을 얻고 지낼 아파트를 구하는 중에 센트럴 파크에서 산책을 했다. 당시 우리의 관계는 좀 더 진지한 방향으로 발전하면서 그다음 단계로 나아가던 때였지만, 아직은 남편이 청혼 같은 것을 한 건 아니어서 내 친구들도 남편을 꼼꼼하게 판단하는 때는 아니었다.

공원을 거닐면서 남편이 점프하기 시작했다. 평소보다 훨씬 더 높게 말이다. 남편의 손은 어느새 땀으로 흠뻑 젖었다. 나는 그때 아주 멋진 여름날을 만끽하던 중이라 무슨 일이 벌어질지는 안중에도 없었다. 우리는 아주 커다란 바위 앞에 멈추어 서서 그 위로 올라가기로 했다. 당시 샌들을 신었던 나는 겨우겨우 위로 올라갈 수 있었다. 둘 다 꼭대기에 다다르자 남편은 한쪽 무릎을 굽히고 앉았다.

무슨 일이 벌어지는지 믿을 수 없었다. 남편은 막 뭐라고 말하려 했지만 뒤죽박죽 섞여서 무슨 말을 하는지 알아들을 수 없었다. 평소 남편이 얼마나 외향적이고 자신감 넘치는지를 알고 있었기에 웃음이 터져 나오는 걸 가까스로 참아야 했다. 우리가 사귀던 초에 처음 보는 사람들이 가득한 곳에서 애벌레가 기어가는 거 같은 춤을 추는 것도 보았는데, 그 바위 위에서 뭔가 어려운 말을 하려고 하자 말하는 속도도 느리고 얼버무리듯 하는 것이다. 정말 사랑스러워 보이는 순간이었다.

그 뒤로 2년이 빠르게 흘렀다. 크리스마스 날 내 손에 올려진 것은 청혼받았던 바위의 조각이었다. 남편은 몰래 조각칼을 가지고 그 공원으로 가서, 불법임이 분명하긴 하지만 우리가 약혼했던 바위를 잘라 왔다. 새 토스트기보다 훨씬 값진 선물이었다.

지금도 우리 집에는 이 돌이 들어간 유리병이 장식되어 있다.

문제해결

나는 끊임없이 창의적인 결과물을 요구하는 일을 하는데, 여기에서 나의 ADHD 뇌가 딱 맞는 역할을 한다. 우리 부부의 소득원 중 하나는 기업들과 음악 협업을 하는 것이다. 기업들은 우리가 '바이럴 영상'[1]이라는 디지털 유니콘을 만들어 내길 간절히 바란다. 결국 기업이 어떤 영상을 시청자에게 내보이든 전달하고 싶은 메시지는 바로 '우리 제품을 구매해서 우리를 부자로 만들어 주세요!'다.

몇 년 전 벨크로 컴퍼니에서 조금 다른 요청을 전화로 받았다. 그들은 찍찍이를 말할 때 '벨크로'라는 명칭을 사용하지 않도록 사람들을 설득하는 캠페인 음악을 제작해 달라고 했다. 특정 제품이 너무 유명해져서 비슷한 제품군을 이 이름과 혼용해 사용하다 보면, 이 브랜드는 상표권을 잃을 수 있기 때문이다. 이를 관용 명칭화라고 한다.

우리는 회의를 하기 위해서 보스턴으로 갔다. 그곳의 회의실은 여느 회사와 다를 바 없었다. 탁자, 의자, 화이트보드, 물병 등. 우리는 자리에 앉았고 직원들은 문제를 설명했다. 그들은 우리가 회사를 관용 명칭화에서 구해 주길 바랐다.

회사의 요청을 듣자 내 머릿속에서는 마치 팝콘이 튀어나오듯 아이디어가 떠올랐

> 관용 명칭화로 인한 피해자는 매우 많다⋯.
> 아스피린, 에스컬레이터, 요요, 써모스, 지퍼, 이 모든 게 특정 회사의 제품이지만, 이제는 제품 전체를 뜻하는 일반 명사가 되었다.
> —펜

다. 그러고는 테이블에 앉은 임원들을 쳐다보지 않고 혼자서 고개를 까닥이기

---

[1] 인터넷이나 소셜미디어를 통해 인기를 얻어 확산하는 영상.

시작했다. 우리 팀 동료는 나 혼자 이미 회의를 끝낸 사람처럼 보였다고 나중에 따로 말해 주었다. 정말 그곳의 사람들은 서로를 보고 '이 사람 도대체 뭐지? 왜 이리 무례한 거야? 우리가 말한 것 때문인가?'라고 말하는 듯한 표정을 지었다. 그러나 동료들은 내가 무엇을 하는지 정확히 알고 있었다: 내 마음은 이미 창의적인 공간으로 떠났다.

회의가 끝난 후 우리는 인사를 하고 다시 연락을 주기로 했다. 엘리베이터 문이 닫히자 팀원들에게 말했다. "나 떠올랐어." 내가 생각한 아이디어는 1985년에 나온 '위 아 더 월드' 뮤직비디오를 패러디하는 것이었다. 이 영상과 같은 모습과 느낌으로 만들되, 팝스타들이 모여 어려운 사람을 돕자며 노래하는 장면 대신 비싼 옷을 차려입은 변호사들이 자신의 제품을 '벨크로'라고 부르지 말라고 애원하는 모습을 담고 싶었다. 택시를 타고 공항에 도착했을 때 이미 가사가 완성되었다.

집으로 돌아오자 15분 동안 작곡을 한 후 팀원들에게 곡을 보냈다. 다들 마음에 들어 했지만 "아직은 이 음악을 그쪽에 보낼 수 없는 거 알죠? 임원들은 너무 쉽게 만든 곡에 돈을 내기 아까워할 수 있어요."

그러나 중요한 것은 이것이다: 나의 뇌에 있는 분자들의 독특한 배열과 내가 일을 처리하는 방식 덕분에 작업이 매우 수월하게 진행되었다는 것. 도예 수업을 예로 든 것과 매우 흡사하게 생각은 다른 사람과는 다른 방향으로 흘러갔고 나는 그걸 허용해 주었다. 일단 몇십억 달러 규모의 사업체인 벨크로가 사람들에게 '벨크로'라는 이름을 쓰지 말아 달라고 요청하는 것에 내재한 유머를 이해하자, 가장 재미있으면서도 자기비하적인 방식으로 '일상의 사소한 문제'[2]를 표

---

2 부유한 나라에만 있을 법한 문제라고도 하며, 배부른 사람들이나 하는 문제 정도로 이해하면 된다.

벨크로 컴퍼니와 함께한 작업은 가장 성공적인 캠페인 중 하나로 선정되었다.

현하는 방법을 생각해 낼 수 있었다. 내 머릿속에 가장 먼저 떠오른 것은 당시 인터넷에 돌던 유명한 '일상의 사소한 문제' 밈이었다. 여기에서 한 여성이 손가락으로 관자놀이를 누르며 아주 사소한 문제로 울고 있다. 가령 새로운 정원사를 고용해야 하는 문제 같은 걸로 말이다. 그 후 나는 정말 중요한 문제(세계 빈곤)를 생각했다. 그러자 10대 때 정말 좋아했던 '유에스에이 포 아프리카' 비디오가 바로 떠올랐고 이 두 가지를 함께 붙여 보았다.

나의 의식과 집중력과 창의성은 다른 단계에 있다.

전형적인 ADHD라고 할 수 있다. 회의실에서 내가 했던 꽤 반사회적인 행동으로 임원들을 다소 화나게 했지만, 그들이 정말 만족한 영상(전 세계적으로 11억 회 이상의 조회 수를 기록했다)을 전해 주었을 때 화는 완전히 풀려 버렸다. 나의 ADHD 뇌는 이것저것 마구 섞이는 경향이 강해서 한 가지 생각을 논리적으로 끝까지 따르는 것보다는 여러 가지가 섞여서 훌륭한 결과물이 나오는 순간이 더 많다.

물론 모든 사람이 작곡을 할 수 있는 것은 아닐 것이다. 이런 건 나만의 특별한 재능이고 당신에게는 ADHD에서 나오는 다른 창의력과 통찰력이라는 재능이 있을 것이다. 이런 재능은 캔버스 위, 건설 현장, 농구 코트에서도 나타날 수 있다. 당신에게는 분명 재능이 있다.

혁신

ADHD인 사람들은 종종 해결책을 마련하는 과정에서 예상치 못한 길을 택할 때가 있다. 주로 작업 기억 때문에 일어나는 현상이며, 그렇기에 그동안 진행되던 방식에만 단순하게 의존할 수 없다. 우리 같은 사람들은 기존의 해결 방식을 최소한으로 수정해 푸는 것보다는, 새로운 방식을 생각해 내고 종종 그 과정에서 엄청난 혁신의 단계로 뛰어오른다. 또한 규격에 맞추어진 길을 따르지 않고 개척되지 않은 길을 헤쳐 나가며 새롭고 흥미로운 장소에 다다르는데, 심리학에서는 이런 현상을 '확산적 사고(divergent thinking)'라고 한다.

(여담: ADHD인 사람 중에는 수학 시간에 '풀이 과정 설명하기'가 힘들었던 경험이 있을 것이다. 그랬던 사람? 나는 그랬다. 문제를 풀 때마다 머릿속으로 다른 방법을 찾아냈다. 그러나 적어도 선생님께는 전통적이지 않은 풀이 과정이라도 보여 주려고 노력해야 했다. 선생님이 풀이 과정을 보여 달라고 하는 데는 그만한 이유가 있으니까. 새로운 방법을 따를 때면 다음 단계가 생각보다 훨씬 더 복잡해지기도 하고 풀이 방법이 엉망이 되기도 한다.)

진정한 독창성을 발휘하려면 단순히 기존 방식을 더 잘 따르는 것보다 더 많은 시간과 노력이 필요하다는 것을 알 수 있다. 물론 내 방식대로 하겠다라는 이런 생각은 사실적인 답을 찾을 때, 또는 빠르게 무언가를 해야 하는 순간에 특히 도움이 되지 않는다. 하지만 문제가 난해한 경우일수록 발상의 전환을 통해야 훌륭한 답을 찾을 수 있다. 예를 들어, 에펠 탑 높이를 알고 싶다면 ADHD의 뛰어난 확산적 사고는 그다지 도움이 되지 않는다. 그러나 이 건축물을 프랑스에서 당신의 뒷마당으로 옮길 방법을 찾을 때 아주 참신한 아이디어가 딱 떠오를 것이다.

확산적 사고는 또한 기존의 것을 새로운 방식으로 사용하고 싶을 때도 도움이 된다. 예를 들어, 클립을 종이에 꽂는 방식으로만 쓰지 않아도 된다. 클립을 재사용 가능한 이쑤시개로 쓰거나, 한쪽을 삼각형 모양으로 구부리고 다른 쪽을 스프링 모양으로 꼬아 놓으면 테이블 위에서 떨어져도 튀어 오를 수 있다.

ADHD인 사람의 놀랍도록 창의적인 두뇌를 증명하는 멋지고도 멋진 연구 결과 둘

연구 과학자 홀리 화이트는 미시간대학교에서 두 번의 흥미로운 실험을 했다. ADHD 뇌가 얼마나 창의적인지 잘 보여 주는 사례다.

1. 외계 과일 그리기

첫 번째 독창적인 연구. 화이트 박사와 연구팀은 대조군으로 쓸 학생들과 실험군의 ADHD 학생들에게 다른 행성에서 자라는 과일을 상상해서 그려 달라고 했다. 대조군 학생들은 대개 사과에 줄무늬를 그려 놓은 후 마무리했고 실험군 학생들은 지구에서 거의 볼 수 없는 매우 모양이 괴상한 과일을 생각해 냈다. 이들이 그린 과일은 사실상 '과일처럼 생긴' 모습과는 거리가 매우 멀었다. 이들은 일반적인 사람들이라면 둥근 형태처럼 과일이 생길 법한 모양과 조건에 매우 중요한 정보에서 벗어나 훨씬 흥미로운 결과물을 만들었다. 몇몇은 과일에 혀나 망치를 집어넣는 정말 독창적인 특징을 더했다! 절대 과일 가게에서 상상할 수 없는 모습이 분명하지만, 스타워즈에 등장하는 위성인 엔도에서라면 가능할지도.

2. 제품명 만들기

화이트 박사의 두 번째 실험에서는 ADHD 두뇌가 기존 지식에 얼마나 영향을 받지 않는지를 잘 보여 주었다. 실험 참가자들은 세 가지 새로운 제품의 이름을 정해야 했고 그중에는 파스타가 포함되어 있었다. 이름을 정하기 전에 참가자들에게 제품명이 적힌 샘플 목록을 보여 주고 절대 베끼지 않도록 주의를 주어서 스파게티라든가 로티니 같은 단어가 나오지 않도록 했다. 그 결과 ADHD가 아닌 사람들은 목록에 적힌 이름을 제외한 단어를 만드는 데 어려움을 겪었다. 마치 "코끼리를 떠올리지 마세요!"라는 말을 듣는 순간부터 코끼리를 떠올리는 것과 비슷하게 말이다. 이들은 누들러리니, 라스퀘티, 람베르기니 등의 단어를 만들었다. 반면에 ADHD인 참가자들은 더 수월하게 목록을 무시했다. 이들은

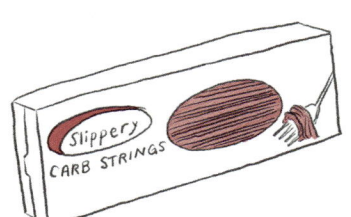

예측 가능한 이름 대신 더 흥미로운 이름들, 가령 플로라둘리, 트위스티즈, 이탈리안-세시-재지 등을 만들어 목록에 영향을 받지 않음을 보여 주었다.

당신이 풍부한 창의성을 지니고 태어난 수많은 ADHD 중 한 명이라면 행운이라고 생각하자.

과집중

우리에게는 창의성이라는 자유롭게 움직이는 두뇌의 능력이 있다. 하지만 반대로 정신을 한 곳으로 집중하는 능력 또한, 가지고 있다. 그것은 바로 과집중이다.

ADHD 뇌는 대부분의 시간을 마치 바람에 이리저리 날리는 민들레씨처럼 날아다닌다. 물론 이런 부분은 꽤 성가실 수 있다. 그러나 씨앗이 적당한 토양에 자리 잡으면 아주 깊게 뿌리를 내려서 거의 움직이지 않을 때도 있다. 이것을 과집중 상태라고 한다. 이때가 되면 ADHD 뇌는 고도의 집중력을 발휘하는 주의력이 높은 상태라서, 이를 막을 것은 아무것도 없다. '완전히 빠진' 상태가 될 때의 모습은 정말 멋지다. 할로웰 박사가 앞에서 ADHD인 사람들은 실제로 집중력이 넘쳐 난다고 말했던 것을 기억하는가? 그래, 이제 이 부분을 자세히 알아보자.

과집중은 자극을 차단해 정신 상태가 마치 터널에서 보이는 것같이 되는 능력을 말한다. 다른 모든 것은 흐릿해지고 가운데 한 점만 선명하게 보인다. 영화에서 주인공이 첫눈에 반하는 상대를 제외하고 다른 모든 것이 흐릿한 배경으로 보이듯이 말이다. 그들은 마법 같은 존재 앞에서 매료된 채 그 사람만 바라본다. 그리고 정신을 차려 보면 피자 조각을 반쯤 먹은 채로 길 한가운데 서 있을 때도 있다. 자신이 얼마나 오랫동안 연인에게 빠졌는지 깨닫지 못한다.

나는 작곡을 할 때 이런 상태에 빠져서 가사를 쓰고 음률과 라임, 리듬을 만든다. 그래서 노래가 쉽게 떠오르는 편이다.

과집중 모드로 들어갈 때는 정말 초인적인 힘이 들어오는 것처럼 짜릿한 순간이 된다. 그중에서도 기억에 남는 것은 뮤지컬 〈해밀턴〉을 패러디해서 '마스크 업'이란 노래를 만들었을 때였다. 우리 부부는 이 쇼의 열광적 팬이었고 당시

막 디즈니 플러스에 올라와 있었다. 이 프로그램을 보면서 아내는 이 〈해밀턴〉과 코로나19를 잘 조합한 노래를 만들 수 있을지 물었다. 그때 화면에서 '아론 버, 서'란 노래가 시작되었다. 해밀턴이 "당신이 아론 버이십니까, 선생님?"이라고 물어보는데, 내게는 이렇게 들렸다. "당신은 바이러스에 감염되셨나요, 선생님?" 빙고.

"여보, 조금 있다 올게." 나는 작업실로 가서 전체 곡을 완성한 후 녹음하고 편집을 했다. 이 모든 작업은 세 시간 안에 끝났다. 작업 당시 얼마나 집중했던지 누군가 창문으로 돌을 던졌다고 해도 아마 눈치채지 못했을 것이다. 설사 눈치챘더라도 엉망이 된 바닥을 흘끗 보고는 "한 시간 뒤에 처리하자. 작곡부터 하고"라고 말하고 작업으로 돌아갔을 것이다. 이것이 바로 과집중이다. 한번 빠지면 완전히 완벽하게 오로지 여기에만 빠져서 그 어떤 것에도 방해받지 않는다. 8인조 밴드가 앞에서 연주해도 나는 쳐다도 보지 않을 것이다.

때로는 영상 편집을 하거나 노래 후렴구를 만드는 데 깊이 빠졌다가 어느 순간 정신을 차려 보면 부리토가 담긴 접시가 키보드 옆에 있을 때도 있다. 그럴 때면 도대체 이게 어디서 나왔는지 전혀 기억나지 않는다. 아내가 올라와서 얼굴 가까이 접시를 들이밀었는데도 나는 몰랐다고 한다. (전문가의 팁: 당신이 ADHD라면 이 부분을 이해해 줄 뿐만 아니라 부리토까지 가져다주는 배우자를 만나려고 노력해 보길.)

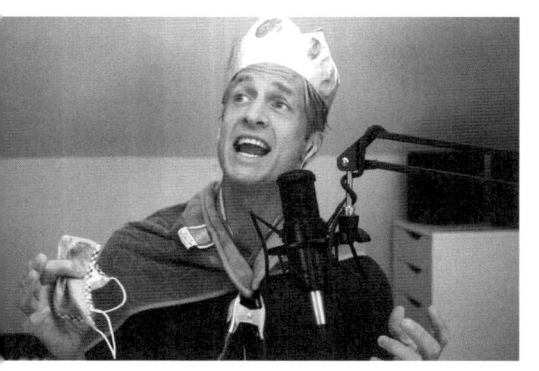

아내가 어느새 나에게 왕관을 씌우고 비치타월을 로브처럼 둘러 주고 갔다.

과집중할 때 느낌은?

과집중에 들어가면 의식 상태가 변하는 기분이 든다. 이때는 신체적인 신호나 온도, 시간 등을 인식하지 못하는데, 마치 몸에서 나오는 신호가 차단되는 것 같다. 배고픔, 피로, 엉덩이 가려움은 완전히 다른 몸에서 일어나는 것과 같다. 과집중을 발휘할 시점에 다다르면 그때부터 시간이 가지 않는 것 같으면서도 순식간에 지나간 것처럼 느껴진다.

할로웰 박사는 다음과 같이 말했다. "과집중이 보여 주는 대단한 아이러니와 매력은 본인이 이 상태를 전혀 알아채지 못한다는 것입니다. 자신이 과집중 모드에 들어갔다는 사실을 전혀 눈치채지 못한 채 집중한 대상과 거의 한 몸이 됩니다. 댄서에게서 춤을 분리할 수 있나요? 과집중하는 당신은 최고의 상태에 있지만, 자의식이 사라졌다는 것을 깨닫지 못하죠. 나중에 돌아보았을 때나 인식할 수 있습니다."

나는 과집중을 할 때야 비로소 머릿속이 명료해짐을 느낀다. 평소처럼 끊임없이 소음이 나오는 대신 머릿속 목소리는 아주 자신 있게 한 가지만을 말하고 있다. '다음에 해야 할 것은 바로 이 일이야. 그건 틀렸어. 이게 맞아. 앞으로 가, 그래그래, 계속해, 계속, 계속.' 이 상태에서 나의 뇌는 알겠어 모드가 기본으로 장착되어 있다. 머릿속에는 상상의 체크 리스트가 만들어지고 나는 마치 복수심을 불태우듯이 하나씩 해치우며 체크를 표시한다.

그러고 나면 완전히 지쳐 버린다. 마치 드라마 〈만달로리안〉에서 그로구가 초인적인 힘을 사용해서 무거운 것을 들어 올리는 것처럼 말이다. 이렇게 생명력이 고갈되면 잠시 밖에 나가 나무를 바라보며 평소의 나로 돌아오는 시간을 가져야 한다.

과집중의 단점

앞에서 언급한 믹싱 보드를 기억하는가? 과집중 모드로 들어가면 어떤 것이 주의를 끌든 우리와 연결된 단 하나를 제외한 다른 모든 스위치는 꺼진다. 그리고 그 스위치는 최고조에 이른다. 생산성에는 매우 도움이 되지만 변기가 넘치고 있거나 미용실 예약이 되어 있는 상태라면 문제가 된다. 나는 과집중 모드에 빠져서 방과 후 수업이 끝난 아이를 데리러 가는 것을 잊어 버린 적도 있다.

또 다른 단점은 너무도 깊숙이 토끼 굴로 들어가는 바람에 다른 사람의 아이디어를 제대로 받아들이지 못한다는 것이다. 사실상 내가 찾은 정보가 아니라면 받아들이기 어렵다. 때로는 이런 부분이 큰 문제가 되기도 한다.

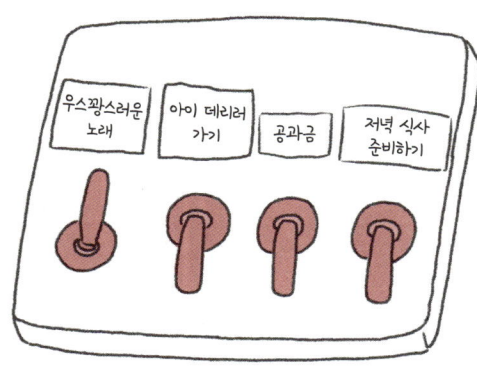

올랜도에서 폭스 뉴스의 스포츠 기자로 일할 때 처음으로 큰 승진을 한 적이 있다. 나에게는 정말 엄청난 일이었다. 전광판에 내 이름이 뜨다니! 드디어 완전히 파산한 주말 앵커에서 최소한 집 담보대출금은 갚을 수 있는 사람이 되었다. 승진한 지 일주일 뒤 자동차 경주 대회인 '데이토나 500'이 개최될 예정이었고 폭스에서 처음으로 이 장면을 중계할 예정이었다. 방송국에서 이번 프로젝트에 거는 기대는 엄청났다.

우리는 경기장 내부에서 경주 전과 경주 후의 내용을 담은 30분짜리 특집 방송 두 개를 계획했고 경주 전 방송분을 먼저 완성했다. 당시의 기분은 정말 최고였다. 나는 해냈다고 생각했고 이런 황홀한 기분은 경주가 끝나기 직전까지 이어졌다. 자동차 경주 대회에서 마이클 조던급으로 유명한 데일 언하르트가 켄

슈레이더와 부딪히기 전까지 말이다.

당시 우리는 이 모습을 우승자를 축하하는 공간에서 지켜보고 있었다. 언하르트의 차는 옆으로 꺾었고 미끄러지지는 않았지만, 곧장 벽을 향해 돌진했다. 당신이 카레이싱을 자주 보는 사람이라면 이런 충돌 사고도 경주의 일부라는 것을 잘 알 것이

저 멋진 가죽 재킷을 보라.

다. 그래서 사고는 충격적이긴 했지만 어쨌든 레이스는 끝이 났고 사람들은 우승자를 축하하며 샴페인을 뿌렸다. 그러나 그때 언하르트의 충돌이 일반적인 사고가 아니었다는 이야기가 들리기 시작했다. 언하르트는 병원으로 실려 갔고 사망했다는 발표가 나왔다. 정말 끔찍하고 비통한 사건이었다.

그리고 내가 했던 모든 작업 역시 무용지물이 되었다. 나는 방송을 다시 짜야 했지만, 아무도 경기장 내부로 들어올 수 없어서 프로듀서나 편집자에게 도움을 받을 수 없었다. 하는 수 없이 위성 트럭 기술자, 사진기자와 내가 전체 방송을 함께 짜야 했다. 나는 이들이 와서 주의를 끌기 전까지 편집 장비 앞에 앉아 몇 시간 동안 곧장 과집중 상태로 들어가 방송을 만들었다.

내가 방송을 시작할 때는 아마도 그동안 했던 방송 중에 가장 많은 시청자가 보고 있었을 것이다. 모든 정보는 내 머릿속에 있었고 모든 사람이 언하르트에게 무슨 일이 벌어졌는지 알고 싶어 했다. 나는 방송을 시작했다. "저는 이곳에서 직접 보았습니다. 이곳은 데일 언하르트 주니어가 사고를 당해 목숨을 잃은 곳입니다."

알아챘는가? 첫 1분은 무사히 넘어갔지만, 사람들은 모두가 나에게 '사람을 잘못 말했어요!'라고 소리쳤다. '데일 언하르트'라고 하지 않고 '데일 언하르트

주니어'라고 말한 것이다. 언하르트의 아들 주니어 또한 레이서였고 그날 경기에서 2위를 차지했다. 그는 당연히 살아 있고 아버지를 잃은 것에 슬퍼하고 있었다. 내가 다시 카메라 앞에 섰을 때는 혼란에 빠져서 마치 말을 잘하지 못하는 사람처럼 행동하고 있었다.

그 이후로는 완전 형편없었다. 얼마나 엉망이었는지 나도 느낄 정도였다. 다음 날 모든 아침 라디오 토크쇼에서는 엉뚱한 이름을 내뱉은 멍청이 이야기를 했다.

그 당시 완전히 과집중에 빠져서 스포츠계에서 정말 유명한 사람의 이름을 헷갈려 버렸다.

사실 나는 기록적인 시간 내에 그 사람을 기리는 훌륭한 영상을 거의 혼자서 만들었고, 이는 집중력이 뛰어나서 가능한 작업이었다. 그러나 나를 포함한 모든 이들이 그날의 실수만 기억할 것이다. 그러나 이런 실수에도 불구하고 과집중은 내 삶에서 엄청난 축복이다. 그러나 굳이 이런 실수를 함께 언급한 것은 그동안, 그리고 앞으로도 이런 특징 때문에 실수를 계속해서 유발할 수 있기 때문이다.

우리 부부가 과집중으로 100만 달러를 번 방법

2019년 아내와 나는 엄청난 경험을 했는데, <어메이징 레이스>라는 리얼리티 TV 쇼에 출연한 것이다. 이 프로그램을 잘 모르는 독자를 위해 덧붙이자면, <어메이징 레이스>는 두 명이 한 팀을 이루어서 세계를 돌아다니며 외국어로 노래 배우기, 혐오스러운 음식 먹기, 바위 아래 숨겨진 것 찾기 등의 육체적(때로는 정신적이고 감정적인) 도전을 정복하는 아주 유명하면서 힘든 도전 프로그램이다. 우리는 출전 전에 수영과 수동기어로 운전하기 등의 기술을 미친 듯이 연마했고 당시로서는 최상의 신체 컨디션을 만들었다. 자랑하는 것 같지만 우리는 나이가 어느 정도 든 사람들임에도 꽤 훌륭한 경쟁자였다.

경기를 시작하기 전에는 아내의 '세세한 부분에 집중'하는 능력이 많은 활약을 하리라 예상했지만, 막상 뚜껑을 열어 보니 이 레이스는 나의 ADHD 두뇌에 딱 들어맞는 것임을 알게 되었다. 한 달 동안 나는 꽤 격렬하게 도전적인 과제에 맞서야 했다. 내용은 모두 신선하면서도 어려웠고 개인적으로는 정말 흥미로웠다. 내 ADHD 두뇌가 좋아하는 음악과 같았다.

경기 후반부에 중요한 도전과제가 내려졌다. 사제가 열 명의 성인에 대해 강의하는 것을 모든 팀이 15분 동안 듣고 매우 비슷하게 생긴 사진 20장 중에서 다섯 장을 선택해 다섯 개의 질문에 답해야 했다. 평소라면 '딴 길'로 새지 말라고 말하기도 전에 내 정신은 다른 곳으로 갔겠지만 100만 달러가 걸렸기 때문에 집중력이 순식간에 발동되었다. 그때 나는 딴생각에 한번도 빠지지 않았다. 정확히 말하자면 그 반대였다: 나는 모든 것을 기억했다. 내용을 한번에 기억하고 테스트를 바로 통과했는데 다른 팀은 하지 못한 것이었다. 내 과집중은 승리를 위한 것이었다. 실제로 우승해서…, 100만 달러를 탔으니까.

우리가 우승을 직감한 순간

나만의 모험 선택하기

ADHD가 주는 세 번째 선물은 기존에 있는 것을 선택하지 않고 자신만의 삶을 설계하는 능력이다.

당신이 ADHD라면 자동비행장치로는 삶을 운전해 나갈 수 없다. 매일매일 과제 수행하기, 고등학교 졸업하기, 대학 가기, 사무직 일자리 얻기 등 예상 가능한 인생의 중요한 것들을 사실 우리는 부드럽게 해 나가지 못하는 경우가 많다. 이 모든 일을 처리하는 데 우리 두뇌는 다른 사람에 비해 엄청난 노력을 쏟아부어야 하니 정말 짜증 나는 일이 아닐 수 없다. 다른 사람들은 큰 어려움 없이 행복하게 하루를 보내는데, 왜 우리는 장애물을 마주해야 하는지 불공평한 일이다. 게다가 콜드웰 박사가 설명했듯, 우리의 두뇌는 애초부터 이런 일에 쏟는 에너지 양이 많지 않다. 요약하자면 이 모든 상황의 부당함에 당신이 화가 나는 것을 나는 충분히 이해할 수 있다.

하지만 잘 생각해 보자. 콜드웰 박사는 사회가 만들어 놓은 틀에 맞지 않는 면을 뒤집어 보라고 지적했다. 그러면 자신만의 틀을 새롭게 만들 수 있다. ADHD 뇌에 맞추기 위해 억지로 삶을 조정하는 게 아니라 이 뇌에 맞게 자발적으로 삶을 만들어 갈 수 있다는 말이다.

다른 사람들은 인생의 한 단계에서 다음 단계로 넘어갈 때 올바른 길을 가고 있는지 의심 없이 지나갈 수 있지만, ADHD인 우리는 관리에 많은 에너지가 필요해서 한 단계마다 더 깊이 생각하고 고려하려고 한다. 예를 들어, 대대로 의사 집안에서 태어났다고 가정해 보자. 주변 모든 사람이 당신 역시 의사 가운을 입으리라 추측할 것이다. 하지만 ADHD로 인해 몇 시간 동안 진행되는 강의를 견디지 못해 의과 대학이 맞지 않을 수도 있다는 점을 인정하면, 앞으로 겪을 수많은 마음고생과 번거로움을 줄일 수 있다. 죄송해요, 아버지, 어머니.

당신에게는 독특한 존재로 살아갈 기회가 있고 에클레르[3]인데 왜 틀에 박힌

---

3 디저트의 일종. 크림으로 속을 채우고 퐁당 아이싱을 덧입힌 길쭉한 모양의 슈 페이스트리.

쿠키처럼 살려고 하는가? 평범한 곳에 정착하는 대신 배를 타고 세계를 여행하는 건 어떤가? 한 회사에서 40년 동안 일해 금시계와 건초염을 얻는 대신 몇 년에 한번씩 직업을 바꾸어 보는 것도 좋다. 아니면 전통적인 교육을 거부하고 인생이라는 학교를 택할 수도 있다. 정해진 설계도를 따르지 않고 스스로 설계한 삶에는 가능성이 무한하다.

삶을 설계할 때 추가적인 노력을 쏟는 것이 얼마나 가치 있는지 이해하려면 집을 살 때를 떠올려 보면 된다. 물론 대부분의 사람이 하는 방식으로 집을 구하고 입주 준비가 완료된 형태로 집도 정할 수 있다. 페인트 색을 바꾸거나 새 가구를 구매하는 정도는 손이 가겠지만 기본적으로 이 집은 이전에 살던 사람과 같은 공간이다. 나중에 이 집을 내놓더라도 집 자체가 바뀌지는 않는다. 어쩌면 이곳은 거주하는 사람이라면 누구나 좋다고 느낄 험한 완벽하게 좋은 집일 수도 있다. 그러나 만약 토지를 매입해 직접 자신만의 집을 만들기로 결정했다면 그 결과는 그냥 괜찮은 집 이상이 될 가능성이 크다. 전통적인 집에서 큰 주방이라거나 멋진 앞 베란다 등, 원하는 것만 가져올 수 있다. 아니면 일 층에 킥복싱 스튜디오를 만들거나, 고양이를 위해서 벽을 따라 여러 장아물을 길게 설치하거나, 땅을 파고 유리 벽을 세워 대초원 들쥐가 굴을 파는 모습을 지켜볼 수도 있다. 어쨌든 당신은 더 많은, 사실 훨씬 더 많은 일을 해야 할 것이다. 그러나 결과는 매일 아침 일어날 때마다 활기차고 즐겁고 열정적인 삶을 살아가는 데 도움을 주는 집을 얻게 될 것이다. 당신은 기성 주택을 살 필요가 없다. 자신에게 최적인 집을 설계해 보는 건 어떨까?

당신에게 잘 맞는 직업

살아가면서 가장 크고도 힘든 결정 중 하나가 돈을 버는 방법을 찾는 것이다. 아쉽게도 직업이 제공하는 가장 흥미로운 부분은 제때 들어오는 급여인 경우가 많다. 하지만 ADHD인 사람에게는 충분하지 않은 요소다. 우리는 도전하는 일을 원하니, 뛰어난 능력을 발휘하기 위해서는 투자를 해야 한다.

잘 맞는 직업을 구하면 증상을 완화하는 데도 도움이 된다. 임상 심리학자이자, 워싱턴대학교 연구원이자, 시애틀 아동 병원 심리학 교수인 마가렛 시블리는 이렇게 말했다:

ADHD인 사람이 세부적인 업무가 많은 직장에서 일한다고 상상해 보세요. 그리고 사장은 직원을 다루는 기술이 매우 부족하고 업무 구조 자체도 제대로 구분하지 않는 사람입니다. 그런 환경에서 지난 한 달간 ADHD 증상이 얼마나 심해졌는지 물어본다면 그들은 할 말이 정말 많을 것입니다. 이제 이 동일 인물이 아주 빠르게 작업이 진행되는 직장에서 일한다고 상상해 보죠. 그는 동료들과도 잘 지내고, 일도 정말 재미있으며, 가정에서는 적극적으로 지원해 주고, 행복함을 느끼는 일을 찾았습니다. 그에게 증상이 관리되는지 물어본다면 한결 좋아졌다고 답할 것입니다. 이 두 가지 상황 모두 동일 인물에 대한 것이죠. 하지만 결과는 다릅니다.

콜드웰 박사는 강점이 돋보이고 매일 약점과 싸우지 않는 인생을 살아야 한다고 믿는다. 박사는 직업적인 부분을 포함해 직접 설계하는 삶을 따르기 위해, 쉽지는 않겠지만 자신에게 목표와 추구하는 것이 무엇인지 물어보도록 환자들에게 장려한다. '정말 당신에게 잘 맞는 것인가? 이 일은 내 두뇌가 자연스럽게 흘러가는 방향과 같은가?' 여기에서 아니라고 답이 나온다면 진로를 바꾸는 것을 고려해 보자. 반대로 뇌의 흐름과 함께 흘러갈 수 있는 무언가를 발견했을 때 '이 힘을 어떻게 활용할 수 있을까? 어떻게 하면 이런 경험을 최대한 많이 하도록 내 세상을 설계할 수 있을까'라고 자문해 보자.

어떤 아이들은 자신이 그리는 미래의 직업을 말할 수 있었겠지만, 나는 그런 아이가 아니었다. 어릴 때 나는 하고 싶은 일이 무엇인지 몰랐다. 그러나 적어도 하기 싫은 일은 확실하게 알았다: 종일 사무실에 박혀 일하기.

다행히도 어머니는 나의 창의성이라는 강점을 어떤 식으로 활용할지 직감적으로 알고 계셨다. 당시에 내가 전문 음악가가 되리라는 생각은 안 하셨겠지만, 곡을 연주할 때면 얼마나 생기가 넘치는지 잘 아셨기 때문에 내 생활의 모든 부분에 음악을 집어넣는 방법을 찾으셨다.

가장 감동적인 기억 중 하나는 열세 살 때 어머니가 신시사이저[4]를 사 주셨던 것이다. 사실 우리 집은 이런 사치스러운 제품을 사달라고 부탁할 수 있는 형편이 아니었다. 이 기계는 아주 비싼 물건이었고 우리는 그렇게 잘사는 편이 아니었기 때문이다. 내 기억으로 이 기계의 가격이 1395달러였던 것 같다. 큰돈이었지만 어머니는 충분히 그만한 가치가 있다고 생각하셨다. 나는 크리스마스 선물로 부모님께 이 기계를 받았다. 첫 음을 쳤을 때는 베이브 루스가 처음으로 배트를 손에 쥐었을 때의 감정 '바로 이거야'라는 깊은 느낌을 받았다. 나는 매일 이걸 가지고 놀았고 분명 부모님과 형은 매우 괴로웠을 것이다. 심지어 대학교 때 가입한 밴드(스티스 쿨리)에서는 이 신시사이저로 연주도 했다. 마침내 아내와

---

4 여러 주파수나 파형의 소리를 합성해 새로운 소리를 만들거나 저장된 음색을 사용자의 역량에 따라 전자적인 변조를 가할 수 있는 악기.

결혼해 뉴욕으로 이사할 때야 나는 이 기계와 작별 인사를 했다. 그러나 절대 신 시사이저를 잊지 않을 것이다. 사실 이베이에서 행운의 부적 용으로 구매해서 사무실에 둔 게 하나 있다. 어머니의 이 선물은 내 인생을 설계하는 데 있어 아주 중요한 도구 중 하나였다.

대학교를 졸업한 후 나는 아버지의 뒤(목사)를 잇기 위해서 신학교를 다닐 생각이었다. 그러나 신학교에 방문하면서 확실히 깨달은 게 하나 있었는데, 이곳은 오롯이 사색과 명상에 몰두하는 장소라는 것이었다. 어, 그렇다면 됐어요. 이곳에서 얼마나 비참한 생활을 할지 너무도 잘 알았다. 분명 훌륭하신 ADHD 목사님들이 많을 것이라 확신한다. 신학교를 거치신 분들께 경의를 표한다.

자신이 무엇을 해야 하는지 모르는 수많은 아이들처럼 법대에 들어가는 것을 고민한 적도 있다. 그러나 법대에 진학하면 길고도 지루한 책들을 수없이 읽고 대학교 때보다 훨씬 긴 시간을 강당에 앉아 있어야 한다는 사실을 알게 되자 이곳 또한 포기했다.

다음은 그 후로 10년간 시도해 본 일자리 목록이다. (별표가 표시된 것은 당시 누구도 시도하지 않은 일을 의미한다.)

- 스테이크 레스토랑에 있는 퀴즈 게임 장치 관리자*
- 건설 인부 (여담: ADHD인 대학생들에게 강력히 추천하는 일자리다. 건물이 어떤 식으로 세워지는지 정말 많이 배울 수 있는 시간이었다. 또한 체력도 좋아지니 일거양득이다.)
- 이탈리아 레스토랑의 웨이터/오페라 가수*
- 야외 익스트림 스포츠 영상 제작자/저널리스트*
- 직접 영상을 찍고 편집까지 하는 뉴스 진행자*

별표가 꽤 많지 않은가? 나에게 잘 맞는 대부분의 일이 내가 새롭게 만든 것이다.

10년 전, 아내와 나는 비약적인 도약을 위해 인터넷에 올릴 영상을 제작하는 회사를 설립하기로 했다. 그러니 직업 목록에 '온라인 아빠 패러디 작곡가/편집자/연주자'를 하나 더 추가할 수 있겠다. 우리가 올린 콘텐츠는 20억 회 이상의 조회수를 기록하는 멋진 결과를 냈고, 이런 성과를 거두는 데 ADHD(그리고 당연히 나의 멋진 아내)가 큰 역할을 했다고 자랑스럽게 말할 수 있다. 나는 영상을 제작하는 데 즐겁지 않으면 보는 사람 역시 지루하게 느낄 것이라는 걸 안다. 일반적인 뇌였다면 분명히 이 일을 제대로 할 수 없었을 것이다.

당신의 멋진 ADHD 뇌로 얻을 수 있는 일자리는 무궁무진하다. 그중 대부분은 몇 시간 동안 사무실에 갇혀서 하는 일들은 아닐 것이다. ADHD는 혁신적인 생각, 위험 감수, 에너지, 창의성을 보여야 하는 직업에 특화되어 있다. 배우, 콘텐츠 제작자, 기업가, 셰프, 소방관, 음악가 등을 생각해 보자.

삶의 모든 영역의 예상되는 길에서 발을 떼어 보자. 당신의 두뇌가 가장 잘해낼 만한 것을 선택하자. 현재를 살아가는 당신의 소중한 인생을 위해 창의적으로 바꾸어 보는 것이다. 다른 사람들을 마냥 따라 할 필요 없이, 표준에서 벗어나 자신의 길을 나아가는 것이다. **기본 설정 따위는 무시하자.** ADHD와 함께하는 인생은 타인이 당신에게 기대하는 것과는 다를지 몰라도, 지금보다 훨씬 훨씬 더 나을 것이다. 그리고 그것이 바로 당신이 원하는 것일지도 모른다.

창의성, 과집중, 인생을 스스로 설계할 수 있는 능력이 ADHD 뇌로 인한 어려움과 좌절감을 상쇄할 수 있다는 것은 행운이다. 그러나 이런 장점들은 ADHD인 당사자에게만 국한되어 이익을 주는 것은 아니다. 다음 장에서 우리는 ADHD가 어떻게 주변 사람들의 생활도 윤택하게 하는지를 살펴보도록 하겠다.

10장
다른 사람들을 도와주는 ADHD

하루에 얼마나 많이 가족들에게 "미안"이라고 말하는지를 떠올리면 가끔 이런 내가 그들에게 짐이 되는 게 아닌가 하는 생각이 들 때가 있다. 하지만 우리 가족은 ADHD가 자신들의 삶에도 긍정적인 영향을 준다고 말해 주는 좋은 사람들이다. 그러면 이제 우리의 특성이 주변 사람들에게 어떤 기쁨을 주는지 그중 몇 가지를 알아보도록 하자.

공감-아름다운 부산물

세상은 두 가지 그룹으로 나눌 수 있다: 허리를 삔 적 있는 사람과 아닌 사람. 당신이 한번도 허리를 삔 적이 없다면 발가락을 모서리에 찍힌 정도의 수준이지 않을까 추측할 것이다. '그래, 알고 있어. 아프긴 하지만 이제 바닥에서 일어나야지. 우리에겐 살아가야 할 인생이 있잖아.' 그러나 허리를 삐끗해 본 적 있는 사람이라면 몇 시간, 심지어 며칠을 끔찍한 고통에 시달려야 하고 거의 움직이지 못할 정도일 것으로 생각한다. 이렇게 허리를 다쳐 본 사람은 절대 허리를 삐끗해서 아파하는 사람에게 물을 가져다 달라거나 문을 열어 달라고 부탁하지 않을 것이다. 똑같이 고통스러운 경험을 해 본 자는 놀랄 정도로 동정심을 잘 갖는다.

이는 ADHD에도 적용된다. 우리는 어려움을 겪는다는 것이 어떤 의미인지, 일상적인 일을 해결하려고 하는데 도저히 그게 안 될 때 느끼는 깊은 좌절감을 매우 잘 알고 있다. 매일 증상과 부딪히면서 다른 사람의 어려움에 깊이 공감하게 되는 것이다. 누군가 힘든 시간을 보내는 모습을 보면 "휴, 정말 힘들어 보이시네요. 이런 모습을 보니 마음이 아픕니다"라고 하지, 다가가서 정신 차리고 다시 일에 집중하라고 이야기하지 않는다. 타인의 고통을 아주 깊이 이해하는 부분 덕분에 우리는 주변에 정말 좋은 친구들을 만들 수 있다.

아내는 공감 능력과 동정심이 놀랄 정도로 많고 깊다. 심지어 세계 곳곳에서 일어나는 홍수 기사를 읽고 몇 시간 동안 그 감정에 동화되기도 했다. 그러나 나의 공감 능력과 동정심은 누군가 매우 쉽게 할 수 있는 일을 제대로 못 해서 힘들어할 때 훨씬 크게 나타난다. 나는 이 부분을 깊게 이해하는 것이다. 또한 심한 우울증이나 불안장애 같은 증상을 달고 사는 것이 얼마나 힘든지도 깊게 이해한다. 이런 증상이 일상생활에 어떤 식으로 영향을 주는지 알기 때문이다. 당신이 이로 인해 힘들다면 나는 충분히 공감할 수 있을 것이다.

또한 나는 통제하지 못할 정도로 큰 소리를 지르는 것이 다른 사람을 방해하고 싶은 생각에 일부러 하는 행동이 아니라는 사실을 경험으로 알고 있다. 심지어 비행기에서 마구 생떼를 부리는 아이라도 말이다. 그냥 어쩔 수 없이 그러는 것뿐이다. 그래서 부모를 보고 '저는 이해해요. 당신은 잘하고 계신 거예요'라는 표정으로 바라보려고 노력한다. 누군가 학교에서 어려움을 경험할 때, 또는 사회적으로나 육체적으로 하기 힘든 일 등을 경험할 때 거기에 굴복하지 않으려고 노력하는 그들의 내면에서는 얼마나 큰 힘을 쓰고 있는지를 알기에 깊은 존경심을 가지고 있다.

이런 성격이 결혼에도 크게 작용했다. 당신이 혹시 〈어메이징 레이스〉에 나온 아내와 나를 영상으로 봤거나, 우리 팟캐스트를 들어 봤다면 멋진 내 아내가 걱정이 많은 타입이고 완전히 내향적인 성격임을 알 수 있을 것이다. 걱정이 많은 성격이 어떤지는 이미 잘 알고 있겠지만, 내향적인 성격은 흔히 알려진 것과 조금 다를 수 있다. 나도 아내와 결혼하기 전까지만 해도 단순히 부끄러움이 많은 정도라고만 알고 있었다. 그러나 아내는 부끄러움이 별로 없다. 자신감 있고 재미있으며 주변인들을 기분 좋게 하는 능력이 있다. 아내의 내향성은 다른 사람과 함께 있는 시간이 길어질수록 내성적인 성격이 짙어지는 특징이 있다. 외부 모임을 하고 집에 온 날이면 아내의 에너지는 완전히 소모되어 있다. 우리가 처음 데이트했을 때는 누군가와 사회적 만남을 하는 게 그런 식으로 아내에게 영향을 주는지 전혀 몰랐다. 당시는 사랑에 빠지게 하는 호르몬의 폭풍 속에 갇혔던 때라 나는 다른 사람들과 다 함께 모임을 갖는 것이 아내의 에너지를 완전히 뺏는 행동임을 눈치채지 못했다. 우리가 (아버지와 함께) 결혼 상담을 받았을 때 걱정이 많은 성격과 내향성이 아내의 DNA에 입력된 일부라는 사실을 알았다.

아내는 자신의 성격들이 일상생활에서 어떤 영향을 주는지 설명했고 나는 그제야 이해했다. 나 역시 ADHD로 인한 많은 경험 덕분에 아내가 정신적으로 겪는 문제를 단순히 '그냥 밀고 나가'라는 식으로 해결되지 않는다는 것을 잘 알았고, 아내를 어떻게 도울지도 어느 정도 알고 있었다. 첫 번째 단계는 실제로 힘들어하는 부분을 확인하는 것이다. (비록 나에게는 별로 힘들지 않은 일이라 할지라도.)

킴이 남긴 메모

남편은 정신 건강 문제로 힘들어하는 부분에서는 정말 이해심이 깊다.

세상이 마치 수많은 위협으로 진동하는 것처럼 느껴져서 걱정이 너무 심해질 때 나는 이렇게만 말하면 된다. "여보? 특별한 이유는 없는데 두려움이 느껴져서 미치겠어." 그러면 남편은 내가 할게 모드로 바뀐다: "그래, 알겠어. 내가 아이들 데려오고 저녁도 할게. 또 뭐 해 줄 게 있어?" 남편은 빠르게 부모로서 해야 할 일이나 작업을 모두 맡아 준다.

몇 주 전 토요일 밤, 우리는 정말 사람으로 가득 한 파티에 참석하게 되었다. 그곳의 분위기는 좋았지만 사람 간 간격이 너무 좁아서 재앙으로 향하는 생각들로 불안감이 채워지기 시작했다. 이러다가 코로나바이러스에 감염되는 건 아닐까? 핼러윈 축제 때 서울에서 가여운 사람들에게 벌어졌던 사고가 일어나면 어떡하지? 화재 위험을 경계해야 하나? 남편의 뇌가 다른 사람과 30분 동안 집중하면서 시선을 맞추고 대화를 나누지 못하게 하는 것처럼, 나의 뇌는 사람들로 가득한 방에서 제대로 대화를 이어 가지 못하게 했다. 이 파티는 내가 받아들이는 정도를 넘어서게 너무나 외향적인 분위기였다. 한 시간도 채 지나지 않아 한계에 부딪혔다. 못 견디겠어. 그러고는 한 무리의 가운데에서 모두를 웃기고 있는 남편을 바라보았다. 이게 바로 남편의 성향이다. 남편은 낯선 사람들 사이에 풀어놓고 그냥 두면 된다. 하지만 남편은 소수만 눈치채고 이해할 수 있는 상태 역시 잘 아는 사람이기 때문에 곧장 다가가서 이렇게 말했다. "나 가야겠어…." 그러자 남편은 바로 코트를 챙겨서 함께 집으로 왔다. 남편은 이에 대한 어떠한 판단도 내리지 않는다. 어쩌면 내가 배고파서 그런 건지 수동공격 같은 질문조차 하지 않는다. 그냥 나를 지지해 줄 뿐이다.

나는 누군가 혼자라는 기분을 덜 느끼게 만들 때 정말 기쁘다. 모든 사람은 자신의 쓸모를 인정받고 존중받고 싶어 한다.

우리가 정말 잘하는 활동

ADHD인 사람들은 진심으로 다른 사람을 돕기를 원한다. 우리는 힘을 보태고 싶지, 뭔가를 시작해서 반쯤 마무리한 채 끝내고 싶지 않다. 그냥 이런 마음이 자연스럽게 든다.

만약 당신도 도와주고 싶지만, 사람들을 실망시킬까 봐 걱정된다면, 강점을 이용하는 방법으로 도우면 된다. 우리는 쉽게 산만해지지만 일단 하면 매우 열정적으로 한다. 해야 할 일이 명확하게 정의되어 있고, 여러 가지 복잡하면서 불확실한 단계로 구성되어 있지만 않다면 잘 해낼 수 있다. 또한 정신적으로 여유가 있고 하나의 일을 시키되 여러 가지를 한꺼번에 부탁하지 않는다면 잘 해낼 수 있다.

다른 사람을 도와줄 때는 여러 방식 중에 하나만 선택해야 한다. 예를 들어, 파티를 준비한다면 모든 사람의 이메일 주소를 수집해 온라인 초대장을 보내는 지루한 작업은 맡지 마라. 또한 10여 개의 식당에 전화를 걸어서 이용 가능한지 문의하는 일도 적절치 않다. 전화에만 몇 시간을 매달려야 하니까. 이런 일보다는 얼음을 가져오거나 파티가 끝난 후 재활용품을 버리는 일을 맡자.

전문가의 팁을 하나 더 공유하자면, 부탁을 받을 때는 첫 번째 일을 마무리한 후에 받아야 훨씬 더 쉽게 일을 끝낼 수 있다. 내가 설거지를 하고 있는데 아내가 쓰레기 좀 버려 달라고 하면, 쓰레기는 버리겠지만 다시 주방으로 돌아오지 못할 수도 있다. 차고 앞 도로에 금이 간 것을 발견하거나 이웃을 만날 수도 있으니까. 그러니 처음 작업을 끝낸 후에 다음 요청을 받는 게 낫다. 아니면 오래 걸리면서 방해받지 않는 일을 맡는 것도 좋다. 예를 들어:

1. 뭔가를 조립하는 일. 설명이 잘 된 설명서대로 작업을 하면 한 단계씩 마무리할 때마다 도파민이 분비된다. 하나씩 넘어갈 때마다 목록에서 지워야 하는 항목이 생기기 때문이다. 그리고 무언가를 제자리에 끼워 넣을 때는 마치 '잘했어!'라는 만족감을 주고 다음 단계로 나아가게 한다. 심지어 그 친절하지 않다는 이케아 조립 설명서가 무엇을 의미하는지도 알아낼 수 있다.

2. TV 앞에서 빨래 개는 일. 간단하고 명확하게 완료할 수 있는 임무다: 아무렇게나 놓인 이 섬유 무더기를 가지고 깔끔한 형태로 접어서 쌓기. 정말 쉽다. 빨래를 갤 때 개는 행위를 생각하지 않아도 되니까 미식축구를 보거나 〈30 Rock〉(역대 최고 속도의 프로그램 중 하나라서 ADHD인 사람에게 안성맞춤이다) 재방송을 보면서 할 수 있다.

3. 잡초 뽑기나 침입성 식물 공격하는 일. 나는 사냥을 하지는 않지만 최근 원초적인 사냥꾼 DNA가 깨어났다. 우리가 이사 오기 전에 살던 집주인이 옆 뜰에 등나무를 심었는데, 나무에서 흘러 내려오는 보랏빛 꽃들의 모습이 아름다우리라 생각했던 듯하다. 그러나 현실은 이 가지들이 다른 작은 나무들을 타고 올라가 조이는 바람에 나무들이 시들기 일보 직전이다. 그러면서 뿌리는 땅속으로 뻗어 내려가 아주 무서운 네트워크를 만들고 있었다. 이 모습은 흡사 마당에 공상과학 영화가 펼쳐진 것과 같았다. 그래서 나는 이 침입자들의 행동을 막는 데 완전히 빠져 버렸다. 이 식물과 싸우는 일은 성향에 딱 맞았는데, 특히 길이가 약 3미터나 되는 외계 생명체 같은 메인 뿌리를 뽑아낼 때 더욱 그랬다. 쉬운 작업은 아니었다. 한번에 다 할 수 없어서 어떨 때는 삽과 정원용 가위를 거기에 두고 다음번에 다시 작업을 이어서 해

야 했다. 하지만 일단 시작하자 〈인디펜던스 데이〉의 윌 스미스가 된 것처럼 몇 시간 동안 사투를 벌였다. "오, 안돼, 지금 나한테 그 녹색 ㅁ%$f 쏜 거야!"

4. 그림이나 미술 작품 거는 일. 예상을 빗나갔을 수 있지만 거대한 벽에 완벽하게 그림을 걸어야 하는 일은 당신에게 딱 맞는 작업일 수 있다. ADHD 뇌는 문제해결을 즐긴다. 수학 문제, 기하학 문제, 때로는 스터드[1]를 찾는 문제(스터드의 또 다른 의미인 멋진 남자 찾는 문제가 될 수도 있다) 등이 있고 이들은 생각보다 도전적이라 두뇌를 계속해서 몰입하게 한다.

5. 파티장 청소일. 나는 쇼핑, 요리, 선물 구매 또는 포장을 잘하지 못한다. 하지만 바닥에 떨어진 포장지를 모으거나 저녁 식사 전 가볍게 술 한 잔씩 한 후 비워진 잔을 치우는 일 등을 맡으면 잘 해낸다. 나보고 스무 명이 참석하는 추수감사절 모임에 사용했던 접시를 모두 설거지하라고 하면 즐겁게 할 수 있다. 이 일은 다른 것에 방해받지 않으면서 그 모임의 즐거운 분위기까지 함께 즐길 수 있으니 말이다!

킴이 남긴 메모

ADHD인 배우자와 함께하는 것이 나쁘지 않은 이유 열 가지

나는 남편의 ADHD가 우리의 계획에 초를 칠 때마다 다큐멘터리 영화 촬영 카메라를 보고 "이거 보이시나요?"라고 말하는 상상을 할 때가 있다. 하지만 전반적으로는 남편의 ADHD가 마음에 들지 않을 때보다 우리 삶에 기쁨을 선사할 때가 더 많다고 생각한다. 이런 배우자 덕분에 ADHD가 없는 누군가와 함께 있을 때보다 훨씬 더 흥미로운 생

---

[1] 벽 속 나무 기둥.

활을 하고 있다.

1. 외향적인 에너지. ADHD인 사람 모두가 외향적이지는 않지만, 남편은 100퍼센트라 자신한다. 보통 내향적인 사람은 떠들썩하고 활기찬 에너지의 외향인에 중력처럼 끌린다. 내 어깨에 짊어진 수많은 사회적 짐을 덜어 주는 느낌이다. 혼자 행사에 참석해야 할 때면 소파에 눕고만 싶은 몸을 일으키기 위해 속으로 격려의 말을 해야 한다. '다른 사람들에게 뭐라고 말해야 하지? 아 그냥 집에서 SNS나 하면서 보내고 싶다.' 하지만 남편과 함께라면 모르는 사람이 가득한 방에 들어갈 때 전혀 두렵지 않다. 남편과 남편의 ADHD 뇌가 내 옆에 함께한다면 대화를 이끌 걱정을 할 필요가 없기 때문이다. 남편에게는 모임의 주인공이 될 끝없는 에너지가 있다. 순간의 정적이 있더라도 알아서 적절한 농담을 하거나 재미있는 이야기를 꺼낼 것이다. 그러면 나는 편안한 마음으로 그 분위기를 즐기기만 하면 된다.

2. 즉흥적인 파티 플래너. 남편에게 비가동 모드는 없다. 언제나 움직인다. 마치 흔들어서 자가전력을 공급하는 손전등처럼 끊임없이 움직이는 것 자체로 더 많은 에너지가 생성된다. 날씨가 완벽한 오후, 남편은 거의 아무것도 하지 않은 채 시간을 낭비하지 않는다. 그러면 **비 오는 토요일**은 어떤가? 실내 장애물 경기를 하기에 완벽한 날이다. 이번 주말에 계획이 없을 때는? 해변으로 드라이브를 간다. 남편의 ADHD 뇌는 지루함을 느끼기 시작하면 합선을 일으킨다. 나는 ADHD인 배우자와 함께해서 훨씬 풍부하고 즐거움이 넘치는 생활을 하고 있다.

3. 끝없는 엔터테이너. 나는 정말 좋아하는 수많은 연예인이 ADHD라는 사실이 밝혀지더라도 놀라지 않을 것이다. 당연히 남편도 스포트라이트에 열광하기 때문에 집에서 끊임없이 웃음을 자아내고 우리는 그 혜택을 누리고 있다. 남편과 사귀기 시작한 때쯤 커플로 처음 함께 간 곳은 친구들이 모인 술집이었다. 그곳에서 남편은 "이 쿼터 달러 동전 네 개를 콧구멍 한쪽에 넣을 수 있다고 장담하지"라고 말하면서 나를 유혹하려고 했다. 정말 로맨틱하지 않은가? 그리고 실제로 동전을 꼽았다. 자, 여자분들은 저리 가세요. 남편은 이제 제 것이에요.

저도 이런 일은 처음이네요

가족이 모인 저녁 식사 시간이면 항상 남편이 만든 특이한 게임을 한다. 하루는 톰이 들어간 유명인의 이름을 최대한 많이 말하기 게임을 개발했다.

나도 재미없는 사람은 아니지만, 그래도 남편이 이 자리에 없었다면 저녁 식사는 매우 다른 분위기였을 것이다.

남편이 콧구멍에 동전을 넣은 지 20년이 지났지만, 힘든 순간이면 여전히 나를 웃길 방법을 찾는다. 하루도. 빠짐. 없이.

톰 이름 대기 게임

재미로, 1분 안에 내가 아는 톰 이름을 다 말해 보겠다:

톰 델른지   톰 브래디   톰 크루즈   톰 (제리의 친구)
톰 행크스   톰 홀랜드   톰 소여   톰 셀렉
톰 에디슨 (친구들은 그를 톰이라고 불렀을 것 같아서 말해 보았다.)

이제···, 시간 끝!

—펜

---

4. 정리에 소홀해도 괜찮아. 남편은 지저분한 걸 자각하지 못한다. 이는 마치 냄새를 못 느끼는 것과 같은데, 단지 집에서 나는 냄새에 적응해 그런 게 아니라 난장판인 집 안 자체를 제대로 인지하지 못하는 것이다. 그래서 어질러져 있어도 그냥 보지 못한다. 열려 있는 서랍, 여기저기 흩어진 양말, 오래된 미니 골프 점수판, 자동차 엔진 오일 교체 후 받은 영수증, 다 마신 스무디 컵 등, 이 물건들은 "나는 여기 속한 게 아니니 적당한 자리를 만들어 줘"라고 말하며, 남편의 두뇌를 깨우는 존재에 속하지 않는다. 그래서 내가 원하는 것보다 훨씬 더 집안은 지저분하다. 이런 엉망인 모습이 보이는 사람은 우리 집에서 나뿐이니까. 그러나 장점도 있다. 내가 뭔가를 잃어버리거나, 집안을 치우지 않거나, 완전히 엉망으로 만들어도 남편은 절대 불만을 표시하지 않는다.

5. 과집중, 최고다. 아마 조금 놀랄지도 모르겠지만, 나는 세부적인 부분을 잘 다루지 못한다. 안다. 나도 알고 있다. 모두들 내가 남편의 격렬한 에너지를 분출하는 성격의

반대되는 유형일 것으로 추측한다. 꼼꼼하게 일을 처리하는 것을 즐기는 그런 사람 말이다. 그러나 사실 나는 서류 작업을 정말 싫어한다. 문서화하는 작업을 할 바에는 차라리 약 38도의 날씨에 그랜드 캐니언을 마실 물 없이 걷는 편이 낫다. 반대로 남편은 과집중 능력을 발휘해 몇 주 분량의 서류 작업을 반나절 만에 끝낼 수 있다.

6. 풍부한 창의성. 우리 부부는 지난 10여 년 동안 1000개 이상의 영상을 만들었다. 순수하게 즐거움을 유발하도록 만드는 것이 목표이기 때문에 정말 웃긴 영상들이 많다. 그러나 그 과정에는 수많은 작업이 포함되어 있다. 아이디어를 내고 또 내는 일은 시작에 불과하다. 아침에 일어나 오늘은 우물이 말라 버리는 것은 아닐까 걱정하는 날도 있지만, 우리의 우물은 영원히 마르지 않는다. 남편은 천재적인 창의성을 가지고 있으니까. 남편은 현재 이슈인 뉴스 헤드라인을 따거나, 인기 있는 주제에 착안해 이 내용을 팝송과 결합해 완전히 새롭고 유쾌한 방식으로 결과물을 종종 만들어 내는데, 그럴 때마다 늘 놀라움을 금치 못한다.

7. 끈질김의 힘. 대부분의 사람이 쉽게 할 수 있지만, 남편에게는 완수하기 꽤 어려운 것들이 있다. 남편의 호기심은 끝이 없으나, 책을 읽거나 심지어는 긴 기사의 수많은 활자를 마주해야 할 때는 완독하는 데 오랜 시간이 걸린다. 어렸을 때 독서와 관련된 학교 숙제를 할 때면 같은 반 친구들보다 시간이 두 배 이상 걸렸다고 한다. 그렇게 고군분투하며 끈기 있게 버티는 법을 배웠다. 마치 무거운 것을 들다 보면 여기에 근육이 생기는 것처럼. 계속해서 나아갈 힘의 원천이 내면에 존재해서 일이 제대로 풀리지 않을 때도 포기하지 않는다. 그 내면의 힘은 내가 아는 사람 중에서 가장 열심히 일하는 사람으로 바꾸어 놓았고 파트너로서도 좋은 자질을 갖추게 했다.

8. 관점 전환자. 남편은 항상 뭔가를 배울 때 다른 사람들과는 다른 방법을 찾아야 했고, 하나의 기술을 숙련할 때도 새로운 방식으로 접근해야 했다. 이런 식으로 항상 다른 방향을 좇다 보니 세상을 다양한 관점으로 보게 되었고, 그로 인해 놀라울 정도로 개방적인 사고를 갖게 되었다. 나 역시 이런 사고방식을 지향하지만, 정치적으로 격변하는 이 시대의 많은 사람처럼 한가지 방식이나 의견에 갇히는 경향이 있다. 그래서 생각이 정해지면 그 마음은 마치 마른 콘크리트처럼 단단하게 굳는다. 잭 해머를 사용하지 않고서는 바꾸지 않을 것이다. 남편은 우유부단한 사람이 아니다. 자신만의 의견은 있지만 다양한 관점을 마음과 머릿속에 받아들이는 데 능숙하다. 그동안 유연한 학

습 접근 방식을 길러왔기 때문이 아닐까. 그는 더 많은 정보와 다양한 관점을 흡수하는 것을 중시하고 이런 부분에서 영감을 받는다.

9. 타고난 의사소통 전문가. 남편과 나는 세계 곳곳에서 열리는 다양한 콘퍼런스와 컨벤션에서 바이럴 영상 제작, 코미디, 소셜미디어의 힘에 대한 주제로 강연해 주길 요청받은 적이 있었다. 나는 모든 내용을 미리 다 적어 두고 수없이 리허설을 해 대본에 쓰인 대로 연설을 하고 싶었지만, 남편은 대본을 거의 쳐다도 보지 않고 자신 있게 무대 앞으로 나갔다. 남편은 사람들 앞에서 말하는 것을 정말 좋아한다. 더 많을수록 좋아한다. 무대에서 즉흥적인 순간을 연출해야 하는 도전을 즐기고 그만한 잠재력도 있다. 그 결과 우리의 프레젠테이션은 미리 준비된 내용을 조심스럽게 전하는 대신 생동감 있고 때로는 재미있는 실수가 가득한 강연으로 마무리되겠다.

10. 전환의 힘. 남편은 흐름을 따라가는 능력과 재빨리 방향을 전환하는 능력 모두를 가지고 있다. 만약 곡이나 대본이 생각처럼 제대로 나오지 않을 때 남편은 실패감에 빠지거나 이미 엎질러진 우유 신드롬(벌써 여기에 이렇게도 큰 노력을 쏟아부었는데…)에 빠지지 않고 바로 방향을 전환할 수 있다. 남편은 즉시 이전 아이디어를 버리고 미래를 향해 완전히 생각을 바꾼다. 어떻게든 오래된 아이디어를 써 보려다 진전이 안 되는 상황에서 바로 벗어나 새로운 해결책을 떠올리는 것이다. 그러면 나는 그 작업에 집중해 항상 하는 방식에 맞추어서 작업을 이어간다. 남편이 변화를 가장 먼저 제안하고 유연하게 대처해 결과물을 만들면 훨씬 더 새롭고 신선한 작품이 완성된다.

예전에 보드게임을 하나 새롭게 만들어서 미국 소셜 펀딩 사이트 킥스타터에 판매한 적이 있다. 판매량은 정말 높았지만, 문제는 이 게임이 너무 무거워서 벌어들이는 돈이 운송비로 대부분 나가는 것이었다. 이런 멍청한 실수를 한 것에 나는 매우 자책했다. 몇 주 동안 그 짜증에 시달릴 각오를 했지만, 남편은 수익을 한번 보더니 "좀 더 작게 만들자"라고 한마디했다. 그리고 다시 작업에 착수했다. 남편이 아니었다면 아직도 힘들어했을지도 모른다.

고마워, 여보! 이렇게 칭찬해 주니 좀 부끄럽네. 얼굴이 빨개졌어, 보여? ADHD와 함께하는 인생은 쉽지 않지만 나쁘지도 않다. 최고의 삶으로 이끌어 줄 방법들은 존재하며, 당신이 활용해 볼 전략들을 이용해 변화를 만들 수 있다. 후반부에서는 ADHD와 함께 만족스러운 생활을 영위하기 위해 기술을 습득하는 방법과 삶을 어떤 식으로 구성할지를 알아보도록 하자.

3부

ADHD와 함께 번영하기

> 드디어 3부에 도착했습니다. 여러분!
> 비소설 분야 책을 이렇게 오래 읽은 적이 있나요?
> 당신이 정말 자랑스럽네요….
> —펜

이 파트를 쓰려고 책상 앞에 앉았을 때 처음에는 제목을 'ADHD와 함께 생존하고 번영하기'로 지으려고 했다. 그러나 다시 생각해 보니 ADHD와 생존하는 것이 곧 번영하는 것이란 사실을 깨달았다. 자신의 두뇌 기능과 맞지 않게 설계된 세상에서 좌절감에 무너지지 않고 하루를 무사히 보낸 사람이라면 누구나 하이 파이브 또는 가슴을 서로 부딪치는 방식으로 큰 격려를 받을 자격이 충분히 있다. 그러나 하루하루를 버텨내는 것만으로 만족하면 안 된다. 실수에 좌절하지 않으려고 애쓰는 것보다 더 많은 것을 누릴 자격이 있으니까. 당신은 즐거운 마음으로 아침에 눈을 떠서 유일무이한 재능과 재주를 세상과 나눌 자격이 충분하다. 번영할 자격이 충분히 있다.

이 책을 작업하면서 가장 마음에 드는 인용문 중 하나는 미국 아동·청소년 임상 심리학회 협회장이자, 메릴랜드대학교 심리학 교수인 안드레아 크로니스 투스카노 박사가 한 말이다. 박사는 "ADHD라는 질환에서 정말 긍정적으로 바라볼 수 있는 부분은, 우리가 도울 방법이 아주 많다는 것입니다. 치료하기 훨씬 어려운 질환은 수없이 많습니다. 하지만 ADHD인 사람들은 상황만 제대로 갖춘다면 정말 잘해 나갈 수 있습니다. **이들의 성장 궤도는 놀라울 정도로 멋져서** 함께 하는 과정이 정말 즐겁습니다.

나 역시 이런 멋진 궤도의 엄청난 팬이다. 투스카노 박사가 옳았다. ADHD는 존재하는 질환이고 다루기 쉽지 않지만, 전략을 잘 활용해 두뇌와 세상이 조화(나는 조화란 단어의 엄청난 팬이기도 하다)를 이룬다면 감히 장담하건대 대단한 결과가 나올 것이다.

ADHD를 관리하는 일은 마라톤 훈련을 하는 것과 비슷하다. 엄청난 노력과 헌신이 필요하고, 사람들이 이 질환에 관한 이야기를 하기 싫어하는 것도 수용할 마음가짐이 필요하다. 하지만 충분히 해 나갈 수 있는 일이기도 하다.

3부에서는 당신의 놀라운 두뇌와 싸우는 게 아니라 잘 활용할 전략, 기술, 접근 방법, 요령을 소개할 예정이다. 분명 한번에 바로 되지는 않겠지만, 꾸준히 해 나간다면 충분히 좋은 결과를 누릴 수 있을 것이다.

자, 가 보도록 하자.

11장
제대로 된 장비

현재의 ADHD 증상을 장애로 판단했던 18세기 후반 이후로 사람들은 행동에 대한 치료법을 찾으려고 노력했다. 당시 이 질환으로 고통을 겪던 불행한 사람들의 증상을 완화하려고 꽤 얼토당토않은 치료법을 종종 사용했는데, 여기에는 고립시키기, 약초나 상한 우유 먹이기, 말 태우기 등이 있었다. 그러니 다음에 현대식 치료법에 불만(나 역시 엄청난 불만을 품고 있다)이 생긴다면 건국 초기쯤에 살았던 ADHD 환자들이 어땠을지 생각해 보자.

20세기가 되자 치료법이 어느 정도 개선되었지만 그렇다고 훌륭할 정도는 아니었다. 20세기의 일부 전문가들은 ADHD 아이들의 자극도를 감소시켜 보자고 제안했다. 교실에 자극이 될 만한 부분을 최대한 적게 두도록 했고, 선생님들은 밝은색이나 화려한 장신구

를 하지 않고 무난한 옷을 입도록 했다. 당연하게도 평범하게 꾸민 선생님들이 ADHD 학생들의 증상을 완화하지는 못했다. 1980년대가 되어서야 과학계에서 현대에까지 이어지는 최상의 방법들이 나타났다: 다면적인 약물 접근 방식이나 행동학적 개입, 또는 두 가지를 혼합한 방식이다.

이보다 더 최악일 수 있는가

내 생각에 과거 ADHD 환자들은 오히려 이런 치료법에 대해 심하게 불만을 품지 않았을 것 같다. 다른 질병에 쓰이는 끔찍한 치료보다는 그렇게 나쁘지 않았기 때문이다. 예를 들면:

- **코피 치료법:** 뜨겁게 달구어진 쇠꼬챙이를 코에 꽂기
- **낭종 치료법:** 시체 손 만지기
- **변비 치료법:** 수은 섭취(독성이 매우 강한 물질이다)

대표적인 두 가지 치료법

약물 치료

시작하기 전에 우선 명확한 사실 한 가지를 알려 주고 싶다: 나는 의사가 아니다. 나는 절대, 절대 의사가 아니다. 같은 말만 반복해서 지겹겠지만 마지막으로 한번 더 말한다: 나는 의사가 아니다. 의학에 대해 전문적으로 배운 적도 없고 심지어 의사들이 나오는 TV 프로그램도 본 적이 없다. 그래서 약물에 대해서 내가 할 수 있는 최선의 조언은 이 약들이 당신에게 잘 맞을지 확인하기 위해 실제

의사들을 만나라는 것이다. (많은 사람에게 효과가 있는 약물들이다! 단지 내게는 맞지 않았을 뿐.)

의학 박사 vs 펜 홀더네스

의학 박사	펜 홀더네스
고급 학위 소지자로서 고등학교 졸업 후 최소 8년 이상의 교육과정을 이수한 자	학사 학위 소지자로서 고등학교 졸업 후 4년간 교육과정을 이수한 자
다년간의 임상 경험	다년간의 패러디 송 작곡 경험
다수의 ADHD 환자 진료 경험	한 명의 ADHD 환자에 대한 전문성(나)
ADHD와 관련된 모든 동반 질환(두 가지 이상)을 말할 수 있다	브로드웨이 오리지널 〈오페라의 유령〉의 캐스팅 인원의 이름을 말할 수 있다.
ADHD일 수 있다	ADHD다

나 역시 증상을 관리하려고 한 가지 약물을 복용한 적이 있다. 아주아주 오래전이다. 덱세드린이라는 약이었는데 현재는 ADHD 치료 약으로 잘 쓰이지 않는다. 이 약이 없었다면 대학교 졸업장을 따지 못했을지도 모른다. 그런 점에서는 고마운 마음이다. 약을 복용한 1년간 나는 집중력을 통제하기가 더 쉬워졌고 작업에 맞추어서 일을 진행할 수 있어 학교생활이 수월해졌다. 그러나 나 자신을 잃는 듯한 기분이 들었다. 완전히 다른 사람이 된 것 같은 그 느낌이 정말 싫었다.

체중이 줄고 성격도 근본적으로 바뀌었다. 그리고 쉽게 말해 우울한 상태에 빠졌다. 금방 짜증이 났고 기분은 가라앉았으며 세상은 더 이상 반짝반짝 빛나 보이지 않았다. 이런 복합적인 우울함은 내가 학교생활에서 겪는 어려움보다 더 나빴기에 졸업하자마자 바로 약을 끊어 버렸다. 그 이후 우울증을 비롯한 금단 증상을 겪기는 했지만 2주 정도가 지나자 괜찮아졌다. 간단히 말하면 이 약은 나의 두뇌와 몸에 맞지 않았다. 그 이후로 약물에 의존하지 않고 증상을 관리하기 시작했다.

분명히 해 둘 점은 나는 약물치료를 반대하지 않는다. 인위적인 것을 모두 거부하는 자연주의자가 아니다. 그리고 대형 제약회사 간부들이 회의실에 앉아 콧수염을 만지작대며 우리 같은 사람들이 계속해서 약에 취하게 할 새로운 방법을 개발해 부자가 되려고 한다고도 생각하지도 않는다. 그냥 저 약이 내게 잘 맞지 않았을 뿐이고, 내가 ADHD 중에서 약이 잘 듣지 않는 소수에 속했던 것뿐이다. 다른 수많은 환자에게는 놀라운 효과를 발휘하기도 한다. 자극제는 아이들의 경우 80~90퍼센트, 성인의 70퍼센트 정도에서 증상 완화에 도움을 준다고 알려져 있다.

증명된 ADHD 약물의 효용성과 안전성에도 불구하고, 우리와 인터뷰했던 많은 전문가는 약물 치료가 일상생활에 좋은 영향을 주더라도 많은 환자가 약 복용을 꺼린다고 답했다.

로크레시 루퍼트 박사는 환자들과 상담할 때 이런 부분을 살펴본다고 한다:

나는 약물 처방을 좋아하지 않습니다. 만약 환자가 약 없이도 학교 과제를 수행하고, 친구들과의 관계가 나쁘지 않으며, 자존감이 있고, 감정적으로 무너질 정도로 일을 완수하려고 스트레스를 받는 게 아니라면, 충분히 약이 없어도 괜찮다는 견해를 고수합니다. 그러나 이 중 하나라도 걸리는 부분이 있다면 다른 방식을 생각해야 합니다. 환자가 세운 방식이 효과가 없지 않은 한 그들을 따르는 것이 내 치료 방식입니다.

결론은 담당의 의견을 전적으로 신뢰해야 한다는 것이다. 그러나 그 전에 당신이 원하는 바에 귀를 기울이고 효과가 없을 때 이를 적극적으로 조정할 수 있는 의사를 찾는 것을 가장 우선해야 할 것이다.

ADHD 약물은 대표적으로 두 가지로 나뉜다: 자극제와 비 자극제. 자극제는 뇌세포들이 서로 더 효과적으로 '대화'하도록 도와준다. 이 약제들은 '신호를 증폭'시켜 집중력을 높여 준다. 당신이 약물치료를 선택한다면 잘 맞는 약과 적절한 복용량을 결정하기 위해 의사와 계속해서 의견을 나누며 시행착오를 겪는 시간을 보낼 것이다. 일부 사람들에게는 비 자극제를 쓰는데 이 또한 뇌에 있는 핵심 신경전달물질의 양을 증가시킨다. 비 자극제가 조금 더 나은 옵션으로 생각되는 이유는 수면과 식욕과 불안감에 미치는 영향이 훨씬 적기 때문이다. 그러나 그 효과는 자극제에 비해 약한 편이다.

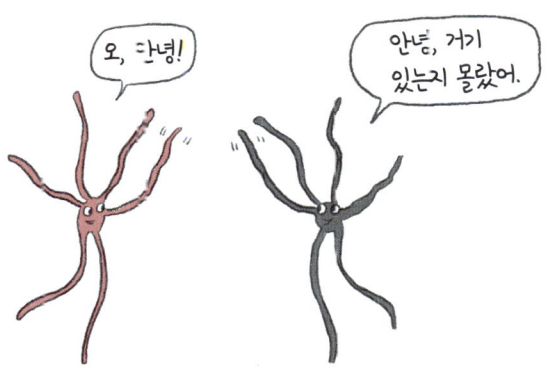

당연한 말이겠지만 정확히 말하자면 약을 복용하는 동안에만 증상을 관리할 수 있다. 마치 당뇨병에 인슐린을 쓰는 것처럼 말이다. 1년간 인슐린을 쓰면 그 기간만 수치를 조절할 수 있지 당뇨병을 치료할 수는 없다.

> **친구들과 나누는 행동은 좋지만 약은 제외하자**
>
> 힌샤우 박사에 따르면, ADHD가 있는 사람이 몇 시간 동안 정말 집중하고 싶다면, 자극제를 섭취하는 것만큼 좋은 게 없다고 한다. 그러나 ADHD가 아닌데도 이런 약제를 복용하는 것은 밤샘할 때는 도움이 될지 몰라도 업무 수행 능력을 반드시 개선해 준다는 보장은 없다고 경고했다. 이런 자극제는 비 ADHD 뇌의 각성효과를 더 오랫동안 지속시키지만 인지 기능을 개선해 주는 건 아니다. 이 약을 복용한 비 ADHD인에게 나타나는 가장 큰 변화는 자신의 성과를 과대평가하게 되는 것 정도일 뿐이다. 연구에 따르면, 이 약을 먹은 비 ADHD 학생들은 자신이 시험을 훨씬 잘 쳤다고 확신하지만, 사실은 그렇지 않았다. 게다가 룸메이트에게 ADHD약을 얻거나, 구매하거나, 훔친 15~20퍼센트 대학생들이 약물에 중독되었다. (그렇다, 대학 시절 내 친구 중 몇몇도 약을 달라고 요청했고 이들 모두가 이후에도 약을 부탁했다.) 절대 약물에는 손대지 말자.

행동 중재

ADHD 증상을 관리하기 위한 두 번째 증거 기반 접근 방식은 행동 중재다. 이름만 보면 규칙을 어길 때마다 의심스러울 정도로 잘생긴 의사가 손목을 '탁' 치며 꾸짖는 형식의 나쁜 리얼리티 쇼처럼 들릴지 몰라도, 실제로는 약물 치료를 제외한 모든 치료법을 언급하는 용어다. 예를 들어, 상담 치료, 직장이나 학교에서의 배려, 부모와 자녀를 위한 행동 관리 훈련, 집행 기능 기술 향상 전략 등이 여기에 포함된다. 기본적으로 의사나 치료사가 ADHD로 인한 어려움을 덜기 위해 시도해 보도록 제안하는 방식이다.

나의 경우 행동 중재를 스스로 결정해서 전략적으로 짰다. 우선 일을 시작할 때 목록 없이 업무를 시작하지 않는다. 그리고 사무실에는 시선을 끄는 것을 차단하기 위해 가림막 역할을 하는 문을 설치했으며, 시간마다 이 문을 나서서 다른 직장 동료들(아내와 팀원들)과 5분 이상 대화를 나눈다. 모두 내 증상 완화에 특화된 전략들이다.

ADHD인 사람 중 일부에게는 이 치료법이 놀라운 효과를 낸다. 아동을 대상으로 한 ADHD 치료 중 가장 대규모이고 오랜 기간 진행된 '주의력결핍 과다행동장애의 복합 치료 연구(MTA)'에서는 최고의 효과를 내는 방법이 약물과 행동 중재를 적절히 배합한 것이라는 결론을 내렸다. 물론 나는 당연한 이야기라고 생각한다. 어쨌든 훌륭한 행동학적 치료법을 시행한 많은 아이가 약물 없이도 꽤 좋은 성과를 냈고, 약을 먹더라도 매우 낮은 용량으로 좋은 결과가 나타났다는 사실은 매우 고무적이다. 분명 나도 이를 경험했다.

적절한 도구-치료에 좋은 최고의 방법들

최적의 치료법을 찾는 일은 건강을 유지하려고 올바른 식단을 찾는 것처럼 부담스러울 수 있다. 수십 가지 옵션과 이와 상충하는 정보가 넘쳐 나기 때문이다. 길을 찾아 나갈 때는 출처를 신뢰할 수 있는, 즉 공신력 있는 기관에 소속되고 자격을 갖춘 전문가의 조언을 따르는 게 좋다. 최근 연구에 따르면, 틱톡에 올라온 ADHD 정보의 50퍼센트 이상이 부정확한 것으로 밝혀졌으니, 음모론자들이 늘 주장하는 것처럼 직접 조사하되, 정당한 대가를 받으며 연구하는 사람들의 정보를 기반으로 하자.

이 책을 집필할 때 많은 전문가와 인터뷰하면서 성공적인 ADHD 치료에는 공통적인 부분이 있다는 사실을 알게 되었다.

1. 시간을 들인다

ADHD 증상은 그 앞에서 주문을 외우면 휘리릭 개선되는 것도, 순차적으로 이루어지는 것도 아니다. 당신만이 겪는 특별한 문제를 해결하려고 여러 요소를 적절히 조정하다 보면 그 과정에서 실패, 좌절, 재조정을 해야 할 때도 있을 것이다. 시간은 며칠이나 몇 주가 아니라 몇 달에서 심지어 몇 년이 걸릴 것이다. 그러나 방법을 찾으려 노력하고 포기하지만 않는다면 분명 자신만의 올바른 치료법을 찾을 수 있을 것이다.

그리고 잘 알고 있겠지만 치료에 효과를 보기까지 시간이 걸리기 때문에 가능한 한 빨리 시작하는 게 좋다.

나 같은 경우에는 시간을 지키는 습관을 들일 때 이처럼 여유를 가지고 시도했다. 제 시간을 맞추는 일은 내가 가장 못 하는 것이었고, 어쩌다 보니 절대 늦는 법이 없는 멋진 여성을 배우자로 맞이했다. 사실 아내는 모든 것을 10분 일찍 시작한다. 나는 이 나쁜 습관을 버리는 데까지 1년이 넘게 걸렸고 이를 게임화한 후에야 겨우 해낼 수 있었다. 직장에서 별다른 사고 없이 지나간 날짜만 보여 주는 달력을 알고 있는가? 그런데 이런 기능을 하는 앱도 있다. 'Days Since: Quit Habit Tracker(끊은 기간: 습관 끊기 추적기)'라는 앱인데, 술이나 불량식품 끊기 등 원하는 것에 모두 활용이 가능하다. 나는 이 앱으로 제시간에 도착하는 습관을 들였다. 한동안은 일주일 이상 연속해서 지키지 못했지만, 제시간에 도착하는 것을 게임화해 놓은 덕분에 어느새 반드시 이 게임을 깨야 한다는 의지가 생겼다. 곧 한 달을 이어갔고 어느덧 6개월을 연속해서 지켰다. 이제 나는 거의 늦지 않는다.

2. 품을 들인다

ADHD는 치료만 하고 잊어버려도 되는 방식으로는 그다지 효과를 거둘 수 없다. 치료하는 와중에 꾸준히 모니터링하고 수정하고 평가해야 한다. 효과를 제대로 보는 사람들도 이 방법이 자신에게 어떤 식으로 영향이 있는지 평가하고, 그렇지 않다면 부지런히 수정 작업을 해야 한다.

3. 한번에 하나씩 실행한다

책 1부와 2부에서 이 부분을 알려 주었다! 우리 같은 사람들은 할 일 목록에 과도한 내용을 넣지 않는 게 좋다. ADHD는 하루에 해야 할 일이 많을 때 모든 문제를 한꺼번에 달려들고 싶은 유혹에 빠지기 쉽다. 그러나 이런 방식으로는 쉽게 압도당해 패배감을 느낄 수 있다. 이보다는 한번에 하나씩 완수하는 데 집중하고, 끝나면 다음으로 넘어가면서 자신감을 얻는 게 중요하다. 그러면 성공으로 한 발짝 더 나아가게 될 것이다.

4. 문제의 근원을 찾는다

ADHD로 인한 어려움을 관리하기 위해서는 근본적인 해결책이 필요하다. 애초에 문제가 발생하지 않도록 예방해 이를 해결해 보자. 예를 들어, 청구서를 항상 여기저기 두는 습관이 있다면, 납부 시기가 다가왔을 때 어디에 있는지 바로 찾을 수 있도록 문 옆 신발장에 놓아두는 것이다. 개인적으로 나는 나이도 많고 키도 커서 신발을 신발장에 넣는 것을 좋아하지 않아 그냥 현관 바닥에 벗어 둘 때가 많았다. 중고 거래 플랫폼인 엣시에서 신발을 눈높이에 고정할 수 있는 타공판을 구매한 후부터는 허리를 구부릴 일도 줄고 현관이 더 청결해졌다!

5. 영향을 주는 증상이 아닌 지장을 주는 증상에 집중한다.

수다스러움처럼 생활에 영향을 미치는 증상, 그리고 중요한 시험을 치를 수 없을 만큼 집중하지 못하는 것과 같이 생활에 지장을 주는 증상 사이에는 큰 차이가 있다.

대부분 지장을 주는 증상의 수가 영향을 주는 증상의 수보다 훨씬 적다. 그러니 쉽지는 않겠지만 일상생활에 큰 지장을 주지 않는 증상이라면 최대한 신경 쓰지 않으려는 태도를 가져 보자. 도움이 될 것이다. **자신에게 좌절감을 주는 증상에 더 집중하자.**

만약 당신이 꿈틀거리는 벌레처럼 책상 앞에 한쪽 다리로 서서 흔들거리며 일하는 것을 좋아한다고 가정해 보자. 이런 움직임이 업무 수행 능력 (또는 다른 사람의 업무 수행 능력)에 부정적인 영향을 주지 않는다면, 그렇게 걱정할 증상은 아닐 것이다. 오히려 앉아서 일하려고 하면 모든 에너지를 가만히 앉아 있는 것에 쏟게 되어 제대로 일을 하지 못할 것이다. 되도록 생산성을 유지하거나 삶을 즐기는 것에 방해가 되는 증상에 더 집중하자.

ADHD 고통 포인트

먼저 당신에게 고통을 주는 포인트를 왼쪽 빈칸에 적는다. ADHD로 인해 삶을 더 힘들게 하는 것들을 말한다. 아래 설명에 해당하는 숫자에 동그라미 친다.

1. 음, 이 정도는 견딜 수 있다.
2. 가끔 성가시지만 대부분 다른 사람들이 더 성가셔한다.
3. 이 행동을 바꾸는 것에 큰 노력이 필요하지 않다면 나는 바꿀 것이다.
4. 이 증상으로 많은 문제가 발생한다.

5. 차라리 까끌까끌한 스웨터를 38도 날씨에 입고 있는 게 나을 것 같다. 지금 바로 바꾸지 않으면 비명을 지를 것이다.

당신의 고통 포인트	점수
	1 2 3 4 5
	1 2 3 4 5
	1 2 3 4 5
	1 2 3 4 5
	1 2 3 4 5

팁: 삶의 어떤 영역을 개선할지 결정하는 것이기 때문에 4점과 5점에 집중하자. 궁금할지도 모르니 내 고통 포인트 몇 가지와 점수를 표기해 두었다.

수저 만지작거리기: 1

너무 빠른 속도로 말하기: 2

가끔 혼잣말로 중얼대기: 3

뭔가를 읽다가 멍하니 딴생각하기: 3

오븐이나 가스레인지를 켜 둔 채 자리 떠나기: 5

다른 사람 방해하기: 5

아내는 아마도 내 특이한 성격에 대해 매우 다른 점수를 줄 것이다. 물론 사랑하는 사람들에게 성가심을 유발하는 부분을 고려하는 것도 중요하지만, 행동 중재에 있어서는 당신의 의견이 우선이다.

6. 본인의 선택이 최고의 효과를 낸다

나에게 효과가 있다고 해서 당신에게도 그렇다는 보장은 없다. ADHD는 사람마다 증상에 차이가 있어서 가장 효과적인 치료 방식에도 사람마다 차이가 있다. 앞에서도 말했듯이 나는 어렸을 때 교실 가장 앞자리에 항상 앉았다. 선생님의 지적은 수업에 집중하는 데 어느 정도 도움이 되었기 때문이다. 만약 당신(내 아내처럼)이 불안도가 높은 편이라면 나 같은 선택을 하지 않을 것이다. 선생님의 지적을 받는 것에서 오는 불안감이 집중력을 더 낮출 것이기 때문이다.

시블리 박사는 ADHD인 환자들을 치료할 때 자신이 버스 운전기사라고 생각하도록 권유한다. 그들이 자신의 행동에 문제가 없다고 생각하면 이를 바꾸기 위해 노력할 확률이 낮기 때문이다.

앞에서도 살펴보았지만, 우리가 개인적인 관심에서 동기를 부여받는다는 사실을 생각해 보면 박사의 말은 충분히 이해된다. 이제 문제를 해결할 준비가 되었다고 느낀다면 가장 중요하다고 생각하는 증상에 먼저 집중하자. 아마도 가족이나 친구들은 중간에 말을 자르는 행동을 질색할 수 있지만, 당신은 아무리 노력해도 자정이 넘어서야 자는 습관이 더 신경 쓰일지도 모른다. 숙면하는 것은 당신에게 중요하기 때문에 다른 사람의 말을 끊는 습관을 고치는 것보다 잠자리에 드는 일과를 개선하는 것이 훨씬 더 성공적인 치료가 될 것이다.

바꾸고 싶은 변화를 내가 선택하겠다고 주변 사람들에게 부드럽게 말해 보자.

동기부여 인터뷰

당신의 주치의는 치료계획 설계를 도와주기 위해 동기부여 인터뷰를 할 수 있다. 이 방식은 환자가 삶을 변화시킬 수 있도록 의사들이 도와줄 때 개인적인 동기에 초점을 맞추어 개입하는 것을 말한다. 처음에는 약물 남용 문제를 해결하려고 개발되었지만, 이

> 제는 다이어트를 지속하거나 약물 복용 계획을 따르거나…, ADHD 행동 변화에 폭넓게 사용되고 있다. 이 방법이 정말 훌륭한 이유는 기본 전제를 '당신에게 뭔가 문제가 있으니 이걸 해결합시다'에서 '어떤 부분이 당신을 괴롭히고 있나요?'로 바뀐 점일 것이다.

7. 특정 환경에 목표를 둔다

가끔 ADHD 뇌는 정보를 일반화하는 데 어려움을 겪는다. 당신이 업무에 더 집중하고 싶다면 비록 전반적인 집중력을 강화했더라도 특정 환경에서의 집중력 향상에 맞는 전략을 다시 짜는 게 좋다. 커츠 박사는 이를 '성능 포인트'에 대한 개입이라 부른다. 어쩌면 환경에 따라 기술을 다르게 써야 할 수도 있다. 교실에서, 직장에서, 집에서 등등. 이렇게 자문해 보자. '문제가 발생하면 보통 무슨 일이 벌어지지? 이런 내 환경 안에서 바꿀 수 있는 게 있나? 나는 어떤 것을 시도해 보았지? 효과가 있었나?'

8. 보상으로 더 강해진다

우리 ADHD들은 보상을 사랑한다. 두뇌의 보상 센터는 도파민에 의존한다. 기억하겠지만 도파민은 우리가 정말 열광하는 호르몬이다. 과제를 완수하거나 행동을 수정해 받는 보상 자체는 강력한 강화제가 된다. 나는 영상을 만들고, 정말 즐겁게 이 영상을 본 사람들 덕분에 주택담보 대출금도 갚아 나가고 있다. 가끔 영상을 만족스럽게 보며 행복한 표정을 짓는 시청자를 상상(물론 실제로 본 적은 없지만)하는데, 바로 이게 나의 동기다.

보상이 ADHD인 사람들의 수행 능력을 얼마나 개선하는지 확인하기 위해 간단한 실험을 진행했다. 연구원들은 아이들에게 화면에 X 표시가 뜨면 버튼을 누르고, O가 뜨면 누르지 말라고 알려 주었다. 첫 번째 실험에서 ADHD인 아이

오늘도 ADHD를 이용해 훌륭하게 해냈어요.

들은 이 질환이 없는 아이들보다 수행 능력이 낮은 모습을 보여 주었다. 하지만 아이들이 제대로 해낼 때마다 보상을 받게 되자 그 능력은 훨씬 개선되었다.

보상은 도파민의 양을 증가시켜 더 나은 행동 조절로 이어진다.

만약 당신이 자녀의 행동 교정을 돕고 싶어 노력하는 부모라면, 스티커 판이나 하루 보고서 카드 같은 보상 시스템이 엄청난 효과를 발휘할 것이다. 당신이 ADHD라면 하기 싫은 일에 보상이 주는 효과가 얼마나 큰지 이미 경험으로 잘 알고 있을 것이다.

자가(또는 자녀) 치료: 보상이 안겨 주는 동기부여의 힘

콜드웰 박사에 따르면, 보상이 ADHD 사이에서 누구에게나 보편적으로 사랑받는 것은 아니라고 한다. 특히 자신이 원하는 것을 얻을 수 있고, 원할 때마다 가질 능력이 있는 사람(가령 원할 때마다 제로 콜라를 마음껏 사 먹을 수 있는 성인)이라면 말이다. 그러니 당신이 ADHD인 성인이고 충동성이라는 문제를 겪지 않는다면, 좋은 습관을 들일 때 도움이 되는 보상을 따로 찾아보는 것을 추천한다.

보상 시스템을 구축할 때 염두에 둘 몇 가지 핵심적이고 효과적인 요인들이 있다:

즉각성. 어떤 사람들은 조금 더 먼 미래에 크나큰 보상을 받는 것에 동기를 부여받기도 한다. '만약 나를 밀어붙여서 정말 열심히 일하면 6개월 안에 전기

자전거를 살 돈을 벌 수 있어!' 보통 ADHD들에게는 작지만 자주, 즉각적으로 받는 보상이 가장 큰 동기를 준다. 우리의 두뇌는 만족 지연이라는 기능이 약해져 있다. 한주가 끝난 후에 받는 다섯 가지 코스 요리가 나오는 멋진 저녁 식사보다는 당장 오레오를 하나 받길 원한다. 원하는 행동에 대한 보상을 빠르게 받을수록 행동은 더 많이 개선된다. 이 부분은 특히 부모들에게 유용한 정보일 것이다.

자녀가 아침에 제시간에 집을 나서는 것을 힘들어한다고 가정해 보자. 자기 전에 아이를 앉혀놓고 시간을 정확하게 지키는 게 얼마나 중요한지 설명해 준 후, 매일 아침 8시 정각에 차를 타고 있으면 금요일 오후에 아이스크림을 사 주겠다고 약속하는 대신, 아이가 제시간에 나설 때 바로 작은 보상을 해 보자. 예를 들어, 차에서 들을 노래를 직접 선택할 수 있도록 해 주거나 어느 정도 나이가 찼다면 조수석에 앉을 수 있게 해 주는 것이다.

자신에게 동기를 주는 보상을 정할 때도 이와 비슷하게 하면 된다. 당신이 그다지 하고 싶지 않은 일을 한 후 즉각적으로 보상해 그것을 즐기도록 하자. 나는 밤이 되면 우리 집 강아지를 마당으로 보내고, 집안의 모든 불을 끄고, 문을 잠그고, 식기세척기를 돌린다. 이게 나의 할 일이다. 당연히 이 모든 집안일은 내 ADHD 두뇌가 결코 좋아하는 일이 아니다. 그래서 우선 이 모든 일을 최대한 늦게 하도록 미루어 두었다. 그리고 이 일을 다 끝내는 즉시 위층으로 올라가 십자말풀이를 하거나 TV 쇼를 시청한다. 이런 식의 보상 없이 집안일을 해야 한다면 절대 완수하지 못할 것이다.

채찍 말고 당근. 어떤 행동에 대한 보상을 결정할 때 부정적인 행동을 벌하는 대신 긍정적인 행동에 보상을 주라고 전문의 화상회의에서 파비아노 박사는 제안했다. 좋아하는 영상을 못 보게 위협하는 대신 무언가 성취했을 때 보상을 주는 식으로 설정해 기대가 충족되었을 때 좋은 일이 생긴다는 것을 뇌가 인지하도록 훈련하는 것이다.

ADHD 조력자들에게: 힘을 현명하게 사용해 보라. 절대로 수치심을 무기로 삼으면 안 된다. 사랑하는 사람을 올바른 행동으로 이끌고 싶다면, 부드럽고 조용한 말투로 다른 사람이 없을 때 개인적으로 알려 주자.

선택. 힌샤우 박사는 ADHD들이 보상을 직접 정하도록 권유했다. 그러면 어느 정도의 통제권을 가질 수 있고 보상에 대해 더 동기를 얻을 수 있다는 것이다. 가장 효과적인 방식은 보상의 선택권(작은 성공에는 작은 보상, 큰 성공에는 더 큰 보상)을 가지는 것이다. 그러면 계속해서 똑같은 보상을 받아 지루해할 틈이 없다.

꾸준한 단호함. 보상은 반드시 말한 목표에 다다랐을 때 주어야 한다: "옷을 제대로 정리할 때까지 자유 시간은 없어"라거나 "식탁을 깨끗이 치우면 디저트 줄게"라는 식이다.

당신이 부모고, 아이가 과제를 다 끝내지 않았다면 상을 주지 않는다. 잔소리를 하거나, 수치심을 주는 발언을 하거나, 아이에게 얼마나 실망감을 느끼는지 말하지 말고 그냥 상을 주지 않으면 된다. 단호한 태도로 자녀가 목표한 것에 이르도록 하면 다음에는 보상의 가치 역시 더 올라갈 것이다. 또한 성향보다는 행동에 집중하면 아이가 패배감 같은 감정을 가지지 않도록 할 수 있다.

특정하고 측정 가능한. 보상 시스템을 설계할 때는 해야 할 일을 명확히 해 두어야 한다. 부모들과 상담할 때면, 힌샤우 박사는 자녀가 수학 공부에서 어려움을 겪는다고 말할 때마다 그들의 설명이 얼마나 모호한 형태를 띠는지 알려 준다. 행동을 개선시키려면 성공이 정확히 어떤 형태인지를 먼저 정의해야 한다. 더 좋은 방법은, 부모가 아이에게 수치화할 수 있는 목표를 정하는 것이라고 박사는 설명했다. 예를 들어, 수학 숙제를 다 하는 것을 아이가 힘들어하면, 세 문제를 풀면 휴식 취하기, 80퍼센트 이상 풀면 보상판에 스티커를 붙이는 식으로 목표를 정한다.

성공. 성공은 성공을 부른다. 먼저 작은 목표로 시작해서 서서히 큰 목표로 간다. 자녀가 저녁 식사 중에 얌전히 앉아 있길 바란다면 처음에는 아이가 할 수 있을 만큼의 시간을 준 뒤 먼저 성공을 맛보게 하고 보상을 준다. 예를 들어, 아이가 식사 시간에 15분 동안 앉아 있는 것을 목표로 했다면 첫 주에는 5분으로 목표를 설정해 보상을 주고, 같은 방식으로 조금씩 시간을 늘려서 최종 목표였던 15분에 이르게 하면 된다.

만약을 대비해 한번 더 강조한다: 나는 의사가 아니다. 내 방 벽에는 고급 학위증이 걸려 있지 않다. 그러니 최고 수준의 효과적인 프로그램을 원한다면 이름 앞쪽이나 뒤쪽에 전문성을 나타내는 문구가 있는 의사와 상담하길 바란다. 3부 후반에서는 내 경험에서 배운 것들과 ADHD와의 생활을 더 즐겁게 영위할 방법이 담긴 연구를 함께 알아보려 한다.

ADHD와 살아가며 삶의 질을 최대한 향상하려면 모든 면에서 최선을 다해야 한다. 가장 최상의 상태로 만들기 위해 어떻게 해야 하는지 살펴보도록 하자.

12장
배터리 충전하기

어떤 일이 매우 잘 진행될 때 자신이 ADHD인 걸 잊는 날이 있다는 것에 돈을 걸겠다. ADHD 증상이 전투화를 신고 내 배를 걷어찬 듯한 날이 있다는 것에는 더 큰돈을 걸겠다. 당신의 증상이 유난히 심하게 나타날 때는 아주 중요한 자원이 부족했기 때문이라 생각한다. 어쩌면 간밤에 잠을 푹 자지 못했거나, 친구가 당신을 무시해 자존감이 바닥으로 떨어졌거나, 아침…에다가 점심까지 걸러서일지도 모른다. 이렇게 자원이 적은 날은 매우 힘들다. 내 경험상 저장고가 가득 차 있어서 나 자신을, 특히 두뇌를 돌볼 여력이 있을 때 나게 돌진해 오는 문제를 해결하는 일은 훨씬 수월했다.

ADHD 뇌는 자동차와 같다. 계속해서 정비해야 최상의 상태를 유지하며, 성능이 좋은 차도 그냥 내버려두면 고장 날 가능성이 커진다. 뇌를 잘 관리하면 최상의 상태로 작동할 수 있다.

> 재미있는 사실: 예루살렘의 히브리대학교 연구원들은 삶은 감자로 배터리를 만들었다. 이 배터리는 40일 동안 방을 밝힐 수 있고, 1.5V 건전지 생산 비용의 1/6 정도밖에 들지 않는다. 잠깐, 그러면 감자에 투자할까?
> —펜

당신의 시스템을 조절하는 대표적인 여섯 가지 방법

우리는 시스템-감정, 집중력, 행동-을 조절하는 능력에 한계가 있다. 누구나 그렇긴 하지만 차에 비유하면 우리 ADHD들은 방전 시 기름으로 대체되는 하이브리드 차가 아니라 충전 용량이 적은 1세대 전기차와 같다. 우리는 개성 있고 멋지고 혁신적이지만 조절 배터리가 아주 빠르게 고갈되기 때문에 정기적으로 자주 충전해야 한다.

> ADHD를 관리하는 데 있어, 상황이 좋을 때 자신이 얼마나 능력 있는지 떠올리는 것을 하나의 목표로 삼자. 때로는 도움의 손길이 필요하겠지만 처음부터 혼자 해 보고 지속적인 노력을 이어간다면 스스로 얼마나 많은 일을 해낼 수 있는지 놀라게 될 것이다.
>
> —펜

3장에서 콜드웰 박사가 제안했던 연료를 채울 만한 믿을 수 있는 요소들을 다시 떠올려 보자: 운동, 수면, 영양, 관계, 약물 치료, 명상. 만약 당신이 이 여섯 가지를 습득해 자신을 강화한다면 두뇌의 조절 역량 역시 증가할 것이다. 에밀리 킹 박사는 20년 이상 ADHD가 있는 아이들을 치료한 대단한 의사다. 박사는 아이들이 학습하기 전에 조절하는 법을 먼저 배워야 한다고 설명했다. 그래서 자녀가 ADHD라면 스스로 조절하는 법을 배울 수 있도록 먼저 최선의 노력을 한 후에 학업이나 행동 문제를 교정하는 데 집중해야 한다고 말했다.

이 여섯 가지 요소를 하나씩 더 자세히 살펴보자.

움직이기: 운동

약간 의아하게 생각할 수 있지만, 당신이 집중하거나 과제를 완수하는 게 어렵다고 느껴질 때 해야 할 최선의 행동은 이를 악물고 어떻게든 해내려는 것이 아닐 수도 있다. 어쩌면 그냥 몸을 움직이는 그 자체면 충분할지도 모른다. 스스로 '이 일을 끝낼 때까지 의자에 찰싹 달라붙어 있는 거야'라고 말하는 대신 일어서서 잠깐 산책을 하거나 신나는 노래를 틀고 거기에 맞추어 춤을 추어 보자.

바클리 박사에 따르면 운동은 다른 정신과적 장애보다 ADHD에 효과적이라고 한다. 그 이유는 간단한데, 운동을 하면 그 움직임이 집중력 조절을 도와주는 도파민과 노르에피네프린 수치를 올리기 때문이다. 도파민의 증가는 인지 조절과 행동 조절을 도와주어 들뜬 감정보다는 오히려 안정감을 준다. 아주 잠깐의 운동-20분간의 자전거 타기, 달리기, 레이저 태그[1]-만으로도 ADHD 뇌가 일반적인 기능을 하는 뇌와 유사하게 활동하는 도습을 뇌파검사를 통해 알 수 있다.

심장이 빠르게 뛰면 즉시 단기적으로 조절 능력이 올라가고, 장기적으로도 긍정적인 효과가 누적되어 증상에 좋은 영향을 준다 규칙적인 운동은 주의력을 향상시키는 좋은 신경전달물질의 전반적인 수준을 높여준다.

---

1 서바이벌 게임.

내가 좋아하는 운동 곡 순위 5

5. '유 캔 두 잇'(아이스 큐브): 욕설이 조금씩 섞여 있긴 하지만 이 노래를 들으면 운동을 하지 않고는 배길 수 없다.
4. '웨이크 미 업'(아비치): 아일랜드식 킥드럼과 그에 맞는 비트에는 운동하게 만드는 뭔가가 있다.
3. '위시'(나인 인치 네일스): 이 노래를 틀고 근력운동을 하면 언제 바를 들어 올릴지 알게 될 것이다. (욕설이나 부적절한 가사가 든 원곡 못지않게 이 부분을 수정한 버전도 좋다.)
2. '엄브렐라'(리아나): 이유는 모르겠지만 이 노래를 들으면 운동하러 가고 싶어진다.
1. '스멜스 라이크 틴 스피릿'(너바나): 나는 90년대의 아이다(child of the 90s). 이 정도면 다른 설명은 필요 없지 않은가.

보너스: 나의 댄스 곡 순위 5(다시 말하지만, 몇몇 곡은 비속어가 없는 버전도 나와 있다)

5. '힙노타이즈'(노토리어스 비아이지): 이 랩 가사는 처음부터 끝까지 강렬해서 마치 춤도 이렇게 추어야 할 것만 같다.
4. '워크 잇'(미시 엘리엇): 아내가 가장 좋아하는 노래 중 하나다. 내가 이 노래에 맞추어 춤을 추는 이유는 아내의 춤을 보는 걸 좋아하기 때문이다.
3. '파티 업(업 인 히어)' (DMX): 결혼식 때 DJ가 이 곡을 틀었는데 듬성듬성 비어 있던 홀이 어느새 사람으로 가득 찼다. 어떠한 상황에서도 에너지를 폭발시키는 노래다.
2. '싱글 레이디(풋 어 링 온 잇)' (비욘세): 자랑은 아니지만 나는 이 노래의 안무를 대부분 알고 있다. 당연히 인터넷을 보고 배웠다.
1. '더 웨이 유 룩 투나잇' (프랭크 시나트라): 이 노래를 틀면 아내와 나는 서로를 안고 천천히 리듬을 탄다.

나는 땀을 흠뻑 뺀 후에는 항상 기분이 좋아진다. 어린 시절 교실에 갇혀 몇 시간을 공부하며 보냈던 시절을 생각하면 공연 예술에 감사하게 된다. 무대 위에서 안무를 하고 재즈 핸즈[2]로 몸을 흔드는 활동은 나를 활동적이고 안정적으로 학교생활을 하도록 유지해 주었다. 운동 후에는 마음이 더 차분해지고 생각이 명료해진다. 요즘에는 일주일에 2~3회씩 근력운동을 하고, 테니스나 피클볼을 2~3회 친다. 그날 경기를 망치더라도 운동 후에는 전반적으로 균형감을 찾은 느낌이다.

당신이 일상생활에 더 많은 활동을 넣고 싶다고 해서 하루에 10킬로미터를 달리거나, 크로스핏 마니아가 되겠다는 생각은 하지 않는 게 좋다. 뭔가 재미있을 만한 것, 흥미를 끌 만한 것, 춤이나 킥복싱, 축구, 수영, 피클볼 같은 것을 시도해 보자.

그리고 이런 활동이 재미있다고 느껴지면 일상 루틴에 집어넣어 정기적으로 해 보는 거다. 일부 연구에 따르면, 집중력과 기술적인 움직임이 필요한 스포츠 -발레에서부터 암벽 등반까지-는 ADHD인 사람들의 집중력 향상을 도와준다고 한다. 이런 스포츠를 하나 선택한다면 신체 근육과 정신 근육 모두를 강화할 수 있을 것이다.

> 피클볼은 어쩌면 ADHD가 있는 사람들에게 가장 친화적인 운동일지도 모른다. 아주 빠르게 진행되기 때문에 실수한 뒤에 그걸 곱씹고 있을 시간이 없다. 몇 초안에 좋은 샷을 날릴 기회는 바로 찾아온다. 한번 해 보고 나에게 알려 달라. 고맙다고? 천만에.
> —펜

---

2 손바닥을 관객 쪽으로 향하게 하고 손가락을 놀려 추는 춤 동작.

달콤한 꿈: 수면

불공평한 일이다. 거의 절반 가까이나 되는 ADHD인이 불면증(때로는 자극제 복용의 부작용으로)을 겪는다니. 그래서 우리들은 숙면을 못 이룰 때가 많다. 잠을 푹 자지 못하면 증상을 조절하는 능력이 부족해져서 그 강도가 더 올라간다. 이런!

우리 집의 경우 잠자는 시간에 꽤 엄격한 편이다. 나는 한번 꿈나라로 가기 위해서 긴 활주로가 필요한데, 매일 밤 잠드는 데 한 시간 정도 걸린다. 잠자리에 들 때가 되면 항상 머릿속이 윙윙거리기 때문에 베개에 머리를 대기 전에 십자말풀이를 먼저 해야 한다. 이게 효과가 없으면 침대에 누워 다른 방법으로 두뇌를 집중시키기도 한다. 잠들기 위해 뇌에 과부하를 걸어야 해서 보통 다음과 같은 도전적인 활동을 한다:

- 방금 읽은 책 25쪽 분량의 내용을 최대한 자세하게 기억하기
- 가장 좋아하는 스포츠팀에 소속된 선수 이름 대기(브레이브스팀, UNC 남자 농구팀, 아스널 축구 클럽)
- 연대별로 미국 대통령 이름 말하기(여기서 더 추가하고 싶다면 부통령 이름까지 포함하기)
- 현재 좋아하는 영화나 TV 쇼의 장면을 대사까지 포함해 생생히 떠올리기

윙윙대는 소리가 부드럽게 회전하는 소리로 바뀌면 헤드폰을 끼고 들려오는 소리를 몇 분간 듣기도 한다. 그 후 눈을 감고 그날 하루 중 내가 가장 좋아했던 때를 떠올린다(잠이 들기 전 도파민이 조금 나와 기분을 좋게 하려고). 그러면 잠이 든다. 만족스러운 숙면을 하면 다음 날 엄청난 차이를 느낄 수 있다. 보던 영상을

한편만 더 보려는 유혹이 들 때 이렇게 자신
에게 물어보라. '픽셀화된 화면 속 가상의
캐릭터가 무언가를 하는 것을 계속 볼 거야,
아니면 좌절감과 수치심, 세상과 나 자신을
향한 분노를 느끼지 않는 3D 세계에서의 하루를 선택할 거야?'

수면의 질을 개선하기 위해 지켜야 할 기본 원칙:

- 잠자리에 드는 시간을 일정하게 정하기
- 잠자리에 들기 전 최소한 한 시간 전에는 영상 시청 금지
- 방안을 시원하게 하기
- 잠자리에 들기 전에 음식 먹지 않기
- 술은 마시지 않기
- 아침까지 카페인 섭취 하지 않기

제대로 먹기: 영양

매일 아침 천연 보충제 몇 개를 복용해서 ADHD 증상이 완전히 사라진다면 얼마나 좋을까. 아쉽게도 ADHD의 영양 섭취에 대한 일반적인 조언은 '채소를 드세요'라는 식의 예측 가능하고 전형적인 내용 정도밖에 없다.

희망에 찬 많은 ADHD인은 식이를 조절하고 보충제 등을 먹어 보지만 이런 것들이 ADHD에 뛰어난 효과를 준다는 확실한 연구 결과는 없다. 보충제와 건강 기능 식품 회사에는 기회주의자들이 가득하다. 뇌를 건강하게 도와주는 가장 안전한 방법은 건강한 식단을 따르는 것이다. 어떤 종류인지는 당신도 알 것이다. 균형 잡힌 채식 위주의 식단, 설탕 섭취를 줄이고 단백질 충분히 먹기.

지금 당신의 머릿속에서 '실망, 실망, 대실망'이라는 말이 들려오지 않는가? 그래도 괜찮다. 당신만이 그런 생각을 하는 게 아니다. 기억하자. 도파민 사냥꾼인 우리 같은 사람들은 불량식품을 먹고 느끼는 즉각적인 만족감을 선호한다. 그러면 이 호르몬을 이기는 나만의 방법을 알려 주겠다: 내가 새우 샐러드를 먹을지, 아니면 베이컨과 달걀프라이가 들어간 치즈버거를 먹을지 고민할 때 의도적으로 이렇게 말한다. '새우 샐러드를 먹으면 내일 기분이 훨씬 좋아질 거야.' 그다음이 더 중요한데, 다음날 침대에서 나와 신선한 기분을 느낄 때 '새우 샐러드에게 정말 감사해'라고 생각한다. 그래 정말 웃긴다는 건 알지만, 그래도 나는 크게 말한다. "고마워. 새우 샐러드야!" 우리 애들은 이런 나를 정말 괴짜라고 생각한다. 그러나 상관하지 않는다.

설탕에 대한 간략한 의견: 일부 사람들이 생각하는 것처럼 설탕은 ADHD의 주적이 아니다. 설탕은 전반적으로 건강에 나쁘기 때문에 최대한 적게 먹으면 좋겠지만, 단기적으로 이 물질은 뇌 활동을 빠르게 보조해 준다. 바클리 박사에 따르면, 정신적으로 힘든 프로젝트를 진행하는 동안에는 포도당이 함유된 음료를 조금씩 마셔 주면 배터리를 충전하는 데 도움이 된다고 한다. 전두엽은 꾸준히 집행 기능을 유지하기 위해 설탕이 필요하다. 루퍼트 박사는 의사 자격시험을 칠 때 이 현상을 이용하기 위해 작은 사탕을 먹어서 뇌에 활력을 불어넣었다. 그러나 과하면 안 된다. 혈당이 급상승할 수 있고 장기적인 건강에 미치는 영향도 매우 크다. 그러나 한 스푼(아주 작은) 정도의 설탕은 집중력 향상을 도와줄 것이다.

음식이나 제조업체가 만든 식품에 무엇이 들어가는지 궁금한 점이 있으면 의사와 상담하자. 육아 게시판이나 틱톡, 또는 관련 기사를 한번 읽은 숙도에게 물어보는 것은 추천하지 않는다.

당신의 ADHD 팀: 관계

ADHD를 관리하는 당신은 운전자석에 앉아 있다. 그러나 계속해서 엔진이 돌아가게 하기 위해서는 최고의 피트 크루[3]가 필요하다.

나의 피트 크루: 아내가 이 크루의 리더이고 세계 최고의 기술을 가지고 있다. 아내는 정비가 필요한 순간을 알아채고 바로 피트 스톱[4]을 요청한다. 아들과 딸은 차를 들어 올릴 때 쓰는 이동식 정비 기계인 플로어 잭이다. 내가 어떤 어려움을 겪더라도 이 아이들은 이런 모습을 이해하고 웃어 주고 안아 주며 내 기분을 한껏 올려 준다. 내 친구들은 타이어다. 이들은 다가와서 나의 외향적인 ADHD 뇌를 새롭고 흥미롭게 받아 주고 아무렇지 않게 평소처럼 대한다.

당신의 크루 중에서 가장 중요한 멤버는 친구와 가족이다. 이들은 ADHD로 인한 실수나 잘못에도 무조건 사랑을 준다고 믿을 수 있는 사람들이다. 자신을 있는 그대로 받아 주는 사람들이 있는 ADHD인들은 엄청난 보호막이 있다고 느낀다. ADHD로 살아가면서 필연적으로 맞닥뜨릴 수밖에 없는 깊은 수렁에서

---

3 급유와 정비를 담당하는 직원.
4 급유나 타이어 교체.

친구와 연인이 완충작용을 한다.

이것 하나만 기억하자: 피트 크루는 당신을 지지해 주기 위해 항상 곁에 있다. 그러나 지금 몰고 있는 자동차가 충돌하지 않도록 운전하는 것은 당신의 가장 중요한 책임이다−특히 크루들과 함께 말이다. (내가 자동차 비유를 너무 많이 끌어다 쓰는 것 같다.)

외로움은 하루에 담배 15개비를 피는 것만큼 건강에 안 좋다는 이야기는 많이 들어 봤을 것이다. 그러면 이런 외로움이라는 감정이 수면에도 영향을 준다는 사실은 알고 있는가? 존 카시오포라는 과학자는 외로운 사람들이 수면 장애에 시달릴 확률이 높다는 사실을 알아냈다. 그리고 수면 장애는 ADHD 증상을 악화시킨다. 누군가와 연결되어 있다는 안정감은 스트레스를 감소시켜 증상도 줄어든다. 당신에게 명상과 친구와의 뜻깊은 시간 중에 하나를 선택하라고 한다면 후자를 고르도록 하자.

나머지 피트 크루는 전문적인 자격증을 딴 전문가들로 구성되어야 한다: 의사, 행동 건강 전문가, 당신이 학생이거나 학생의 부모라면 학교 선생님과 교직원들. 당신이 선택한 전문가들은 ADHD 환자를 다룬 경험이 풍부해 어떤 식으로 헤쳐 나갈지 쉽게 이해시켜 줄 것이다.

적절한 크루 멤버를 찾을 때 전문가들의 자격증 역시 필수로 봐야 할 부분이긴 하지만 이들과 얼마나 잘 맞는가 또한 중요하다. 특히 정신 건강 전문가들과는 더욱 그러하다. 커츠 박사는 "심리 요법 연구 결과에 따르면, 특정 기술보다는 치료사와 환자 간의 관계에서 더 좋은 결과가 나온다고 합니다"라고 설명했다.

여러 병원에 가 보면서 당신과 잘 맞는다고 느끼는 전문가를 찾아보도록 하자. 충분히 가치 있는 일이다. ADHD인으로 살아가는 것이 어떤 느낌인지를 확실히 이해하는 전문가들 말이다.

킴이 남긴 메모

내 친구의 아들도 ADHD다. 친구의 가족은 작년에 선생님을 만나 아이의 학습 습관을 어떤 식으로 개선할 수 있는지에 대한 상담을 받았다고 한다. 상담하는 동안 선생님은 친구의 아들을 바라보며 이렇게 말했다. "그냥 조금 더 열심히 해 보렴." 아이에게는 좌절감을 주는 말이었고, 부모에게는 가슴을 아프게 하는 말이었다. 아이는 노력했다. 그러니 이 아이를 돕기 위해서는 다른 환경이 필요했다. 그리고 다른 선생님이 필요한 것도 분명해 보였다. 내 친구는 결국 ADHD 학생들에게 필요한 부분을 더 잘 이해하는 교직원들이 있을 법한 새로운 학교를 알아보았다. 이렇게 학교를 바꿀 수 있는 것은 그 아이에게 엄청난 행운이다. 누구나 하고 싶다고 할 수 있는 건 아니니까. 어쨌든 '그냥 더 열심히 해 보렴'이란 말은 전혀 도움이 되지 않는 조언이다.

당신이라면 ADHD 코치를 고용할 것인가?

ADHD 코칭 서비스를 하는 곳이 있다. 이들은 증상을 관리할 수 있도록 계획을 짜 주고, 시행하도록 도와주며, 규칙을 제대로 지키도록 지원해 주기 때문에 많은 ADHD인에 이런 추가 인원 고용은 매우 유용하다고 생각한다. 그러나 시블리 박사는 이 코칭 서비스에 대해 어느 정도 주의를 기울이도록 조언한다. 그 이유는 의사나 치료사와 다르게 이 분야에는 제대로 자격을 갖추지 못한 사람들도 존재하기 때문이다. 당신이 코치를 따로 두기로 했다면 먼저 자격증을 반드시 확인하자. 시블리 박사는 코치 선정에 있어서 스스로 일해 나가도록 독려하는 전문가를 선택하도록 추천한다. 코치들이 옆에서 당신이 잊을 만한 부분들을 상기시켜 주고 지원하면 도움을 받을 수는 있겠지만, 그들이 그만두게 되면 이런 도움을 받지 못하기 때문이다. 나중에 혼자서도 충분히 할 수 있도록 돕는 코치를 고용하자.

약물 복용: 약물 치료

11장에서 말했듯이 약물치료는 ADHD 환자들 대다수의 조절 능력을 높이는 부분에서 큰 차이를 만들어 낸다. 당신이 이 방법을 택한다면 의사는 어떤 약이 잘 맞을지 찾을 수 있도록 도와줄 것이다. 앞에서 잘 맞는 약에 정착하고 적절한 용량을 찾는 데 어느 정도의 기간-몇 달이 걸리기도 한다-이 걸린다고 했던 것 기억하는가? 그래서 약물 치료 요법과 행동 중재 요법을 병행하는 것이 현재 가장 인정받는 모범 사례다.

내면의 부처: 명상

커츠 박사는 이렇게 지적했다. "당신의 취약점이 어떤 것이든, 스트레스는 이 부분을 악화시킬 것입니다." 당신이 과민대장증후군을 앓고 있다면 스트레스는 장에 영향을 주고, 편두통이 있다면 스트레스는 통증의 강도를 더 높일 것이다. 당신이 ADHD라면 스트레스는 증상에 영향을 줄 것이다. 스트레스의 정도는 ADHD로 압도당한 상태든, 증상을 꽤 잘 다루는 상황이든 관계없이 엄청난 역할을 한다. 그러니 이를 통제하면 ADHD가 유발하는 예민함을 완화할 수 있을 것이다. 스트레스 관리에 아주 좋은 방법은 명상이다.

　방금 한숨 쉬었는가? 괜찮다. 나도 그랬다.

　당신이 ADHD라면, 이론적으로 명상이 주는 이익을 잘 알더라도 전혀 하고 싶은 마음이 들지 않을 것이다. 움직이지 않고 가만히 앉아 머리를 비우는 것? 하하하. 내 인생에서 머리를 비운 적은 아주 잠깐이라도 없다.

말할 필요도 없이 나는 명상 전문가가 아니다. 내 아내와 친구, 동료들이 이 방법을 제안했고 나와 10분 이상 한 방에 있어 본 사람이라면 누구나 이 방법을 제안했다. 물론 시도해 보았다. 정말이다. 그러나 명상하는 동안 내 앞에서 지시를 내리며 지켜보는 사람이 없다면 내 집중력은 이미 다른 곳에 가 있을 것이다.

당신도 나와 비슷하다면 분명 정통적인 명상법-눈을 감고 20분 이상 조용히 앉아 있는 것-은 할 수 없을 것이다. 그러나 다른 방식의 명상법이나 마음 챙김 수련법도 정말 많다.

헬시 게이머라는 별명이 있는 카노지아 박사의 아이디어를 하나 소개하겠다. 박사는 자신의 영상을 통해 명상 방법의 멋진 치트키를 하나 공유했다: 눈 뜨고 명상하기. 적은 수준이라도 시각적 자극이 확보되면 마음이 온통 다른 곳으로 마구 흘러가는 것을 어느 정도 막아 주기 때문에 집중하기가 더 쉬울 것이다. 시각은 뇌에 중요한 자극을 제공해 뇌 기능을 최적으로 유지하는 것을 도와준다.

나는 이 방법이 마음에 든다. 현관 앞에 있는 흔들의자(폰 없이)에 앉아 마당을 바라보며 마음의 평화를 느끼는 걸 지금까지 꽤 성공적으로 해내고 있다. 다른 사람이 이런 모습을 봤다면 '멍하니 있는 것' 아니냐고 말할지도 모르지만 어쨌든 내 뇌가 끊임없이 떠드는 볼륨을 어느 정도 낮출 수 있었다

때로는 딸의 테니스 코치의 말을 엿듣고 그 방법을 다르기도 한다. 코치는 포인트와 포인트 사이의 짧은 시간을 활용하는 방법(갭 훈련)과 호흡을 이용해 마음과 집중력을 재조정하는 법을 가르쳐 주었다. 그래서 나 역시 어떤 일을 하나 끝내면 호흡으로 다음 챙김 연습을 시작한다. 우선 바르게 앉아 숨을 들이쉬고 5~6초간 잠시 있다가 내뱉는다. 그러면 마음이 훨씬 차분해진다. 감사합니다. 팀 코치님! 자, 이번에는 제 백핸드, 포핸드, 서브, 풋워크 좀 고쳐 주시겠어요?

명상을 제대로 못 하는 사람들을 위한 마음 챙김 훈련

연꽃 자세를 한 채 눈을 감고 하는 전통적인 명상이 당신에게 맞지 않다면 아래 몇 가지 방법 중 하나를 시도해 보는 것도 좋겠다:

- 박스 호흡(4초간 숨을 내쉬고 4초간 들이쉬면서 그대로 4초를 더 센 후 다시 4초간 내쉬기): 4-7-8 호흡법 (4초간 들이쉬기, 7초간 멈추기, 8초간 내쉬기), 아니면 단순하게 1분에 가능한 한 적은 횟수로 호흡하기
- 레고 조립하기
- 가이드와 함께하는 걷기 명상 또는 달리기 명상하기
- 미로 찾기 게임하기
- 컬러링 북 색칠하기
- 퍼즐 맞추기 게임하기
- 종을 치고 소리가 사라질 때까지 듣고 있기
- 요가하기
- 라바 램프[5] 쳐다보기
- 해변 문양[6] 장난감 가지고 놀기
- 액체 타이머로 자신에게 최면 걸기
- 악기 연주하기

나는 스트레스가 쌓이면, 그리고 가끔은 스트레스를 받지 않아도 피아노 앞에 앉아서 연주하며 좋아하는 노래를 떠올린다(오늘은 잭슨 브라운이 부른 '섬바디스 베이비'였다). 먼저 한 곡을 치고 다음에 한 번 더 치는 식으로 총 세 번을 연주한다(이때쯤이면 머리에서 어떻게 하라고 지시가 내려오기 전에 저절로 손가락이 움직이는 것 같다). 어떨 때는 네 번에서 다섯 번까지 치기도 한다. 이 정도까지 되면 피아노 앞에 앉아 있는 것조차 잊어버리기도 한다. 지금 나의

---

5   병 안에 염색된 반투명 액체와 왁스가 담겨 있는 램프.
6   해변의 모래 위에 자연적으로 만들어지는 무늬 모양.

> 의식은 다른 어딘가에 있다. 아주 단순한 음으로 구성된 곡을 계속해서 치고 또 치는 것은 꽤 효과가 있다. 방법이 다우 간단해서 생각보다 더 효과가 있는 것 같다. 음악 속에서 나를 잃는 느낌은 명상할 때와 비슷하다. 설령 같지 않더라도 적어도 내 두뇌에 휴식은 줄 수 있다.

보너스: 나는 커츠 박사의 목록 가장 마지막에 하나를 하나 더 덧붙여 보고 싶은데, 그건 바로 자기 연민이다. 때로는 당신이 무엇을 하든 엉망인 하루를 보내기도 한다. 귀너스 팰트로처럼 자기 관리를 완벽하게 했더라도 그런 하루를 보냈다면, 나도 당신과 다를 바 없는 하루를 보낸 적이 있다고 말해 주고 싶다. 이럴 때는 아무런 이유 없이 속옷만 입고 리얼리티 쇼 한 시즌을 통째로 본 것만 같이 멍한 기분이 들 때가 있다. 누구나 완벽할 수 없다. 당신 혼자만 조절력을 잃는 것이 아니라는 것을 알고 자신에게 너그러워지자. 자기 연민은 자기 비난보다 훨씬 더 기분을 좋게 한다.

ADHD 뇌 조절 능력에 연료를 가득 채워 두는 것은 매일매일 해야 하는 하나의 과제이지만, 방금 살펴본 이런 요소 역시 주의 깊게 살펴본다면 정신적이고 감정적으로 더 활력 있게 생활할 수 있을 것이다.

13장
당신의 하루 일상 마스터하기

그런 만화를 본 적 있는가? 세상이 주인공의 움직임과 완벽한 조화를 이루고 필요한 것이 있다면 정확한 순간에 나타나는 그런 내용의 만화. 주인공이 개울을 건너야 하는 순간 나무가 그 위로 쓰러지고, 점심을 먹으려고 피크닉 바구니를 열자 사과가 떨어진다. 마치 그에게 마법이 걸린 것 같다.

ADHD가 있는 삶은 이와 딱 반대되는 세상에 사는 것과 같다. 당신이 개울을 건널 때, 과거에 몇몇 남자들이 왜 여성을 '여우'라고 불렀는지 생각하다가 미처 물을 보지 못하고 빠진다. 피크닉을 간다면 도시락을 준비하는 과정에서 조리대에 놓인 과일 하나에 곰팡이가 핀 것에 정신이 팔려 도착지에 다 와서야 바구니가 빈 것을 알게 된다. 당신은 어떤 일이 매끄럽게 진행되는 생활을 할 자격이 있다. 모든 일이 제자리를 찾는 생활을 할 자격이 있다. 끝없는 기회가 당신 앞에 펼쳐진 세상에 살 자격이 있다.

사실 큰 노력을 하지 않아도 생활할 수 있

내 핑계 대지 마

다. 물론 마법으로 이루어지는 건 아니다. 이러한 시스템을 설정하기까지 시간이 걸리겠지만, 일단 제대로 갖추면 번거로움과 시스템 장애의 수를 줄일 수 있다.

당신의 생각과 달리 시스템화한 일상은 ADHD의 적이 아닌 아군이다. 이렇게 삶을 관리한다는 의미는, 정상 궤도에 머무르기 위해 외부 지원 시스템을 만드는 것이고, 가장자리에 가드레일이나 완충 장치를 세워서 설사 옆으로 비켜나더라도 부드럽게 제자리로 돌아올 수 있도록 하는 것이다…. 그러면 (더) 평탄한 길로 다시 들어설 수 있다.

가정에서 만드는 시스템들은 어느 정도의 실패를 겪은 후 세워지는 경향이 있다. 조금 부끄럽긴 하지만 나의 경우에는 앉아서 소변을 보는 것이다. 그 이유는 변기 커버를 올리고 일을 본 후에 다시 내려놓거나 주변을 청소하는 일을 자주 잊어버리기 때문이다. 식사를 준비할 때도 마찬가지다. 가스레인지 불 끄기를 깜빡하면서 여러 가지 사건을 겪은 이후에는 이제 불 끄기 타이머를 미리 맞추어 놓는다.

이번 장에서는 일상생활에서 매일 겪는 인생이라는 기차 여행의 궤도에 윤활유를 바를 방법을 살펴볼 것이다. 시작하기 전에 한가지 일러둘 점은, 최고의 시스템을 적용했지만 설사 실패해도 괜찮다는 것이다. 가장 알맞은 방법을 찾는 과정에서 시행착오는 언제나 있는 법이다.

목표 정하기

먼저, 실패하는 부분들을 알아보자. 당신이 ADHD로 인해 좌절감을 맛볼 때는 보통 언제인가? 뭔가를 두고 가는 것? 제시간에 집을 나서지 못하는 것?

고치고 싶은 부분을 목록으로 만들어 보자. 그리고 기억하라, 이 중에서 한 가지만 선택해 시작한다. 당신이 가진 모든 문제를 한꺼번에 해결하려고 하면 부담감에 하나도 제대로 못 할 것이다. 무작정 공격하기보다는 정확하게 하나의 목표를 노려라.

시스템 속 결함을 찾았다면 이제 하루 리듬에 집중하자. 언제 가장 어려움을 느끼는가? 이동할 때? 문밖을 나설 때? 집중해야 하는 순간에? 하루 동안 당신의 집중력과 에너지는 어떤 식으로 유지되는가? 많은 ADHD인이 아침에 배터리가 가장 많이 충전되어 있고 집중도도 매우 높다고 한다.

나도 하루 리듬을 찾기 전까지 힘든 시간을 보냈다. 평일은 대부분 매우 바쁘게 돌아가는데, 아침에 일어나서 아이들을 등교시키는 일상적인 일을 빠르게 처리한 후 다시 집으로 돌아온다. 그리고 사무실에 틀어박혀서 많은 양의 프로젝트가 쏟아져 들어오는 것을 확인한다. 오후 4시쯤 되면 완전히 지쳐 버린다. 예전에는 가족 시간으로 전환되는 오후 5시 전까지 작업을 이어 가려고 애썼다.

그러나 아이들을 데리러 가는 것을 잊어버리거나 완전히 엉뚱한 장소나 엉뚱한 시간에 도착하는 일이 여러 번 발생한 후 나에게는 업무 시간과 가족 시간 사이에 완충 시간이 따로 필요하다는 것을 깨달았다. 이제 나는 긴장을 이완하는 데에 이 시간을 쓴다. 그 결과 오후에 하는 가정과 관련된 내 의무를 훨씬 더 잘 수행하고 있다.

> 제임스 웹 우주 망원경이 약 160만 킬로미터 떨어진 우주로의 여정을 시작할 때, 어느 하나라도 문제가 생기면 제대로 작동하지 않는 344개의 실패 위험 요소가 있었다. 망원경이 달린 우주선을 제대로 제작하는 작업에는 놀랍도록 정교한 기술이 필요했던 것이다. 과학의 경이로움을 갖춘 망원경을 발사 준비 상태로 만들기 위해 세계 최고의 과학자와 기술자 1600명 이상이 모였고 그들은 해냈다.
>
> —펜

당신이 언제 최상의 상태인지 감을 잡지 못한다면 한 주 동안 증상이 나아질 때와 나빠질 때를 모두 기록해서 살펴보자. 혼자 하기가 너무 힘들 것 같다면 함께 사는 사람에게 대신 기록해 달라고 부탁해도 된다. 대신 그 사람이 기록을 하기 위해 자꾸 불러도 절대 화내지 말자.

> **킴이 남긴 메모**
>
> ADHD인 가족 구성원과 함께 사는 사람이라면 당신에게는 당연하다고 느껴지는 일조차 제대로 하지 못하는 모습을 보고 낙심해 '정말로 이 정도도 혼자서 못하는 거야?'라는 생각을 할 것이다. 그러나 본인의 잘못이 아닌데도 혼자 감당하기에 너무 많은 짐을 지고 있는 이들에게는 도움이 필요하다. 당신은 토마토 지지대와 비슷하다. 당신의 도움으로 그들은 지지대를 딛고 더 강해질 것이다. 목표는 ADHD인 사람이 도움 없이도 하루를 무사히 지내는 것이다. 그러려면 초반에는 도움이 필요할 수도 있다.

기록하기

아내는 자신이 해야 할 일을 하루에 50번 정도 말한다. "저 허가서에 사인해야 해"라거나 "오늘은 앤 마리 생일이야. 아이스크림 케이크 주문해야지"라는 식이다. 이렇게 입 밖으로 꺼내면서 자신을 밀어붙인다. 그러나 나의 두뇌에는 맞지 않는 방식이다. 나에게 효과 있는 것은 기록하는 것이다.

ADHD들을 위해 아인슈타인의 유명한 말을 인용해 보면, '적을 수 있다면 굳이 기억하려고 노력하지 마라'. 나 또한 할 수 있다면 모두 기록하는 것을 지향한다. 이 행동은 조리대를 닦는 것뿐만 아니라 온라인 뱅킹 비밀번호를 기억하는 것 같은 일상적인 활동에도 적용된다.

처음에는 그렇게 내키지 않았다. 마치 과거에도 똑똑하지 않았고 지금도 똑똑하지 않다는 것을 인정하는 것만 같았다. 사실 나는 기억력이 매우 좋다. 지금도 초등학교 때 친구들 집 주소를 기억하고, 아이폰이 나오기 전(모든 인간이 전화번호 기억하기를 그만 둔 시기)에 외웠던 노스캐롤라이나의 롤리에 있는 거의 모든 피자집 전화번호를 기억한다. 그리고 한번 들은 노래는 그 선율을 절대 잊지 않는다. 그러나 놀라운 기억력도 하루의 업무를 해 나가는 것에는 그다지 도움이 되지 않는다. **내가 무언가를 잘 기억할 능력이 있다고 해서 그것을 실제로 기억한다는 의미는 아니기 때문이다.** 그래서 이렇게 되뇐다. '펜, 너는 아직도 대단한 기억력을 가지고 있어. 단지 이 내용이 흥미롭지 않아서 머릿속에 들어가지 않는 거지. 하지만 이걸 기억하지 않는다면 네가 사랑하는 사람이 불편해 질 거야. 그러니 이건 매우 중요한 거지. 자 이제 적어 놔, 제발.' 내가 추천하는 방법은 주기적으로 해야 하는 모든 일을 리마인더용 메모지에 적고 잘 보이는 곳에 두는 것이다. 작업실 문 앞에 걸린 화이트보드에는 '방을 정리한 후에 나가기'라고 적어 둔다. 노트북 안에 붙인 포스트잇에는 '점심 도시락 싸기'라고 적어 둔다. 그러면 충분히 방을 정리하고 점심용 샌드위치를 만들 수 있다. 당신에게 필요한 것은 단지 직접적으로 볼 수 있는 리마인더들이다.

어릴 때는 해야 할 일들이 언제나 머릿속에서 스르르 사라졌다. 할 일들을 얼마나 자주 기억하려고 노력했든 상관이 없었다. 나는 집 이곳저곳(집안 계단에도)에 옷을 벗어 두고 학교 버스를 놓치고 숙제를 다 하고도 제출하는 것을 종종 잊었다.

내가 글을 읽을 수 있게 된 이후로 어머니는 해야 할 일을 적어 둔 메모지를 매일 남겨 두셨다. 이렇게 적혀 있었다. '좋은 아침이야. 오늘 농구 연습 있는 거

잊지 말렴. 냉장고 안에 파히타[1] 남은 게 있단다.' 그리고 어머니는 주방 조리대 위, 내 가방 안, 화장실 거울에 메모를 두기도 했다. 모두 내가 볼만 한 곳들이다. 만약 어머니가 출근하러 나가기 전에 이 두 가지 정보를 말로만 전했다면 퇴근해서 집에 돌아왔을 때 밥도 먹지 않고 TV 앞에 앉아 있는 나를 발견했을 것이다. 내가 메모를 보았다면 그대로 할 일을 했을 것임을 아셨던 거다. 중요한 점은 어머니가 오후에 하던 일을 그만두고 다시 집으로 돌아와 나를 끌고 농구 연습장으로 데려가거나 텍사스·멕시코 퓨전 요리를 숟가락으로 떠서 직접 내 입에 넣어 주지 않았다는 것이다. 어머니는 자신의 역할을 했고 그 일을 하는 것은 온전히 내 몫이다.

ADHD 뇌는 외부의 많은 지지대와 발판에서 도움을 받는다. 생각으로만 알림을 설정하면 이 내용은 뇌에 도착하자마자 사라지지만, 시각적으로 보이는 알람은 뇌를 자극한다.

일단 당신의 실패 지점을 파악했다면 포스트잇을 마음껏 활용해 보자. 잠자리에 들기 전에 휴대전화 충전을 항상 잊어버리는가? 그러면 침대 옆 테이블에 포스트잇을 붙여 두자. 화분에 정기적으로 물을 주는 것을 자꾸 잊어버려서 마치 모하비 사막에 사는 식물을 키우는 것 같은가? 그러면 싱크대 옆에 물조리개 그림을 그린 포스트잇을 붙여 보자. 매일 양치질을 했는지 기억나지 않는가? 그러면 화장실 거울에 포스트잇을 붙여 보자. 당신의 할 일이 보일 것이다!

---

1 채 썬 고기나 채소를 옥수수부꾸미에 싸서 새콤한 크림을 얹어 먹는 멕시코 요리.

일일 체크 리스트를 칭찬하며

정말 단순한 일처럼 보이지만 하루에 해야 할 일을 리스트로 작성해 두면, 어떤 일도 무심히 넘기지 않고 그날의 일과를 완수하는 데 도움이 될 것이다. 매일 처리해야 할 일을 모두 기억한다고 해서 장학금을 받는 게 아니니 인류가 개발한 도구를 사용해서 일과를 따로 기억해 내는 노력은 줄이도록 하자.

체크 리스트는 시각화의 한 형태다. '함께 활성화되는 뉴런끼리는 연결된다'라는 말을 들어본 적 있는가? 당신이 앉아서 해야 할 일을 떠올릴 때 그 과정에서 할 일에 필요한 뇌의 영역이 활성화된다. 또한 일과를 완료하는 자신의 모습을 시각화하는 것도 뇌에 회로를 형성하는 데 도움이 되며, 반복적인 행동이 뉴런의 연결을 강화한다. 당신이 체크 리스트를 작성하거나 일을 완료하는 자신의 모습을 시각화할 때마다, 새로운 신경 경로가 형성되고 기존의 경로는 강화될 것이다. 그러면 다음에 비슷한 일을 할 때 계획을 실행하기가 더 쉬워진다. 집행 기능과 ADHD 코칭 전문가 러셀이 '마법은 계획하는 과정에서 발휘된다'라고 말한 이유다.

체크 리스트를 만들 때는 먼저 그날 하루 무슨 일을 해야 하는지 생각해 본다. 그리고 일들을 최대한 작은 단위로 나누고 각 항목 옆에 작은 상자를 그려라. 이 부분이 가장 중요하다. 이 네모 상자는 그날 일을 완료했을 때 실제로 체크 표시를 하는 공간이다. (안녕, 보상!)

다음은 내 아침 일상 목록이다:

☐ 양치질하기

- ☐ 샤워하기
- ☐ 옷 입기
- ☐ 욕실 수건 걸어 두기
- ☐ 아침 식사 준비하기
- ☐ 아침 식사 설거지하기
- ☐ 아이들 간식 싸기
- ☐ 강아지 산책시키기

이런 체크 리스트 시스템은 특히 새로운 루틴에 적응해야 할 때 더 유용(가령 새 학기가 시작되는 때)하며, 평소의 루틴에 집중하기 어려울 때(휴가를 계획하느라 들떠 있을 때)도 사용하기 좋다.

디지털 vs 아날로그

현대 기술을 볼 때면 경이로운 마음이 들면서도 한 편으로는 압도된다. 디지털 세상은 정리 정돈을 하고 이 모습을 유지하는 것에 놀라운 효과를 발휘하지만, ADHD인 사람들에게는 예전 방식이 더 좋을 수 있다. 디지털 수첩과 달력의 기능은 매우 훌륭하지만, 이걸 하다가 스마트폰 블랙홀에 빠져 다른 길로 새어 버릴 가능성 역시 커진다. 나는 러셀의 조언에 따라 일과를 성문화하는 작업에 대부분 아날로그식 접근법을 택한다. 당신도 하루가 부드럽게 지나갈 수 있도록 종이 계획표와 포스트잇을 대량 구매해 쓰기를 추천한다. 우리 집에는 가족이 다 같이 보는 커다란 달력이 냉장고에 붙어 있다. 한눈에 보기에는 좋지만, 개인적으로 나의 두뇌는 한 달 계획표보다는 책 같은 형태의 일주일 계획표를 좋아한다. 매일 한 달 계획표를 보는 것도 스트레스다.

(여담: 방금 10분 동안 한 달 계획표가 왜 내게는 스트레스로 다가오는지 고민해 보았다. 그리고 떠오른 것들이다:)

> 1. 한 달 동안 해야 하는 수많은 일이 나를 쳐다보는 것 같다. 3주 뒤에나 있을 치과 예약을 지금 알고 싶지는 않다.
> 2. 한 달 계획표에는 일일 작업을 적을 수 있는 공간이 부족하다. 그래서 보상에 필요한 네모 상자를 넣을 곳이 없다—내가 오직 기억하는 건 이것밖에 없는데.
> 3. 어떤 달은 화요일로 끝나기 때문에 내 머리는 혼란스러워진다. 이런 달은 수요일이 되어서야 달력을 뒤집는다. '세상에, 이번 주가 이렇게 엉망진창인 줄 몰랐네!'라는 생각이 든다.
>
> 일주일? 여기에는 이런 문제가 없다. 일주일은 목표를 달성하기 위한 시간 범위가 한 달보다 더 짧다. 나는 몇 주 전에 할 일을 미리 적어 넣고 일요일 밤에 일주일 분량의 일정만 확인한다.

일정 따르기

만약 앞으로 일어날 일들을 정확히 알고 있다면 삶은 한결 수월하게 지나갈 것이다. 나의 집행 기능과 조절 능력은 처리할 시간을 따로 정해놓지 않은 여러 가지 요구들에 부딪힐 때 제대로 기능하지 않는다.

우리 부부가 직접 사업을 운영한다는 의미는, 아내와 나에게 일정을 정할 자유가 있다는 뜻이다. 특히 학교 행사나 우리가 정말 좋아하는 가족 모임이 있을 때는 정말 축복이 아닐 수 없다. 그러나 작업의 흐름에 주의하지 않으면 할 일 목록은 눈사태처럼 뭉쳐져 빠르게 달려올 수도 있다. 올해 여름이 막 시작되던 때, 평소와는 다른 엄청난 수의 프로젝트가 우리를 향해 내려오는 것을 알았다. 이것을 보자 가슴이 두근거렸다. 먼저 아내와 나는 앉아서 어떤 작업을 해야 할지 8주간의 전체 일정을 짰다. 그리고 매시간 무슨 일을 해야 하는지 (또는 어떤 일이 벌어질 가능성이 큰지) 정확히 인지했다. 순간순간 힘들 때도 많았지만, 이렇게 미리 일정을 짜 두었기에 혼란스러운 마음이 들 때면 계획표라는 더 큰 권위에 기댈 수 있었다.

> **킴이 남긴 메모**
>
> 나는 남편이 머릿속에서 너무 많은 문서 창을 열었을 때를 잘 눈치챈다. 뭔가가 제대로 진행되지 않을 때면 남편은 이런 상태다. 남편이 요리 중에 통화를 하다가 주방 밖으로 나갔다고 가정해 보자. 프라이팬에 있는 소스는 여전히 끓고 있을 것이다. 20분 후 주방으로 돌아온 후에야 소스가 졸아서 프라이팬 바닥이 탄 것을 알게 된다.
>
> 이렇게 일이 많아도 떠안으려고 하는 게 인간의 본성인지, 아니면 2024년이라는 해의 특성인지는 모르겠지만 당시 우리는 과도한 업무를 맡고 있었다. 정말 해도 해도 너무 했다는 생각이 들 정도였다. 월간 일정은 마치 고난도 테트리스 게임처럼 보였다. 남편은 일정이 과하게 빡빡하면 그 자신도 여기에 압도당해서 매우 부정적으로 바뀐다. 우울함이 바닥을 치면서 큰소리로 이렇게 걱정한다. "우리는 절대 이 프로젝트를 다 하지 못할 거야. 절대 완수하지 못할 거라고." 그러면서 부정주의의 소용돌이 속으로 빨려 들어간다. 당신도 실제로 이 모습을 목격하기 전까지는 상상하기 어려울 것이다. 최근에야 남편은 자신의 이런 부분을 자각하고 또다시 그 소용돌이로 빨려 들어가기 전에 미리 문제를 예측하려고 노력했다. 항상 남편은 일요일 밤에 달력을 확인한다. 만약 일정이 아주 많으면 이렇게 혼잣말로 이야기한다. "정말 일이 많군. 이번 주는 집행 기능으로 힘든 시간을 보내겠어." 이 말은 내가 질문을 던져야 하는 신호다. 일정을 함께 보며 이렇게 물어본다. "어떤 걸 필수적으로 해야 하고 어떤 걸 추가하는 게 좋을까? 다시 일정을 재조정하거나 완전히 없앨 만한 게 있을까?" 이런 식으로 남편에게 일부 프로젝트가 실제로는 무리한 일이란 것을 상기시킨다. 사실상 남편이 한번에 네 곳에 있을 수는 없지 않은가. 헤르미온느처럼 시간을 되돌려 동시에 여러 일을 해낼 수는 없다. 그래서 우리는 활동 목록의 수를 줄이도록 노력할 것이다. 이 방법은 사실 내게도 도움이 되는데,

다른 사람들이 실망하게 하고 싶지 않은 마음에 웬만한 요청을 다 받아들이는 성격 탓이다. 그러니 우리 둘 모두에게 여섯 가지 일을 동시에 하는 것보다 하나를 완벽하게 해내는 게 더 좋다.

현명하게 일정 짜기

계획표를 짜서 인쇄한 후 사람들에게 보여 주기. 일정을 면밀하게 짜 두면 낭비하는 시간을 줄일 수 있다. 나의 경우 그날의 일정을 적어서 얼굴에 들이밀어 주어야 하는 타입이다. 그래서 우리 가족의 일정은 집안에서 누구나 볼 수 있는 곳에 붙여져 있다. 집에 있는 냉장고는 스테인리스 스틸이 아니라 자석을 사용할 수 없어서 보통 테이프로 붙여 둔다.

기계 장치는 제외하기. 나는 계획과 일정을 짤 때 종이를 선호하는 사람이기 때문에 기계 장치들은 다음 일로 넘어갈 시간을 알려 줄 알람으로 사용한다. 보통 통화를 하거나 촬영을 시작하기 위해 아래층으로 내려가기 10분 전에 알람을 설정해 둔다.

유예 기간 두기. 각 업무 사이에 여유를 두어 일에 지장이 있을 경우를 대비한다. 어떤 장소에 가는 데까지 15분 정도 소요될 것으로 예상이 되면 20분 정도로 잡고 준비하는 것이다. 프로젝트 하나가 2시간 정도 걸릴 것으로 생각되면 안전하게 2시간 30분을 잡는 것이다.

일과 따르기. 삶이 허락만 한다면 예측 가능한 일과를 따르려고 노력하자. 내 일정은 조금씩 달라지긴 하지만 기본적으로 커피, 카풀, 두 번째 커피, 짧은 휴식을 곁들인 3시간의 업무, 점심 식사(근무 시간을 더 단축하고 싶어서 10분 정도다), 짧은 휴식을 곁들인 집중적인 몇 시간의 추가 업무, 운동, 샤워, 저녁 식사, 즐거운 시간, 수면으로 정해져 있고 거의 매일 이 루틴을 따른다. 이는 마치 수학과 같다. 변수가 적을수록 정신적으로 혼란스러워질 가능성은 줄어든다.

재미없는 것 먼저 하기. 일정을 짤 때 재미없는 활동으로 시작해서 재미있는 활동으로 넘어가도록 만들어 보자. 지루한 일을 먼저 끝내고 나면, 다음 길로 넘어가는 것을 더 성공적으로 해낼 수 있다.

지루함 타파하기

최고의 계획을 짜더라도 약간의 지루함은 어쩔 수 없다. 자극을 전혀 불러일으키지 않은 상황에 갇혀 있다면 의욕을 조금이라도 부추기기 위해 다음과 같은 방법을 써 보자:

- 자문해 보자. '좋아하는 TV 쇼에 나오는 등장인물의 이름을 얼마나 많이 댈 수 있는가?' (한번은 〈30 Rock〉에서 나오는 등장인물의 이름을 200명 이상 말한 적 있는데, 어찌나 신나던지.)
- 동승자석에 타고 간다면 도로 표지판을 보고 A로 시작하는 단어를 찾아보자. 다음에는 B, 그다음에는 C 이런 식으로 계속한다. 그리고 Z까지 다 할 수 있는지 보라. 힌트: X는 정말 쉽지 않다. 이때 X 프레스 루브[2]가 보이거나 XTRA 트레일러 임대 회사가 보이는지 찾아보자. 또는 자동차 모델 이름까지 허용한다면 할 만할 것이다.
- 십자말풀이를 해 보자. 나는 대학생 때부터 이 게임을 했는데, 하면 할수록 실력이 늘었다. 게다가 문제를 풀다 보면 새로운 단어와 잡지식도 배울 수 있다. 이 퍼즐을 얼마나 많이 했는지 따로 좋아하는 십자말풀이 제작자가 있을 정도다.
- 십자말풀이를 즐기지 않는다면 듀오트리고들을 해 보자. 아이들과 나는 이 게임을 정말 좋아하는데, 마치 스테로이드를 과다 복용한 워들 버전이라 생각하면 된다. 한번에 문자를 32개 주고 37번의 추측 안에 모두 맞추

---

2 자동차 정비소.

는 게임이다. 언뜻 들으면 불가능해 보이지만 그렇지 않다. 논리를 사용해 확률이 높은 추측을 해야 한다. 나는 이 게임을 하다가 잘 풀릴 때면 마치 슈퍼볼에서 응원하는 팀이 우승한 것처럼 흥분해서 종종 소리를 질렀는데, 우리 식구는 이런 모습에 매우 익숙하다. 지금까지 두 번 완벽한 추리를 해냈는데, 32번의 추측으로 완성했다.

- 켄켄 퍼즐[3]이나 스도쿠 역시 해 볼 만한 재미있는 게임이다. 아니면 휴대전화로 체스를 두는 것도 좋다.

물건은 필요한 곳에 두기

이 조언이 그다지 마음에 들지 않을 수도 있지만, 정리 정돈은 꼭 해야 한다. 물론 여섯 페이지에 달하는 색인이 포함된 상호 참조 파일이 필요하지는 않지만, 물건을 올바른 장소에 보관하고 있는지는 꼼꼼하게 살펴봐야 한다. 연기 감지기용 배터리를 찾을 때는 한 시간이 아니라 일 분이면 충분하게 만들어야 한다.

 너무 간단한 조언 같지만 속하는 곳, 즉 당신이 가장 자주 찾는 장소에 물건을 두는 건 중요하다. 우리는 너무 자주 습관적으로, 또는 관성의 법칙처럼 특정 장소에 물건을 보관한다. 정수용 물병은 냉장고에 넣어 두면서 교체용 정수 필터는 지하실에 보관하는 사람이 많을 것이다. 이 필터를 주방 싱크대 아래에 두는 건 어떨까? 우리 집에서는 아침에 아들 칫솔을 아래층으로 옮겨놓아 아래층에서 식사한 아이가 양치질하고 나갈 수 있도록 했다. 이리저리 이동하는 도중에

---

[3] 스도쿠의 규칙을 기본으로 하고 연산의 규칙이 추가된다.

다른 잠재적인 방해 요소의 소굴을 마주칠 필요가 없게 말이다.

또 다른 훌륭한 물건 정리 기술 중 하나는 나가기 전에 필요한 모든 물건을 '출발 박스'에 정리하는 것이다: 핸드백이나 가방, 지갑, 열쇠, 선글라스 등. 이런 물건들을 한곳에 모아두면 물건 찾기가 원스톱 쇼핑처럼 간편해진다.

나는 또한 러셀 박사의 조언에 따라 집에서 자주 잃어버리는 물건들의 여분- 이어버드, 휴대전화 보조배터리, 차고 문 리모컨 등-을 두는 장소를 따로 정해 두었다. 그러면 당장 필요하거나 급할 때 바로 이 저장 장소에 가서 쓸 수 있다. 한 달에 한 번씩 집안을 샅샅이 살펴보고 잃어버린 물건이 어디에 있는지 찾아 보자. 필요하다면 보관함도 보충해서 여분의 충전기 등이 필요할 때 바로 사용할 수 있도록 하자.

킴이 남긴 메모

내가 그냥 내버려두면 우리 집은 다큐멘터리 〈호더스〉[4]에 나오는 상태가 될 것이다. 그래서 하루를 마무리할 때 다음날 완전히 혼돈의 장소로 아침을 시작하지 않도록 우리 가족은 '험프티 다시 돌려놓기'[5] 시간을 가진다. 식구 전체가 15분 동안 자신의 물건을 처음 있던 자리로 되돌려 놓는 일이다. 이 15분으로 몇 시간 동안 물건을 찾는 수많은 시간과 내 정신 건강을 지킬 수 있다.

---

4 저장 강박으로 엉망이 된 집 정돈을 돕는 프로그램.
5 험프티 덤프티라는 전래 동화에 나오는 달걀이며, 담장에서 떨어져서 깨졌을 때 사람들이 다시 제 모양으로 돌려놓는다는 내용.

분실: 당신의 물건을 지키는 요령들

당신의 ADHD 두뇌가 나와 비슷하다면 물건을 정말 많이 잃어버릴 것이다. 계획되지 않은, 보통은 성공적이지 못한 보물찾기는 짜증을 유발할 뿐만 아니라 비용이 많이 들기도 한다. 필요 때문에 나는 소지품을 분실하지 않도록 하는 몇 가지 요령을 터득했다.

요령 #1: '차에서 내릴 때' 노래를 부른다.

하버드 연구팀은 최근 노래가 기억과 관련된 두뇌의 영역을 활성화한다는 연구 결과를 내놓았다. 나 역시 기억을 상기시키는 노래를 부르면 기억력이 올라간다는 사실을 이제 잘 알고 있다. 예컨대 차에서 내릴 때(특히 내 차가 아닐 때)마다 소지품을 챙겨야 한다는 생각이 들면 '머리, 어깨, 무릎, 발' 동요 음률에 맞추어서 이렇게 부른다:

안경, 지갑, 열쇠, 휴대전화, 열쇠, 휴대전화

안경, 지갑, 열쇠, 휴대전화, 열쇠, 휴대전화

만약 이걸 잊어버리면 너는 괴로워질 거야

안경, 지갑, 열쇠, 휴대전화, 열쇠, 휴대전화

요령 #2: 카고바지 입기.

사람들은 나에게 이렇게 이야기하는 걸 좋아한다. "네 머리가 몸에 붙어 있지 않았다면 그것도 잃어버렸을 거야." 정말 웃기지 않는가. 참신한 표현이다. 하지만 사실 여기에 핵심이 있다. 예초기로 인한 예상치 못한 사고가 아니라면 몸에 붙어 있는 것이 사라질 일은 거의 없다. 그래서 나는 인정하기 조금 부끄러울 정도로 카고바지를 정말 자주 입는다.

이 바지는 1930년대 군인들이 주머니에 지도와 붕대를 넣어 전투 중 두 손을 자유롭게 하려고 영국 군대에서 처음 만들었다고 한다. 이런 놀랍도록 유용한 바지에는 똑딱이 단추나 일반 단추가 붙은 주머니가 있어서 물건이 잘 떨어지지 않는다. 그리고 매우 가볍고 편하며 가격도 적당하고 1990년대 브리트니 스피어스 스타일로 약간 유행을 탄 것들도 있다.

물론 작은 가방이나 책가방, 슬링백이나 다른 남성용 가방 안에 휴대전화, 지갑, 열쇠, 마스크, 흡입기, 식료품 목록 등을 넣어 다닐 수는 있다. 하지만 이는 동시에 모든 소지품을 한순간에 잃어버릴 수 있는 아주 쉬운 방법이기도 하다. 카고바지를 입으면 밖에서 바지를 벗지 않는 한 소지품을 지킬 수 있을 것이다.

> 방금 '카고바지가 유행인가?'라고 구글에 검색해 보았더니 (2023년 가을을 기준으로) 지금 인기를 끄는 옷이라고 한다. ADHD로 인한 승리가 아닌가!
> —쩬

> 세탁 바구니에 바지를 넣기 전에 주머니를 반드시 확인해야 한다. 예전에 주머니 몇 개를 확인하는 걸 깜빡하는 바람에 다른 옷까지 립밤 범벅이 된 일이 있었다.
> —쩬

나는 지갑 바지나 다름없지.

요령 #3: 음식을 따라가기

당신이 뭔가를 분실하고서는 머리를 긁적이며 도대체 어디에 있는지 찾으려고 할 때 가능성 큰 답은 바로 이것이다: 음식 근처. 간식을 먹는 일은 거의 언제나 지금 하는 일보다 더 즐겁다. 그러니 뭔가를 잃어버리고 찾는 중이라면 바퀴벌레를 찾는 척하면서 빵 부스러기를 따라 가장 가까이 있는 음식물 주변을 살펴보자. 그곳에서 잃어버린 물건을 찾을 확률이 매우 높을 것이다.

요령 #4: 구매하면 좋은 물건들

1. 자석. 당신이 ADHD라면 분명 자동차 지붕 위에 뭔가를 두고 잊을 가능성이 크다: 열쇠, 지갑, 또는 커피잔. 이때 자동차 지붕에서 당신의 시선이 자연스럽게 닿는 곳 부근에 자석을 붙여 두자. 그러면 차에 타기 전에 이 자석을 보고 지붕을 전체적으로 훑어볼 수 있다.

2. 커다란 휴대전화. 휴대전화를 구매할 때 가능한 가장 큰 사이즈를 고르도록 하자. 조그마하고 앙증맞은 것으로 사버리면 주머니에 넣어 두고서도 잊을 것이다. 사전 정도의 크기라면 잃어버릴 일은 거의 없다.

3. 가짜 반지. 결혼했다면, 온라인으로 가짜 결혼반지를 구매하라. 구매하는 김에 몇 개 정도 사놓자. 진짜 반지는 안전 금고에 넣어 두고 특별한 날이나 유산으로 물려줄 때 꺼내도록 하자. 나는 개인적으로 결혼반지를 세 번 잃어버렸다. 그렇다. 정말이다. 이 방법 말고도 배우자의 이름을 손가락에 문신하는 방법도 있지만, 가짜 반지가 덜 아프지 않겠는가.

4. 반짝이는 키링. 열쇠에 장식용 키링을 달고 참을 초대한 많이 걸어 두자. 포켓몬, 닌자 거북이 등 당신이 좋아하는 걸 많이 걸어 보자. 이렇게 장식을 꽉 채우면 거대한 열쇠고리를 만들 수 있다. 이 방법은 휴대전화와 원리가 같다.

클수록 좋다.

5. 저렴한 선글라스. 잃어버릴 게 분명하거나, 뒷주머니에 넣고 깜빡하고 앉아서 부서질 게 뻔한 번드르르한 선글라스에 250달러나 쓸 필요가 있는가? 그냥 저렴한 것으로 사자. 도수를 맞추어야 한다면 저렴한 것을 찾기가 쉽지 않을 것이다. 콘택트렌즈를 사용할 수도 있지만 (한번 착용하면 잃어버릴 일이 거의 없다) 안경만 쓴다면 선글라스를 휴대전화에 함께 연결하는 등의 간단한 방법이 있는지 찾아보자. 당신이 이런 장치를 개발한다면 하루아침에 엄청난 부자가 될 것이다.

> **킴이 남긴 메모**
>
> 이 요령들은 정말 대단한 효과를 발휘하고 시도하기도 간단하다. 나는 일주일에 한 번 정도 우편함을 열어 물병, 물병 뚜껑, 신발을 꺼내 온다. 이 물건들은 남편이 어딘가 두고 가서 친구들이 소포로 보내 준 것들이다. 우편배달부는 친구들이 남편을 놀리기 위해 보내는 거로 생각할 게 분명하다.

당신의 삶은 디즈니 주인공 수준의 행운에 닿지는 못하겠지만, 노력을 약간 한다면 적어도 곤란한 상황이 닥치는 재앙에 대비할 확률을 높일 수 있을 것이다.

14장
주변 환경 조정하기

나도 집중해야 할 때면 〈아내는 요술쟁이〉에 나오는 사만다처럼 코만 살짝 씰룩거려서 마법을 부렸으면 좋겠다. 그러나 실제로 효과가 있는 방법은 이것보다 덜 재미있는 것인데, 바로 주변 환경을 실제로 조정하는 것이다. 생각만큼 획기적인 방법은 아니겠지만, 적절한 환경은 왔다 갔다 하는 산만한 정신을 안정적으로 몰입할 수 있게 만들어 준다.

빠르게 다시 상기시키자면, ADHD는 집중력이 나쁘다는 의미가 아니다. 다른 모든 흥미로운 것들이 두뇌를 방해하기 때문에 필요한 곳에 적절하게 집중하지 못하는 것뿐이다. 이런 방해물들은 애정을 갈구하는 아이처럼 주의력 앞에서 보채고 있다. 그것이 당신의 시선을 사로잡고 몸을 움직이라고 요구하는 소리든, 아니면 강력한 허리케인 수준으로 두뇌로 밀고 들어오는 생각이든, 방해물은 정말 많다. 뇌 기능이 정상적인 사람들에게 길가를 지나가는 도로 청소차는 단지 배경소리로 자연스럽게 걸러지지만, ADHD 뇌에선 휘잉거리거나 웅웅대는 시끄러운 소리가 '무슨 일인지 반드시 알아내야 해'라는 스위치를 켠다. 그래서 나는 이 소리가 나면 바로 창문으로 달려가 확인해 본다.

이번 장에서는 당신의 환경을 바꿀 좋은 아이디어를 살펴볼 것이다. 그러면 방금 책상 밑에서 발견한 추억의 장난감 '에치 어 스케치'가 아닌, 해야 할 일에 더 집중할 수 있을 것이다.

이 책을 집필하는 동안 방해가 되었던 것들

- **새.** 이곳 노스캐롤라이나에서 무슨 일이 벌어지고 있는지 정확히는 모르겠지만 여기에는 어마어마하게 새가 많다. 그리고 종류도 다 다르다. 나는 멀린이라는 조류 관찰 앱에서 정말 멋진 형태의 새들을 확인해 보기도 했다. 아직은 돋보기가 필요 없는 나라면 멀린에 한번 들어가 보는 것을 추천한다.
- **판타지 축구 게임[1].** 나는 언제나 모의 드래프트[2]를 한번에 끝낼 수 있다….
- **스펠링 비 게임[3].** 우리 회사 직원이 이 게임을 소개해 주었다. 〈뉴욕타임스〉 홈페이지에서 할 수 있는데 완전 중독적이다.
- **해수면 온도 상승과… 우주여행.** ADHD의 여정에서 이 주제는 어떤가? 빠져들 만하지 않은가? 나는 최근 몇 년간 바닷물이 얼마나 따뜻해졌는지를 알고 정말 겁이 났다. 올해 초, 가까운 미래를 배경으로 한 공상과학 소설 『Delta-v(델타-V)』를 읽었다. 통제할 수 없는 지구 온난화로 인해 소설의 억만장자는 최고의 전문가들을 모아 우주로 가서 소행성을 채굴하도록 한다. 그런 다음 달에 제조시설을 세워 우주에 새로운 사회를 건설하기 시작하고 급속하게 온난화가 진행되는 지구에는 온도를 낮출 시간을 준다. (책에서 더 논리적으로 잘 설명되어 있다. 믿고 읽어 보길.) 이 책을 읽은 후 나는 기후 변화, 해류, 희귀 금속 소행성 채굴, 우주 비행체를 지구에서 쏘아 올리는 대신 우주에서 직접 제작하는 가능성에 관해 끝없는 탐구를 하게 되었다.
- **각 분야 최고의 전문가를 모으는 내용의 영화와 책.** 많은 영화나 책에서 지구적 재앙

---

1 자신이 원하는 대로 선수들을 뽑아 팀을 만들고 그 선수들이 실제 경기에서 올리는 성적을 대입시켜 가며 겨루게 하는 가상 게임의 일종.
2 선수를 선택하는 절차.
3 단어 철자를 맞추는 게임.

의 위협을 주제로 삼고, 이를 극복하기 위해 주인공들은 각 분야 최고의 전문가들을 모은다. (약 15년 전에 빌 시몬스가 진행하는 팟캐스트에서 애덤 캐롤라가 나와 이와 비슷한 이야기를 했다. 정말 대단하다고 생각했다.) 나는 이 책을 쓰는 동안 각 분야 최고 전문가들을 모은다는 내용의 책을 6권, 영화는 12권 정도 보았다.

- 아래는 그 목록들이다:

각 분야 최고의 전문가를 모아 재앙을 막는다는 내용의 책과 영화 Top 10

10. **유랑 지구**(상상력이 정말 풍부한 영화)
9. **Delta-v**(델타-v)
8. **아마겟돈**
7. **인디펜던스 데이**
6. **코어**(평점이 형편없지만, 그런 것에 개의치 않고 이 영화를 정말 좋아한다. 대본이 45분 만에 나온 게 무슨 상관이겠는가. 여기에서는 말 그대로 이렇게 말한다. "여러분들은 각 분야의 최고이기 때문에 여기에 모셨습니다." 그래 바로 이거야.)
5. **삼체**
4. **The Andromeda Strain**(안드로메다의 위기)(영화가 아니라 책이다)
3. **인터스텔라**
2. **쥬라기 공원**(책과 영화)
1. **세븐이브스**(매우 큰 차이로 1위를 한 책이다. 이렇게 멋진 첫 문장을 나는 읽어 본 적이 없다: '달은 아무런 경고도, 뚜렷한 이유도 없이 폭발했다.')

집중력을 개선하는 환경 조성 다섯 가지 방법

방해 요소가 다가오기 전에 미리 차단하는 것이 집중력을 높이는 핵심이다. 그러니 문제가 될 만한 것을 미리 피하는 것을 우선으로 두자. 방해 요소를 피하는 행동은 다이어트 중인 사람이 애초에 프링글스를 사지 않는 것과 비슷하다. 간식을 먹고 싶을 때 건조 사과를 먹든지 아니면 아무것도 입에 대지 않아야 한다. 성공적인 미래를 위해 당신은 미리 몇 가지 결정을 내려야 한다.

1. 경계선을 확보하라

내가 추천하는 방법은 잠재적 방해물에서 떨어진 곳에 작업 공간을 만드는 것이다. 함께 일하는 동료가 와서 자신이 틱톡에서 배운 새로운 저글링 속임수를 보여 주는 것을 이길 수 있는 서류 작업은 없다. 작업실 문을 닫아 둘 수 있다면, 또는 문 앞에 방해하지 말라는 문구가 적힌 표지판을 붙일 수 있다면 방해 요소는 줄어들 것이다.

나의 사무실은 다락방에 있다. 그래서 다른 사람이 사무실 방을 나오거나 화장실을 가는 길에 이곳에 올 일이 거의 없어서 내 계획 없이 다른 사람들과 이야기를 나눌 일을 매우 적다. 또한 의도적으로 가능한 주방에서 가장 먼 곳으로 장소를 정했는데, 요리할 때 흘러나오는 매력적인 사이렌 같은 노랫소리(잠깐, 음식이 노래를 부를 수 있나?)는 저항할 수 없을 정도로 강력하기 때문이다. 음식의 냄새와 모양과 맛, 심지어 10년 된 트

윙키 과자조차도 지금 하는 일의 집중력을 빼앗아 갈 수 있어서 나는 이 유혹을 피해야 한다. 그래, 얼마나 이상하게 들릴지 안다. 하지만 일단 일을 시작하면 커피 캔조차도 신경 쓰일 때가 있다. 그래서 나는 얼음이 든 물만 마신다.

전문가 팁: 당신이 집중이 필요한 일을 해야 할 때 친구와 가족을 함께 끌어들여라. 그들에게 지금 방해받지 않는 시간이 필요하다는 사실을 말하자. 어쩌면 큰 프로젝트를 진행하고 있을 때 그들이 깜빡하고 끼어들어 워들을 해 본 적 있는지 물어볼 수도 있지만, 대부분 기억하고 방해하지 않으려고 할 것이다.

2. 당신의 공간을 수정하라

수많은 방해 요소는 '눈에서 멀어지면 마음에서도 멀어진다'의 범주 안에 든다. 아쉽게도 전형적인 ADHD 작업실에는 눈에서 멀어지지 않은 것들이 많은 경우가 대부분이다. 수많은 서류로 가득한 방에서 우리는 정리하는 대신 그냥 그대로 두는 경향이 있다. 내 작업실에 이런 서류가 여기저기 있다면 방해물이 될 기회가 만들어진 것이다. 이때 나는 가사를 쓰는 대신 2년 전에 보았던 공연의 〈플레이빌〉[4]을 집어 들어 '지금 이 출연자들이 무엇을 하는지' 검색하기 시작한다.

물론 개성이 전혀 드러나지 않는 반짝이는 흰색 가구들로 가득한 미니멀리스트 집 같은 곳에서 살거나 그곳에서 일하라는 의미는 아니다. 그러나 정신없어 보이는 공간은 ADHD 신경 체계에 과부하를 줄 수 있다. 직소 퍼즐과 잡다한 상식이 있는 책이나, 오래된 공과금 명세서로 가득한 방은 집중하기에 지뢰밭 같은 곳이다.

내가 주는 조언은, 중요한 것들은 잘 보이는 곳에 두고 그 외의 것들, 특히 전

---

4 연극, 뮤지컬, 오페라 등 공연 예술에 관련된 정보를 제공하는 미국의 유명 웹사이트이자 잡지.

자기기는 모두 치우는 것이다.

내 작업실은 주방에서 두 층 위에 있고 TV나 라디오도 없다. 그리고 휴대전화는 다른 방에 콘센트에 꽂아 충전시켜 둔다. 일할 때는 창문이 없는 벽을 보고 한다. 감옥 같다고 생각할 수도 있지만, 집중이 정말 잘 되어서 마음에 든다. 다른 방해 없이 일에만 열중하게 자유를 주는 내 방은 감옥에 갇힌 것과 반대되는 기분을 느끼게 한다.

전자기기를 가까이 두는 것은 실패의 지름길이다. 스마트폰은 세계에서 똑똑하다고 여기는 사람들이 고안해 낸 장치로, 당신의 집중력을 빼앗아 이 기계 안에 가두어 두고 부드러워질 때까지 잘게 잘라 아주 작은 조각으로 만들어 버린다. 평균적으로 인간은 하루에 85번 정도 휴대전화에 마음이 빼앗긴다고 한다. 다시 말해 당신이 해야 할 일에서 방해받을 기회가 85번 생긴다는 의미다. 그러니 휴대전화가 주변에 있고 켜져 있다면 집중하기는 훨씬 어려울 것이다.

우리의 뇌에는 한계가 있다. 적극적으로 사용하지 않더라도 단순히 휴대전화를 근처에 두는 것만으로 작업 기억과 문제해결에 관여하는 뇌의 능력이 그쪽으로 빼앗긴다. 이와 관련된 실험이 있었다. 참가자들은 휴대전화를 다음 세 곳 중 한 곳에 두었다: 책상, 가방, 다른 방. 그 결과 휴대전화가 다른 방에 있는 사람들이 업무 기억 시험에서 가장 높은 점수를 받았다. 그러니 할 수 있다면 휴대전화는 다른 방에 두자. 그럴 상황이 아니라면 최소한 앱이나 다른 알람을 꺼서 소리를 듣고 확인하는 행동을 하지 않도록 하자.

마지막 조언: 비디오 게임기는 최대한 멀리 두자. 나도 이게 얼마나 재미있는지 너무나 잘 알고 있다. 이것은 마치 슈퍼맨의 유일한 약점인 크립토나이트처럼 집중력의 약점이다.

킴이 남긴 메모

그렇다. 남편의 작업실은 대처로 깔끔하다. 하지만 남편은 잡동사니가 있더라도 브지 않을 수 있는 엄청난 능력 역시 갖추고 있다. 내 생각에는 단순히 ADHD라서 그렇다기보다는 그냥 남편의 두뇌가 그런 식으로 작동하는 것 같다. 현재 다락방은 특수 조명, 전선, 의상을 포함해서, 손님들에게 보여 주고 싶지 않은 모든 것들이 가득한 잡동사니 공간으로 변했다. 심지어 실물 크기의 플라스틱 순록도 있다(설명하자면 길다). 하지만 남편은 책상과 자신의 시선이 닿는 곳만 깔끔하면 나머지 모두를 무시할 수 있다. 나? 뒤에서 루돌프가 쳐다보고 있으면 절대 집중할 수 없을 것이다.

ADHD에 대한 기록: 비디오 게임, 그 중독의 이야기

비디오 게임과의 관계는 '1온스의 예방이 1파운드의 치료보다 가치가 있다'[5]는 것을 실제로 보여 준 사례라고 할 수 있다.

내가 비디오 게임과 사랑에 빠지게 된 계기는 갤러그다. 갤러그는 오래된 게임으로 화면 아래에 있는 우주선을 앞뒤로 움직이며 위에서 떨어지는 괴계인들을 쏘아서 맞히는 방식으로 진행된다. 수백만 달러가 투입되어 화려한 그래픽과 자막을 갖추고 있고 마치 화면 밖으로 튀어나올 것 같이 만들어진 현재의 비디오 게임보다 너무나 방식이 단순한 게임에 완전히 빠져 몇 시간이나 했다는 것을 생각하면 웃음이 나온다. 하지만 별다른 비디오 게임이 없었던 1980년대의 중학생에게 갤러그는 정말 최고의 게임이었다.

모든 비디오 게임이 플레이어들에게 계속하고 싶은 마음이 들게끔 고안되지만, 나는 조금 더 하고 싶은 욕망의 수준을 한참 넘어서 있었다. 다시 말해 배가 완전히 부른데도 아이스크림 선데를 먹고 싶은 욕망 정도가 아니었다. 마치 바늘을 들 힘조차 없는데도 헤로인을 더 맞고 싶어 하는 욕망과 비슷했다. 그 정도로 나는 완전히 갤러그에 중독되

---

5 온스는 파운드의 16분의 1. '예방이 치료보다 훨씬 낫다'는 뜻이다.

어 있었다.

당시에는 비디오 게임을 하고 싶으면 오락실까지 가야 해서 원한다고 마음껏 할 수 있는 상황이 아니었다. 그래서 처음에는 이런 중독이 큰 문제가 되지 않았지만, 어느 순간 이 게임에 너무 빠져 버리자 갤러그를 중심으로 내 생활을 계획하기 시작했다. 종일 이 게임만 생각했다. 학교에서도, 저녁을 먹으면서도, 친구들과 있을 때도 내 머릿속에서는 작은 우주선들이 날아다녔다. 다시 오락실로 가서 갤러그만 더 할 수 있다면 무슨 짓이라도 할 태세였다.

그 당시 나는 자전거를 제대로 타지 못했다. 부모님은 내가 타는 법을 배우면 오락실이 있는 쇼핑몰에 더 자유롭게 갈 수 있을 것이라 말씀하셨다. 그리고 오락실에 가면…, 갤러그를 할 수 있을 터였다. 이후로 자전거 타는 법을 연습했고 몰까지 혼자서 갈 수 있었다. 다시 게임을 할 수 있게 된 것이다. 그리고 집안일을 하고 잔디를 깎아서 용돈을 벌었고 그 돈으로 갤러그를 더 많이 할 수 있었다. 심지어 부모님 주머니에 있는 돈도 조금 훔치기까지 했다. (죄송해요, 어머니.) 몇 년 동안 내가 가장 원하는 것을 물어보면 망설이지 않고 갤러그라고 답할 정도였다.

대학교에 진학하자 마침내 세가 제네시스[6]를 살 수 있었다. 그때부터 정말 신나게 스트리트 파이터, 모탈 컴뱃, 소닉 더 헤지호그, 매든, NHLPA 하키 '93, '94, '95를 했다. 재미있지 않은 게 없었다.

하지만 대학에서는 할 일이 너무도 많았기 때문에 비디오 게임에 대한 집착을 어느 정도는 통제해야 했다. 졸업 후에는 다시 예전으로 되돌아왔다. 하지만 앞으로 어떤 일을 해야 할지도 고민해야 했다. 식당에서 서빙을 한 후 방송국으로 가서 인턴십을 하고 일이 끝나면 자정이었다. 집에 돌아오면 흥분한 두뇌를 가라앉힐 뭔가가 필요했다. 그래서 새벽 5시까지 게임을 했다. 4시간 정도 잠을 자고 다시 일을 나갔다. 당시는 하루하루를 기진맥진하게 보냈고 내가 좋아하는 사회적 관계도 제대로 맺지 못했다. 이는 건강한 삶이 아니었다.

비디오 게임기 앞에서 내게 남은 모든 자유 시간을 보내는 것은 신체적으로 볼 때 그

---

6   16비트 가정용 거치형 게임기.

렇게 나쁘지 않았지만, 다른 사람에게서 에너지를 얻는 외향인이었던 탓에 감정적으로는 최악이었다. 나는 비디오 게임과 함께하며 점점 뇌가 없는 좀비로 변했고 행복하지 않았다. 그러나 게임을 하는 시간을 줄일 수는 없었다.

마침내 수많은 날을 사회와 격리하며 보낸 후 이 게임기를 버려야 한다고 깨달았다. 절대 이성적으로는 게임 시간을 줄일 수 없어서 이것을 내 삶에서 완전히 없애 버려야 했다. 내 환경에서 방해물을 저 거해야 했다.

처음에는 힘들었고 금단현상도 겪었지만, 서서히 세상이 흑백이 아닌 다채로운 색으로 보이기 시작했다. 그래서 절대 게임기를 버린 것을 후회하지 않는다.

3. 편안한 상태를 유지하라

나는 몸이 편하지 않으면 집중할 수 없다. 그래서 프로젝트를 시작하기 전에 1분 동안 몸 상태를 인지하는 시간을 갖는다. 지금 편안한가? 목 부분에 있는 옷 상표 때문에 가려워서 거슬리나? 의자의 높이는 적당한가? 햇볕으로 눈이 부시진 않은가? 방 온도는 적당한가? 나는 방 온도가 정확히 22도일 때 춥다거나 덥다는 느낌이 없어서 이 정도를 선호한다. 적당하지 않은 기온이 얼마나 집중력을 방해하는지 알면 놀랄 것이다. 최대한 자신의 신경을 건드리는 부분이 없도록 하자. 감각 차단 탱크(약한 버전)[7]에 있는 것처럼 말이다.

4. 적절한 자극을 받아라

역설적으로 ADHD 증상은 자극이 충분하지 않을 때 종종 악화된다. 내가 그렇다. 이때 내 두뇌는 패닉 모드로 전환된다. 그래서 반드시, 무조건 자극이 필요하다. 몸을 움직이거나 공상에 빠지는 등의 어떠한 형태로든 자극을 찾아다닌다.

---

7 잠수부들이 훈련을 위해 사용하는 탱크, 모든 외부 자극을 차단한다.

나 같은 ADHD인들에게 조용한 공간은 진정한 호러 영화다. 완벽한 고요함은 집중력에 최악이다. 주변에 약간의 백색소음[8]이나 갈색소음[9]이 들리면 뇌에 부드럽게 자극을 주어 긴장을 완화해 준다. 이런 소리에는 사운드 머신, 낮게 들려오는 음악 소리, 윙윙거리는 에어컨 소리 등이 있다. 누구라도 엄청나게 시끄러운 소리(그래, DJ 음악 정도 될 것 같다)가 들리는 환경에서 최대의 작업능률을 기대하긴 어렵다. 이런 소리는 너무 자극적이라 ADHD 증상을 악화시킨다. 그러나 어느 정도 적당한 외부 소음은 당신 머릿속에서 나오는 소음을 낮추어 줄 것이다.

회사에서 전체적으로 온도를 설정해서 개인이 바꿀 수 없는 곳처럼, 당신이 환경을 조절할 수 없는 곳에서 일하는 상황이라도 큰 변화를 줄 수 있는 간단한 방법이 몇 가지 있다:

- 매니저(또는 관리자)에게 적당한 소음 정도만 노출될 수 있게 헤드폰을 써도 되는지 물어보기.
- 스웨터를 입거나 책상 위에 작은 선풍기를 올려 두고 적절한 온도가 되도록 조정해 보기.
- 사람들이 들어오거나 나가는 문에서 가능한 한 멀리 자리를 옮길 수 있는지 요청해 보기.
- 옷을 입을 때는 멋져 보이는 것보다 편안함에 중점을 두기.
- 다른 것에 방해받지 않고 집중해야 해야 할 때를 대비해서 회의실을 예약해 두기.

---

8 일정한 패턴 없이 전체적으로 일정한 스펙트럼을 가진 소리.
9 백색소음에 비해 소리의 저주파는 강조되고 고주파는 약화되어 부드럽게 들리는 소리.

꼼지락거리기

나는 꼼지락대는 행동을 정말 좋아한다. 내 손을 가만히 두지 않고 계속 움직이면 자극이 적절한 수준으로 올라가서 들뜬 마음이 어느 정도 가라앉는다. 다음은 당신이 고려해 볼만 한 재미있는 관련 도구들이다:

- 피젯 스피너
- 팝잇
- 멍키 누들
- 안전 요원 호루라기(손가락에 줄을 걸고 돌리는 용도)
- 웨키 트랙
- 루빅스 큐브
- 말랑이
- 구슬 자석
- 키네틱샌드

킴이 남긴 메모

나는 남편이 소개한 것을 모두 구매했다. 팬데믹 시절에 계속 이어지는 화상회의와 수업에서 남편과 아기들이 집중할 수 있도록 만들 목적이었다. ADHD가 없는 사람이라도 팝잇을 가지고 놀면서 순수하게 즐거움을 느낄 수 있는데, 다치 재사용이 가능한 만족스러운 뽁뽁이 같다. 화상회의가 길어질 때면 나 역시 아이들의 팝잇을 가지고 논다.

5. 시각적 자극을 이용하라

나는 책을 정말 좋아한다. 책은 고작 500그램 정도의 무게에 수술이나 도청을 하지 않고도 한 사람의 머릿속에 있는 정보를 다른 쪽으로 옮겨 주는 마법과도 같은 물건이다. 그리고 나는 이런 책을 두 권이나 썼다! 하지만 긴 분량으로 글자가 빼곡하게 박힌 책을 볼 때면 악몽이 시작된다. 문제는 일상 뉴스에서부터 중요한 지침에 이르기까지, 무난하고 화려하지 않은 산문을 통해 많은 정보가 전달된다는 것이다. 그래서 기억해야 할 정보나 단순히 읽어야 할 정보가 있는 경우, 내용을 더 잘 흡수할 수 있도록 도움이 되는 몇 가지 기술을 생각해 냈다:

- 메모할 때는 여러 가지 색상의 펜을 사용하고, 기계에 입력하는 경우 특별한 폰트를 사용한다. 그러면 훨씬 생기 있고 재미있어 보인다. 앞에서 말했듯이 새로움은 ADHD 두뇌의 흥미 자석이다. 메모에 약간의 변화를 가미하면 색다른 느낌을 주고 흥미를 붙들어 둘 수 있다.
- **바**이오닉 **리**딩(생체공학적 읽기)을 **시**도해 본다. **바**이오닉 **리**딩은 ADHD **두뇌**에게 **더 매력**적으로 **느**껴지도록 **글꼴**을 **조**정하는 **멋**진 기술이다. 단어의 **첫 부분**을 **굵**게 **표**시하면 **뇌**가 **더 효**과적으로 **기**능해 **읽**는 **행**위가 **쉬**워진다. 글자를 변환할 수 있는 앱을 스마트폰에 다운로드하거나, 온라인 변환 도구를 사용하면 텍스트 파일, 심지어 전자책에도 활용할 수 있다.

당신은 세상에 너무나 많은 것을 줄 수 있는 사람이므로 방해 요소에 휘둘리지 말자. 어느 정도의 노력은 필요하지만, 엄청난 수의 잠재적 방해 요소가 마당의 잡초처럼 뇌를 점령하기 전에 제거할 수 있다.

다음 장에서는 모든 방해 요소를 없앤 후에 어떤 식으로 작업을 할지에 대해 몇 가지 전략을 살펴보도록 하자.

15장

작업 완수

ADHD 두뇌가 (1) 개인적인 관심사, (2) 도전적인 것 (3) 새로운 것을 시도하느라 거기에 고정되어 있다면 조심하자. 마치 어떠한 것도 완수하지 못할 거라는 의미가 될 수 있다. 아쉽지만 매일 저 세 가지 조건을 충족시키기는 정말 어렵다. 복잡한 프로젝트에서부터 일상적인 집안일까지, 이런 일들을 완수하는 것은 ADHD인에게 괴로운 일이다. 마치 머릿속에 비생산성 요정이라도 사는 듯하다. 좋은 의도로 시작하더라도 이 요정은 그에 걸맞게 행동하지 못하도록 방해한다.

> **나의 의도: 내가 정말 하려고 했던 네 가지 일과 실제로 했던 것**
>
> 다음은 ADHD로 인해 처음의 좋은 의도가 사라졌던 몇몇 예시들이다:
>
> **나의 의도는…**, 뒷마당에 있는 강아지 배설물 청소하기
> **그 대신 나는…**, 뒷마당에서 트램펄린을 타는 아들에게 달려갔다. 아들은 "어, 아빠, 그 농구공 좀 이리로 던져 줘"라고 소리쳤다. 그래서 나는 공을 던졌다. 농구공을 던지는 것은 배설물을 치우는 것보다 훨씬 재미있기 때문이다. 아들은 반쯤 뛰어올라서 공을

잡아 트램펄린 끝에 달린 골대로 덩크슛을 날렸다. 뭐야!? 그때부터 우리는 서로 얼마나 멀리 떨어져 있어도 이런 묘기가 가능한지 알아보기로 했다. 그래서 나는 점점 더 멀리 떨어져서 공을 패스했다. 마지막이자 가장 위대한 덩크슛은 뒷마당에서 27미터 떨어진 곳에서 한 패스였다. 아들이 슛을 성공시키자 우리는 열광적으로 축하하며 집 안으로 들어가 아내에게 자랑했다. 물론 그 와중에 강아지 똥을 밟아서 집안까지 더럽히고 말았다.

나의 의도는…, 딸아이를 테니스 연습장에 데리고 가기
그 대신 나는…, 차 안에서 딸에게 세 살 때의 행복했던 기억을 이야기해 주었다. 당시 아이가 계속해서 빙글빙글 돌다가 넘어지기를 반복해 마치 술 취한 대학생처럼 행동한 적이 있었다(당시 영상이 유튜브에 'Lola Spinning(롤라의 돌기)'이라는 제목으로 올려져 있다). 우리는 그 기억을 떠올리면서 정말 많이 웃었고 문득 고개를 들었을 때 테니스 연습장이 아닌 그 영상을 찍었던 예전 집에 와있다는 사실을 깨달았다.

나의 의도는…, 아내의 요청으로 TV 소리를 줄이려고 했다.
그 대신 나는…, 아래층에 TV 리모컨이 다섯 개나 있다는 걸 깨달았다. 네 개는 굳이 필요 없는 것 같다. 그래, 문제없지. 괜히 유튜브에 취급 설명서 영상이 있는 게 아니다. 나는 온라인으로 다섯 개의 리모컨 중에서 하나에만 모든 작업을 수행할 수 있도록 프로그래밍할 방법을 찾았다. 20분 정도 걸렸지만, 드디어 해냈다. 이제 우리는 모든 것을 조정할 수 있는 초강력 리모컨을 하나 갖게 되었다. 물론 소리를 낮추는 일을 깜빡한 음향 조절 시스템도 포함해서.

나의 의도는…, 어제 이 파트를 쓰기로 했다.
그 대신 나는…, 새로운 피클볼 티셔츠 디자인이 떠올라 스케치북에 대략의 그림을 그렸다. 머리밴드를 한 꼬마 피클이 가라테를 하며 앞에 있는 테니스공을 발로 차는 그림이다. 현재 내가 테니스보다 피클볼을 얼마나 더 많이 하는지를 표현하고 싶었다. 그리고 이 티셔츠가 대 히트작이 될 것임을 알려 주고 싶어서 우리 팀 모두에게 이메일로 보냈으나 나만큼 열정적인 반응은 없었다. 아래는 내가 그린 스케치다:

던 버전. 내 의도를 알겠는가?

아래 그림은 이 책의 삽화를 담당한 전문가에게서 받은 그림이다. 훨씬 낫긴 하다:

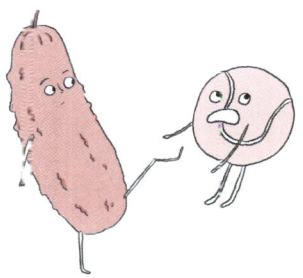

멋진 아이디어라고? 천만에.

다행히 이런 비생산적인 행동을 바꾸는 방법은 있다. 오히려 들어 보면 놀랍도록 평범해서 좀 진부하다는 생각이 들지도 모른다. 마법을 부리는 건 아니니까. 체크 리스트? 타이머? 시각화? 정말 지~~루하다고 생각할지도. 하지만 이런 방법을 활용하면 당신이 해야 할 일을 제대로 끝마치고 원하는 활동으로 돌아갈 수 있다.

어떤 식으로 완수할까

할 일들을 관리 가능한 정도의 단계로 최대한 작게 나누면 작업을 끝내는 데 많은 도움이 된다. 그냥 시작하는 것보다 시간이 더 걸릴 수도 있고 자연스러운 흐름으로 이어지지 않을 수도 있지만 그만한 가치가 있다. 다음은 계획한 일을 완료하는 능력을 향상하기 위해 내가 배웠던 훌륭한 전략들이다.

의미를 찾아서 동기 부여하기

하는 일에 동기가 생기면 그 업무를 완수할 가능성은 10억 배 높아진다. 의무감 때문이거나, 떠맡은 일이라서, 아니면 그냥 단순하게 '이건 내가 해야 할 일이야'라고 되뇌는 것이 아니라, 내면에서 동기가 생기는 것을 말한다. 우리는 무언가를 진심으로 신경 쓸 때 꽤 능숙하게 완수해 낼 수 있다. 〈어메이징 레이스〉에서 내가 보여 주었던 엄청난 기억력을 기억하는가? 당시 나는 진심으로 우승해 100만 달러의 상금을 받고 싶었다.

문제는 항상 동기가 생기는 게 아니라는 점이다. 양말을 종류별로 정리하거나, 매달 말일에 장부를 정리하거나, 강의를 듣는 일 따위에 동기를 부여받는 사람이 어디 있겠는가? 성인들에 대한 사제의 설명 역시 〈어메이징 레이스〉에서가 아닌, 그냥 비행기 안에서 듣고 문제를 푸는 것이었다면 나는 처참하게 낙제했을 것이다. 동기는 변화를 만들지만, 꽤 드문 상황임은 틀림없다. 양말을 접게 하려고 당신 앞에서 100만 달러 뭉치를 흔드는 사람은 없지 않겠는가.

솔직히 말해 나는 특히 하고 싶지 않은 일에 대해서는 어떻게든 동기를 부여하려고 하지만 대개 실패한다. 그러나 '그냥 하자'의 태도에 A+를 받지는 않더라도 적어도 F를 받지 않는 방법을 터득했다.

우리는 때론 동기를 얻기 위해 자신을 끌어당겨야 하는데, 이것은 하는 일 안에서 의미를 찾는 행위를 말한다. 할로웰 박사의 말에 따르면 ADHD들은 미션을 통해 동기를 생성하는 사람이라고 한다. 동기부여에서 최고의 방법은 우리가 중요하다고 여기는 걸 찾는 것이며 이에 따라 욕망이 생겨날 것이다. 그 대상은 도예일 수도 있고 작문이나 클라리넷 연주가 될지도 모른다. 어떤 것인지는 중요하지 않다. 당신이 중요하다고 여기는 것이면 된다. 그 대상을 찾으면 우리가 하는 활동에 연결할 수 있다.

내 삶의 큰 미션 중 하나는 좋은 남편이 되는 것이다. 내 임무는 개인적으로 보면 매우 지루할지라도 사랑하는 사람에게는 아주 큰 의미를 지닌다. 설거지는 자연스럽게 나를 흥분시키지 않겠지만 아내가 행복해 할 것을 느끼는 순간 더 관심이 간다. 마음속에 훌륭한 남편 모드를 장착하면 설거지가 끝날 때까지 열심히 그릇을 닦을 수 있다.

다음에 당신이 하기 싫다고 느끼는 일을 해야 한다면 잠깐 시간을 내어 이 일에 특별한 이유를 만들어 낼 수 있는지 생각해 보라. 설령 그 동기가 하고 싶은 일을 계속할 기회만 제공하는 정도라도 말이다.

킴이 남긴 메모

더블더치법

남편은 개인적으로 관심 있는 일을 해야 할 때는 완수할 때까지 계속해서 동기를 얻는다. 그러나 여전히 자신이 이루고 싶어 하는 수많은 일 중에 시작도 못 한 것들이 대부분이다.

처음에는 그런 남편을 움직이게 하려고 나만의 5단계 계획을 제시해 볼까 하는 생각도 한 적 있지만, 대개 내 '격려'에는 그다지 열정적으로 반응하지 않았다. 내가 남편에게 적용했던 것 중 가장 성공한 방법은 '애들 앞에서는 찬물도 못 마신다' 접근법이다. 그의 두뇌는 이미 움직이는 기차에 뛰어오를 때 더 잘 작동한다.

예를 들어, 남편은 두뇌 건강과 장수에 관심이 많다. 물론 가벼운 운동은 하고 있지만, 건강을 지키려면 특정한 생활 습관을 따라야 한다. 그러나 자리에 가만히 앉아서 주간 쇼핑 목록에 지중해식 식단 재료를 더하는 일이나, 기능성 운동 계획을 혼자서 짜는 일은 남편의 성향에 맞지 않았다. 내가 이 부분을 알게 된 것은, 한번은 남편이 나이가 들면서 건강을 유지할 방법을 찾고 있다고 말했을 때다. "이 기사 한번 봐봐. 나이 들어서도 할 수 있는 운동법이 나와 있어. 이렇게 해 보는 게 어때?"라고 내가 말했을 때 내 말을 벽돌 더미처럼 무겁게 받아들이는 것을 본 이후부터다.

그래서 근력을 유지하면 얻을 수 있는 장점에 대해 일장 연설을 하는 대신 내가 그 운동을 시작했다. 모범을 보여 줌으로써 행동에 옮길 수 있도록 유도한 것이다. 한주에 두 번 체육관에 가서 중량을 드는 법을 배우기 시작했고 어느새 남편은 내 운동 친구가 되었다.

나는 이 방법이 '더블더치'[1]와 비슷하다고 생각한다. 줄넘기 줄이 바닥에 가만히 있는 상태에서는 점프를 할 수 없다. 하지만 줄이 돌아가기 시작하면 바로 뛰어 들어가 점프할 수 있다.

---

1 긴 줄 두 개를 이용한 줄넘기형 뉴스포츠.

지금 하는 일을 먼저 끝내기

잠깐, 프로젝트에 들어가기 전에 다음 순서도를 활용해 보자:

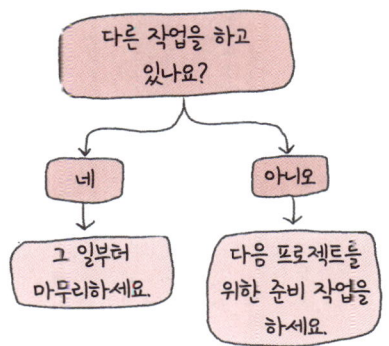

〈어메이징 레이스〉에서 내 강점을 활용할 수 있었던 이유는 이 프로그램의 구성 방식 덕분이다. 각 팀은 아주 많은 활동(세계에서 손꼽히는 높은 댐 중 한 곳에서 번지점프하기, 카약을 타고 약 1.6킬로미터 강 건너기, 특정 국기로 케이크 장식하기)을 해야 하지만, 처음 하고 있는 일을 완수하기 전까지는 다음 과제로 넘어갈 수 없다. 이 방식은 나의 두뇌에 잘 어울렸다.

나의 ADHD 뇌가 준비되지 않았을 때 다음 프로젝트로 넘어가라는 요청을 받을 때는 마치 재미있는 게임에 완전히 빠진 아이와 비슷하다는 생각이 든다. 지금 아이는 소방차로 상상의 불을 끄고 있는데 갑자기 부모가 들어와서 목욕할 시간이라고 말한다. "아직 이 트럭을 가지고 놀고 있단 말이야! 그런데 왜 게임이 아니라 목욕을 하라고 하는 거야? 이 곰돌이 인형이 전부 타 버려도 괜찮다는 거야?" 나의 뇌는 엉망이 된

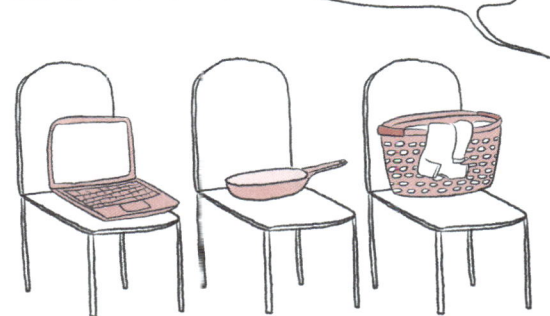

다. 그러나 먼저 불을 끄는 것을 허락받으면 거부감 없이 다음 일로 넘어갈 가능성이 훨씬 크다. 항상 가능한 상황은 아니겠지만, 만약 내가 업무의 일정을 직접 짤 수 있어서 한번에 두 가지 일을 하지 않아도 되고, 첫 번째 일을 끝낸 후에 새로운 일로 넘어갈 수 있다면 훨씬 만족하며 작업을 할 것이다.

앞에서도 말했듯이 멀티태스킹은 내 머릿속 어항을 너무 많은 잡동사니로 채워서 효과적으로 헤엄쳐서 나아갈 수 없게 한다. 새로운 프로젝트들이 내가 허락할 때까지 인내심 있게 대기실에서 기다리고 있다면 정말 멋질 것이다. 하지만 아쉽게도 이들은 끊임없이 나에게 들어온다. 절망하지 마라. 받은 요청을 인쇄하거나 종이에 적은 후 '해야 할 일'이라고 적힌 상자 안에 넣어서 책상 위에 두면 된다. 지금 하는 일이 끝나고 보더라도 그 상자는 거기 있을 것이다.

ADHD 파일: 멀티태스킹 실패

젊을 때 뉴스 방송국에서 근무한 적이 있다. 2년 정도 정신없이 일한 후 콜로라도의 그랜드정크션에서 플로리다의 올랜도로 옮길 수 있었는데, 이는 마치 2군에서 메이저리그로 이동하는 것과 같은 상황이었다. 이것만으로도 신나는데 그곳에서 근무한 지 2주 정도 지났을 때 채용 담당자가 나를 따로 불러서 베이힐 인비테이셔널에서 경기할 타이거 우즈 취재를 맡길 거라는 이야기를 들었을 때는 흥분을 감출 수 없었다. 타이거 우즈라니! 바로 그 타이거 우즈 말이다. 그전까지 내가 했던 가장 큰 취재는 디비젼 II[2] 미식축구 경기가 전부였는데.

드디어 언론인들 사이에서 '원맨 밴드'라고 알려진 역할을 맡게 되었다. 즉, 혼자서 카메라를 다루고 하이라이트 영상을 촬영하고 마이크를 잡고 삼각대를 설치해 직접 해설을 녹화하는 모든 일을 책임지는 일을 하게 된 것이다. 내 임무는 군중 속, 또는 근처에

---

2 중간 수준의 리그.

있으면서 골프 경기를 취재하고, 경기가 끝난 후에는 살아 있는 전설과 인터뷰를 진행하는 것이다.

원맨 밴드로 활동하는 나의 모습

그날, 나는 여유롭게 장비를 착용했다. 카메라, 배터리 묶음, 마이크, 커다란 배낭, 마치 정글 탐험을 떠나는 것처럼 보였다. 그리고 바지 주머니에 끼워진 클립에는 양방향 넥스텔 무전기가 달려 있었다.

라운드가 시작되자마자 나는 여러 가지 일을 한꺼번에 처리해야 했다. 촬영도 해야 했고, 질 높은 해설도 생각해야 했으며, 촬영 구도를 잡고, 마이크도 관리해야 했다. 모든 것을 정리하려고 애쓰는 동안 머리가 약간 어지러웠지만, 그래도 잘 해내고 있다고 생각했다. 그러다 우즈가 퍼팅 준비를 하던 바로 그 순간 내 무전기가 울렸다: "이봐, 펜. 집에 가는 길에 레이크랜드에서 열린 AAU[3] 토너먼트 경기 하이라이트를 몇 개 녹음해 오도록 해."

영상 촬영, 카메라 앞에 서서 방송하기, 오디오 처리 등을 번갈아 가며 하느라 너무 바빠서 무전기를 끄는 걸 완전히 잊어버린 것이다.

나는 오랜 시간 우즈를 지켜보면서 우즈가 웬만한 방해 정도는 잘 대처한다는 사실을 알고 있었다. 우즈의 아버지는 우즈가 스윙 연습을 할 때도 종종 소리를 질렀기 때문에 나 같은 방해꾼을 대처할 준비는 되어 있었다. 그러나 무전기 소리는 너무 컸고 나는 우

---

3 미국 아마추어 스포츠 협회.

> 즈와 너무 가까이 있었다. 우즈는 물러서서 내 쪽을 바라보았고 나는 수치심에 어쩔 줄 몰랐다.
>
> 어쨌든 타이거 우즈였기에 퍼팅을 성공시켰다. 이후 우즈의 미디어 담당자가 와서 "당신의 출입증을 박탈해야겠소"라고 항의했고 나는 바로 사과했다. 다행히 나를 불쌍하게 여겨서 넘어가 주었다. 정말 아슬아슬한 순간이었다. 이 일을 시작한 지 10일 정도밖에 되지 않은 나는 멀티태스킹과 제대로 섞이지 않는 ADHD 뇌로 인해 일자리를 잃을 뻔했다.
>
> 그 이후부터 어떤 일을 하든 가장 먼저 휴대전화를 끈다. 그리고 가능한 멀티태스킹을 피하려고 노력한다.

'완수'한 일의 모습을 상상하며 업무 정의하기

당연한 것처럼 보이겠지만 일을 시작하기 전에 먼저 그 일에 대해 정의를 해야 한다. 당신의 최종 목표는 무엇인가? 아내는 심리 전문가 브라운의 말을 인용하며 "'완료'된 일의 모습은 어떨까?"라고 물어보는 것을 좋아한다.

나에게 최악은 끝이 나지 않을 것 같은 업무를 마주할 때다. 1년에 두 번 아내는 말한다. "우리 이번에는 진짜 차고 정리를 해야 해. 이 일을 토요일 아침마다 하는 주간 프로젝트로 하는 게 좋겠어." 이걸 하느니 점심으로 전갈을 먹는 게 나을 것 같다. 우리 부부는 프로덕션 회사를 운영하고 있어서 차고에는 낙엽 청소기, 드라이버, 테니스 라켓 같은 일반적인 창고 보관 물품도 가득하지만, 거대한 녹색 스크린, 페인트, 호스, 가발, 의상, 인조 나무, 색종이 조각, 와이어, 전자 장비들도 자리를 차지하고 있었다. 완벽하게 창고를 정리할 가능성은 거의 없었다. 그러니 아내가 '차고 정리'를 제안했을 때 나는 토요일에 차고의 삽들을 분류하는 일이 시시포스처럼 끝없이 반복될 것을 상상하며 짜증이 나고 말았다. 그러나 만약 아내가 "오늘 오후에 피클볼 라켓 47개를 둘 장소를 찾아봐"라고 말했다면 충분히 해냈을 것이다.

> **완료할 수 없는**
>
> 형용사. 시시포스와 관련된 것 또는 그와 같은. 그리스 신화에 나오는 인물로 일을 완료하기 위해 고군분투하는 인물. 특히 바위를 언덕 위로 굴려서 올리지만, 꼭대기에 도착할 때마다 바위는 다시 아래로 굴러 내려간다…. 영원히.

> **킴이 남긴 메모**
>
> 남편의 멋진 성격 중 하나는 도와주는 데 매우 열정적이라는 것이다. 내가 면봉으로 집 안 벽에 페인트칠을 해 달라고 부탁해도 남편은 이렇게 말할 것이다. "물론이지!" 하지만 '완료'된 모습을 그려 보는 일은 우리 집에서 필수적이다. 전등을 갈아 달라고 남편에게 부탁할 때, 이 '완료'된 모습이 깨끗하게 정리된 방에 켜진 불빛이라고 정의하지 않으면 사다리는 여전히 이틀 동안 거실 한가운데 놓여 있을 것이다. 그리고 전구가 든 상자 또한 여전히 바닥이 있고 용도를 알 수 없는 도구들이 카펫 위를 굴러다니다 누군가가 그걸 밟게 될 것이다.

준비하기

일을 시작하기 전에 작업에 필요한 것들을 준비하자. 요리를 할 거라면 재료, 레시피, 칼, 그릇 등을 먼저 갖다 놓는다. 글을 쓴다면 자료, 화이트보드, 컴퓨터, 펜 등을 가져다 놓자. 필요한 물건을 가지러 일어날 때마다 다른 빛나는 물건에 시선을 돌려 딴 길로 샐 가능성을 줄이는 게 좋으니까.

체크 리스트 만들기

『쏟아지는 일 완벽하게 해내는 법』의 작가 데이비드 앨런은 '당신의 마음은 아이디어를 갖기 위한 것이지, 그것을 붙잡고 있기 위한 것이 아니다'라고 말한 적 있다. 이때 필요한 것이 메모장이다. 메모장은 내가 추가한 것이지만 어쨌든 앨런의 철학과 완벽하게 일치한다. 해야 할 일을 종이에 적으면 모두 기억해야 한다는 압박감에서 뇌가 자유로워진다. 13장에서 말했듯, 체크 리스트는 ADHD인들에게 단짝 친구나 다름없다.

내가 어릴 때부터 즐겨 사용했던 체크 리스트는 할 일을 완수하게 도와주는 도구였다. 어머니께서 리스트를 잘 작성하는 법을 알려 주셨는데, '내 방 치우기' 같은 일반적인 내용을 적어주신 적은 한번도 없었다. 항상 '침구를 정리할 때 시트를 옆면에 깔끔하게 넣어 주기' 또는 '옷장 안에 있는 옷이 옷걸이에서 빠져나와 있다면 다시 제자리에 걸어 두기'와 같은 자세한 지시를 적으셨다. 어머니는 지시할 때 특정하면서 자세하게 적는 법을 알았고, 이는 체크 리스트의 기본 중 기본이다. 그리고 각 항목 옆에 작은 네모 상자를 그려 넣어주면 내 ADHD가 캣닢을 만난 듯 정말 좋아할 것을 본능적으로 아셨던 것 같다. 해야 할 일을 단순히 1, 2, 3, 4, 5…, 이런 식으로 나열만 하지 않고 네모 상자를 추가해서 일의 완수가 하나의 도전처럼 느끼도록 해 지속적으로 관심을 쏟을 수 있게 하신 것이다.

어른이 되어서는 체크 리스트 중독자가 되었다. 할 일이 아주 많을 때도 그렇지만 적당히 있어도 무조건 리스트를 만든다. 그리고 이 일을 완수하면 도전에서 이긴 것으로 여긴다. 도전에 승리하는 기분은 정말 최고다.

리스트를 만든다면 모든 업무를 아주 작게, 구체적으로 나누어야 하고, 각 단계는 분리되어 있고 실행 가능해야 한다. 단순히 '할머니 생신'이라고 적지 말고

'할머니 생신에 드릴 카드 구매하기, 카드 쓰기, 주소 쓰기, 카드 보내기'라고 쓰도록 하자. 체크, 체크, 체크, 체크.

나는 이 체크 리스트 시스템을 강력하게 추천한다. 경로를 이탈했다면 다시 리스트로 돌아와 다음에 할 일을 체크하라. **체크 리스트를 신뢰하자.**

> ### 킴이 남긴 메모
>
> 남편은 두뇌가 정리할 수 있게 따로 리스트를 만들어 두지 않으면 일에 압도된다. 그래서 우리 집에는 할 일이 적힌 종이나 메모들이 마치 축제가 끝난 후 여기저기 흩어져 있는 작은 색종이 조각처럼 널려 있다. 내가 내야 하는 공과금 종이 위에도 하나가 있고, 식탁에 올려진 접시 위에 또 하나가 놓여 있다. 또 하나는 매년 말일에 정리해야 하는 세금 관련 서류 위에 올려져 있다. 우리 세금 신고용 서류는 '연습이 끝난 딸을 데리러 가기, 차에 기름 넣기, 마트에 가서 토르티야 사기'라고 말하는 듯하다. 말 그대로 이런 리스트들을 정리한 리스트도 있다. 남편에게는 종이에 적히지 않은 것은 실재하지 않는 것과 같다.
>
> 딸이 태어난 후 4개월 동안 남편이 주로 아이를 담당했다. 남편은 아이를 돌보는 걸 정말 좋아했지만, 몸을 깨끗하게 유지하고 잘 지내게 하려면 해야 할 일의 수가 매우 많다는 사실을 깨달았다. 그래서 나는 남편에게 리스트를 주었다. 만약 남편이 일하러 가면서 나에게 아기를 위해 할 일이 적힌 리스트를 남겼다면 그것을 거부했을 것이다. 그러나 남편은 자신에 대해 너무 잘 알기 때문에 오히려 리스트를 반겼다. 나는 출근하러 나가기 전에 이렇게 적어 두었다. '빨래는 세탁 바구니에 넣기, 젖병 씻기, 건조대 위에 젖병을 거꾸로 돌려 올려놓기, 키친타월로 냉장고 선반 닦기'. 매일 아침, 이 메모를 건네줄 때면 남편이 이미 머릿속에서 할 일들을 체크하고 있다는 것을 알았다. 남편은 네모 박스에 체크하는 것을 정말 좋아한다. 남편이 단순히 체크를 하고 싶어서 이미 완료한 일

들을 적고 있는 것도 목격했을 정도다. 뭐 모로 가도 서울만 가면 되니까!

심지어 현재까지도 남편은 일할 때 리스트가 필요하다. 파티를 열 때면 "내가 뭘 하면 되지?"라고 물어본다. 가끔은 그가 알아서 계획을 짰으면 싶지만, 남편의 두뇌를 위해서는 내가 리스트를 만들어 주는 게 더 나은 방법이라는 것을 안다:

- ☐ 마당에 있는 낙엽 치우기
- ☐ 탄산음료가 가득 든 가방 가져오기
- ☐ 화덕 안에 재 치우기
- ☐ 집안 쓰레기통 안에 있는 쓰레기를 바깥 통에 담기

짧게 휴식 많이 취하기

당신이 일단 시동을 켜고 달리고 있다면 때때로 엔진이 식을 시간을 1분 정도 주는 것을 잊지 말자. 프로젝트를 진행 중이라면 짧은 휴식도 함께 포함해야 한다. 그 프로젝트라는 게 목표(책 10페이지 읽기, 이 파일 안에 모든 서류 분류하기 등)를 세우는 것이든, 알람을 맞추는 것이든 상관없다. 약속한 시간이 되면 1분 정도 마음을 편하게 갖는 시간을 보내자. 루퍼트 박사는 어차피 몽상에 빠질 거라면 차라리 그것을 계획하는 게 낫다는 말을 남겼다.

개인적으로 나는 집중하려고 애쓸 때 잦은 휴식 시간이 필요하다. 집중이 어느 정도 되는 일은 그나마 낫지만, 하는 일이 집중력을 제대로 붙잡지 못한다는 것을 알면 휴식 시간을 따로 계획해 둔다. 가사를 생각하는 일처럼, 내가 정말 좋아하는 일을 할 때는 휴식 없이 매끄럽게 진행된다.

보통 내 뇌가 리셋이 필요하다고 느끼면 창밖을 바라본다. 또는 정말 집중이 되지 않을 때 호흡으로 리셋을 해 본다. 5초간 들이쉬고 5초간 그대로 있다가 5초간 내쉰다. 기분이 더 나아질 때까지 할 수 있는 한 계속 반복한다.

자신에게 보상하기

파블로프와 그의 개는 보상의 중요성을 알아냈다. 11장에서 말했듯이, 업무 완수 후 보상을 예상할 수 있도록 뇌를 훈련해 놓으면 그 일을 해낼 가능성은 더 커진다. 작지만 즉각적인 보상은 특히 회백질을 효과적으로 기능하게 한다는 사실을 기억하자. 그러니 굳이 새 메르세데스나 테일러 스위프트 콘서트 티켓을 보상으로 걸 필요는 없다. 숙제를 마치면 스티커를 붙여 주거나, 껌을 상으로 줄 수 있고, 기나긴 하루를 보낸 날에는 외식하는 것도 좋다. 나는 영상을 완성한 후에 땅콩버터 한 스푼을 보상으로 받는다. 그리고 하루를 마무리하는 시간에 무알코올 맥주와 막장 TV 프로그램(〈슈츠〉 같은)을 본다. 그리고 매우 힘든 한 주를 보내면 주말에 라임 주스를 넣은 테킬라 소다를 마신다.

기한 전에 일 마치기

지루한 잡일을 도전으로 바꾸는 최고의 방법 중 하나는 정한 기한 전에 일을 마치는 것이다. "나는 이 일을 한 시간 반 내로 끝낼 거야"라고 큰 소리로 말할 때도 있다. 그 후에 정말 그 시간 안에 해치우려고 미친 듯이 일에 매달린다.

어렸을 때 누군가가 나에게 수학 숙제를 내줄 때 항상 신이 났다(얼마나 기분 나쁜 소리인지 안다). 나는 10분 안에 받은 문제를 모두 풀고 영어로 넘어가는 식으로 종종 도전과제를 만들었다. 숙제를 이렇게 도전 형태로 바꾸면, 단순히 시간의 압박만 주었을 뿐인데도 한 시간 정도 걸리는 숙제를 7분 만에 끝낼 수 있었다. ADHD 뇌는 가까운 기래에 완료하는 것에 매우 잘 반응한다. 장기적인 시간 관리는 제대로 못 하지만, 마감 기한이 다가오면 짧은 시간 내에 그 일을 마무리할 가능성이 훨씬 커진다.

어른이 되어서 하게 된 방송국 일은 마감 기한 내로 해야 하는 일이 많아서 정말 즐거웠다. 6시 뉴스는 무슨 일이 있어도 6시에 시작해야 한다. 당신에게 기삿거리가 있더라도 6시 전에 완성하지 않으면 방송에 나갈 수 없다. 이런 마감 시스템 덕분에 나는 놀랍도록 생산적으로 일을 할 수 있었다. 현재는 아내와 내가 함께 사업을 해서 이런 식의 외부 압력은 없다. 그래서 우리 스스로 압력을 종종 만들었다. 비디오 영상을 목요일 3시까지 끝내기로 하면 이런 촉박한 마감 시한으로 인해 나는 계속 집중할 수 있게 된다.

약간의 압박은 도움이 되지만 너무 과하면 오히려 역효과가 나는데, 이것이 티핑 포인트[4]이다. 이 지점에 다다르면 홍수처럼 넘쳐흐를 수 있다. 그래서 마감일을 정할 때는 현실적으로 계획해야 한다.

나는 적정한 수준의 압박 원칙을 더 작은 과제에도 적용한다.

2분 질주하기

『쏟아지는 일 완벽하게 해내는 법』의 작가 데이비드 앨런은 이것을 2분 법칙이라고 서술했다. 2분 안에 끝낼 수 있는 일이라면 바로 해야 한다는 의미다. 그렇지 않으면 나중에 그 일을 해야 한다는 기억이 뇌 용량을 차지하고만 있는 것이다. 지금 당장 해서 끝내 버리자.

나는 이 법칙을 살짝 수정해 쓰고 있다. 내 디럭스 피젯 스피너는 한 번 돌리면 약 2분 (또는 3분까지) 정도 돌아간다. 그래서 빠르게 해야 하는 일이 있으면 이 스피너가 다 돌아가기 전에 마치도록 한다.

---

4 작은 변화가 쌓여서 하나만 더 일어나도 갑자기 큰 영향을 초래할 수 있는 상태.

> **2분 질주에 적합한 일**
>
> - 단일 청구서 결제. 수표가 담긴 봉투에 우표를 붙이고 우편함에 넣는 것까지 포함
> - 밖에 쓰레기 내놓기
> - 집 안에 있는 쓰레기봉투 교체
> - 싱크대 청소
> - 각 방에 있는 화분에 물 주기
> - 방 하나 청소기로 청소하기
> - 반려동물에게 먹이 주기
> - 집 안 한 층에 있는 모든 장식품 위에 쌓인 먼지 제거
> - 욕실 수건 교체
> - 세탁기에 세탁물 넣기
> - 재활용할 종이 상자 펴놓기
> - 채소 칸에 있는 상한 채소 버리기
> - 자전거 바퀴에 바람 넣기

급한 경우: 일을 완수할 수 없을 것 같을 때

완벽한 계획일지라도, 완벽한 체크 리스트를 만들었더라도, 세계 최고의 동기부여를 받더라도, 모든 어려움을 예방할 수는 없다. 다음은 ADHD 뇌가 당신의 완료하려는 의도를 갈려 버릴 때 해야 할 일들이다.

그 일이 어렵다는 것을 인정하기

당신이 어려움에 빠졌거나 빠질 것 같다면 이렇게 자문해 보자. '당신이 망친

이 일을 다른 사람도 망친 것을 본 적 있어?' 내 추측으로는 분명 그래, 라는 답이 나올 것이다. 당신이 특정한 방식으로 일을 망친 첫 번째 인간이라면 축하한다. 당신에게는 엄청난 독창성이 있다! 그게 아니라면 자신만 그런 실수를 하는 게 아니라는 사실에 마음을 편하게 가져 보자. 어떤 방식을 쓰든 나 자신을 다독여서 다시 시도해 보자.

조언 구하기

뭔가를 해내려고 노력할 때 주변 사람들에게 알리면 당신이 그 일을 계속하도록 도와줄 수도 있다. 예를 들어, 아주 중요한 작업에 들어갈 때 사람들에게 당신이 완전히 집중해야 한다고 미리 말해 두면, 그들이 의도치 않게 방해해서 집중력을 흐리게 할 확률을 최소화할 수 있다.

러셀 박사는 이렇게 조언했다. 집중하기가 어렵다면 주변 사람들에게 '당신의 목표가 무엇인지 다시 말해 주세요'라고 물어봐 달라고 요청해 보자. 이 질문으로 다시 궤도에 오르는 데 필요한 자극을 받을 수 있다.

우리는 어떤 일을 완수하기 위해, ADHD와 연결해서 일을 할 수 있는 방법을 찾기 위해, 멋진 삶을 살기 위해 도움이 필요할 때가 있다. 16, 17, 18장에서는 ADHD의 삶을 지지해 주는 사람들에 관한 이야기를 할 것이다. 친구나 가족이나 사랑하는 사람들에 대해서 살펴보자.

16장
ADHD인 사람과 소통하는 방법

ADHD인들에게 지지를 보내 주는 가장 가까운 사람들을 말하자면, 나는 엄청나게 운이 좋다고 할 수 있다. 나의 아이들, 친구들, 친척들, 동료들은 이런 내 모습을 이해하고 함께해 주는 대단한 팀원들이다. 그리고 당연하게도 MVP는 단연 아내에게 돌아간다. 아내가 없었다면 지금의 나도 없었을 것이다. 아내는 나에게 동기를 주고, 도전 의식을 심어주며, 필요할 때 은혜를 베풀어준다. 정말이다. ADHD인 나를 있는 그대로 이해해 주고, 실수했다고 해서 기분을 나쁘게 만들지 않는 사람을 찾은 나는 얼마나 운이 좋은가. 다른 모든 ADHD인들도 누려야 하는 행운일 것이다. 지금 아내는 마치 ADHD 언어를 태어날 때부터 알고 있었던 것처럼 대해 주지만 그렇게 되기까지 얼마나 많은 생각과 노력을 해 왔는지 잘 알고 있다.

이번 장에서는 내가 정상 궤도를 달릴 수 있도록 아내가 활용했던 최고의 방법들을 공유할 것이다. 이 방법들을 내게 사용하면서 아내의 삶도 함께 향상되는 것을 보았다. 나는 항상 특정 상황에서 사람들이 실제로 무엇을 말하고 싶은지를 대화식으로 보는 걸 좋아해서 이번 장에 나오는 '**ADHD인 사람과 대화하는**

법'을 이런 식으로 만들어 보았다.

ADHD인 사람과 함께 지내는 것은 쉬울 때도 있지만, 아닐 때도 많을 것이다. 그래서 주변인들의 생활이 조금이라도 더 수월해지길 바라면서 몇 가지 조언을 나누려 한다.

킴이 남긴 메모

남편과 결혼하고서도 많은 해가 지나서야 남편의 두뇌가 어떤 식으로 기능하는지를 제대로 이해할 수 있었다. 또한 집행 기능으로 힘들어할 때 하는 행동은 절대 개인적으로 받아들여서는 안 된다는 것도 배웠다. 나 역시 단점이 있고 남편은 이런 모습을 넓은 마음으로 이해한다는 사실도 수시로 상기했다. 남편은 나쁜 습관을 한번도 ADHD 탓으로 돌린 적이 없고 자신의 행동이 내게 직접 영향을 줄 때마다 사과하려고 노력했다. 나는 이런 부분이 협력관계의 파트너십을 쌓는 열쇠라고 생각한다.

ADHD인 사람과 더 편하게 생활하는 방법

최근 우리 팟캐스트에 뮤지션이자 영감을 주는 연사 카를로스 휘태커가 나와 자신의 아버지가 자주 하셨던 말씀을 전해 주었다: 아주 긴 약 1600킬로미터의 여정을 떠나는 배가 정확하게 항해한다면 목적지에 무사히 도착할 것이다. 그러나 항로가 1도라도 틀어진다면 목표 지점에서 몇 킬로미터나 벗어난 곳에 도착할 것이다. 이 이야기가 의미하는 바는 무엇일까? (물리 법칙을 거스르는 것처럼 보이는 부분은 무시하고 생각해 보면, 완전히 적재한 항공모함은 75대의 항공기와 4500명의 승무원을 수용하고 10만 톤 이상의 무게가 나간다고 한다…. 그러나 여전히 물 위에 뜰 수 있다니!) 가족 구성원 중 ADHD가 있다면 삶은 장거리 항해와 비슷하다. 일련의 작은 오판이 당신이 원하는 곳에서 멀고 먼 곳으로 이끌 수 있다. 설사 당신의 삶이 이렇더라도 너무 걱정하지 말자. 비록 지금 당신과 ADHD인 사람과의 관계가 심하게 빗나가 있더라도, 작지만 효과적인 변화로 그 항로를 수정할 수 있다.

가장 피해야 할 행동은 모든 것에 반응하는 것이다. 위기가 발생할 때마다 두더지 잡기 게임처럼 반응해서는 안 된다. 이렇게 되면 매번 정신없고 통제력을 잃으며 극도로 긴장하게 될 것이다. 이보다 더 나은 방법이 있다.

우리 부부에게는 '달걀 전투'라는 부활절 전통을 즐기는 친구들이 있다. 저녁 식사를 마친 후 완숙 달걀들을 염색하고 각자 하나씩 고른다. 그리고 옆에 앉아 있는 사람의 달걀을 깰 듯이 친다. 이런 식으로 해서 마지막까지 달걀이 깨지지 않은 사람이 이기는 게임이다. 승리의 비결은 달걀을 느슨하게 잡아서 부딪힐 때 충격을 손으로 흡수하는 것이다. 너무 꽉 잡게 되면 자신의 달걀이 쉽게 깨져 버린다. 당신이 ADHD인 사람을 돕고 싶다면 잘 기억해 두어야 하는 부분이다: 느슨하게, 편안하게 잡아서 충격을 최대한 흡수하기.

통제하기를 좋아하는 사람들(내 생각에는 대부분의 사람이 그러지 않을까)은 이렇게 느슨하게 대하는 행동이 자연스럽게 나오지는 않을 것이다. 더 많이 노력하고 훈련하고 연습하면 순차적이고 긍정적인 영향을 줄 것으로 생각한다. 세게 쥐는 방식이 당신에게 어떤 결과를 가져왔는지 떠올려 보자. 내 달이 그 말이다. 이제 긴장을 풀 때가 된 것 같다.

엄격함을 버리고 느슨함을 찾는 네 가지 방법

1. 고치려 들지 말고 그 사람과 연결되자

ADHD인 사람에게 당신이 할 수 있는 가장 좋은 행동은 그들과 연결되는 것이다. 내 아내의 강력한 재능이기도 하다. 아내의 연결 능력은 마스터 급이다. 아내가 다시 태어난다면 심리 치료사나 성직자를 해도 좋을 것 같다. 아내가 보여 준 가장 도움이 되었던 행동은 ADHD로 인해 힘들어할 때 내 감정을 인정해 준 것이다. 내가 있어야 할 시간, 또는 있어야 할 장소에 나타나게 하는 것보다 더, 충전기를 잃어버렸을 때 찾아 준 것보다 더, 창의성을 발휘하도록 공간을 마련해 준 것보다 더 말이다.

마감일을 놓쳤거나 깜빡할 때, 공과금 종이를 잃어버렸을 때, 의자에 기대다가 바닥으로 넘어질 때 느끼는 내 기분이 어떠하든, 아내는 "시간을 잘 지키지/물건을 잘 간수하지/제대로 앉아 있지 못해?"라고 말하지 않는다. 대신 그냥 "와, 참 힘들겠네"라고 말할 뿐이다. 아내가 내 '엉망진창'인 감정과 연결되는 그 순간, 긴장감(과 수치심)이 사그라드는 것을 느낄 수 있었다. 그것이 바로 연결의 힘이다.

간단한 메모: 아내는 자신이 더 흥분해 내 감정 상태와 동화되지 않는다. 또한 내 문제를 자신의 문제로 받아들이지도 않는다. 발생한 문제를 해결하는 것은 여전히 내 책임이다. 아내가 안경 너머로 쳐다보며 혀를 차는 게 아니라 내 옆에 서 있는 듯 연결되는 느낌이 들 때 감정은 한결 안정된다.

할로웰 박사는 『Driven to Distraction(주의 산만의 수렁으로)』에서 '나는 인간 연결이 ADHD 단일 치료에서 가장 강력한 효력을 발휘한다고 생각한다'라고 언급했다. 이 힘은 꽤 강력하다. 좋은 소식은, 연결은 무료고 누구나 누릴 수 있다는 것이다. 힘든 상황이 닥쳤을 때 바로잡으려 하기보다 상대방과 연결되려고 한다면 결과는 많이 달라질 것이다.

> **ADHD인 사람과 대화하는 법**
>
> - "정말 힘들 것 같아요. 괜찮으세요?"
> - "이런, 인생이란 쉽지 않을 때가 있죠? 정말 잘하고 있으니 걱정 마세요."
> - "그냥 버튼 하나만 누르면 모든 일이 쉽게 풀리는 세상이면 얼마나 좋겠어요? 저도 공감해요."

> **킴이 남긴 메모**
>
> ADHD인 사람이 당신의 신경을 긁어 화가 난다면 내 친구이자, 소아 심리학자인 킴 박사의 말을 떠올려 보자: 그 사람은 당신을 힘들게 하려고 일부러 그러는 게 아니다. 그 일이 그들에게는 힘들 뿐이다.
>
> 사랑하는 사람이 ADHD로 인해 힘들어하는 모습을 본다면 더 많은 지시로 스트레스를 가중하기보다, 그 순간에는 그들이 느끼는 감정을 이해하고 공감해 주는 것이 훨씬 좋다. 나는 남편과 함께 살며 이 교훈을 5만 번 정도 얻었던 것 같다. 그렇다고 화가 나는 감정을 느껴서는 안 된다는 게 아니다. 당신은 당연히 그런 감정을 느낄 권리가 있다. 나 역시 어떤 순간에는 종종 극도의 분노를 느낀다. 그러나 그런 감정이 올라오고 필요할 때는 표현한 후에 그냥 넘어가야 한다. 그 감정에 짓눌리거나 흔들려서는 안 된다.
>
> 그들의 감정이 안정되면 함께 문제해결 방법을 모색할 수 있다. 나는 남편에게 당연히 의자에 기대지 말라고 말했다. (이런 의자는 매우 비싸니까!) 그러나 이 말을 하기 전에 연결을 우선하는 법을 배웠다.

2. 공감하자

연결은 공감에 기반을 둔다. 한 노인 요양 시설에서 노화로 인한 움직임 둔화, 물건 잡기 어려움, 균형 감각 저하 등 생활 속 어려움을 직접 경험할 수 있는 슈트를 직원들에게 입도록 했다는 기사를 접한 적 있다. 거동이 제한되고 미세한 운동 기술을 사용하기 어렵게 만드는 이 슈트를 입은 직원들은 그제야 노인이 된다는 것이 어떤 느낌인지 더 잘 이해하게 되었다. 얼마나 멋진 일인가?

ADHD 구성원과 함께 사는 것이 어떤지 궁금하다면 이를 시뮬레이션할 수 있는 좋은 방법들을 몇 가지 소개하겠다. 이 중에 하나 이상 시도해 보자:

- 땅콩, 글루텐, 달걀 알레르기가 있는 채식주의자 네 명을 위해 저녁 메뉴를 짜본다. 당신이 처음 가보는 집에서 열린 파티가 끝나면 그곳을 청소한다. 그러면서 동시에 빨간 음료 컵, 빗자루, 쓰레기통, 술에 취해 잠든 손님들이 어디에 있는지도 기억해야 한다.
- 그릴처럼 복잡한 전자제품을 새로 구매해 조립하면서 동시에 한번도 야구를 해 본 적 없는 사람에게 야구 규칙을 설명해야 한다.
- 긴 팟캐스트 영상, TV 쇼, 오디오북 줄거리를 한번에 모두 따라 해야 한다.

다음에 당신이 ADHD인 사람의 증상으로 인해 매우 화가 난다면, 일을 완료해야 한다는 기대감이 과도하게 넘치는 뇌와 사는 것이 어떤 느낌인지 기억하자.

> **킴이 남긴 메모**
>
> ADHD인 사람이 얼마나 힘든지를 공감하려고 노력하면 내가 상상하는 좋은 아내의 모

습이 나온다.

클레이로 만든 애니메이션 캐릭터 중에서 빨간색 슈트를 입은 노이드를 아는가? 도미노 피자 광고에 나오는 노이드는 피자 배달을 방해하려고 한다. 나는 남편의 ADHD를 노이드라고 생각하려고 노력한다. 이 증상은 남편 성격에서 장난꾸러기 같은 부분이라 때로는 방해할 때도 있지만 엄청난 성공을 안겨 주기도 한다.

ADHD 노이드가 나타날 때면 남편이 나에 대해 느끼는 감정과 그의 행동은 전혀 상관이 없으며, 모든 것은 두뇌의 구성과 관련되었다고 상기해야 한다. 만약 남편의 시력이 좋지 않아 뭔가와 자꾸 부딪힌다면 나는 그만 좀 하라고 소리치지 않을 것이다. 이와 비슷한 이유로 남편이 레스토랑에 지갑을 두고 와서 고속도로에서 차를 돌려야 할 때도 불만을 드러내지 않는다. 단지 '아, 그가 또 그러는구나'라고 생각할 뿐이다.

ADHD와 대화하는 법

- "어떤 느낌이었어요? 너무 과했나요?"
- "지금 머릿속에서는 어떤 생각이 드나요? 어떤 일이 일어났으면 좋겠어요?"

3. 오직 좋은 감정만 내보이자

나는 아내와 싸우는 걸 정말 싫어한다. 진심으로 부부싸움을 싫어한다. 그래서 아내가 내게 화가 난 것을 느낄 때면 뇌가 과도하게 불안해지면서 짜증이 밀려온다. 이런 감정은 분명 집안 분위기나 나의 ADHD에도 좋지 못한 영향을 준다. 아주 드물긴 하지만 아내가 ADHD적 실수에 비난했을 때 내가 불만을 터트리면 결국 증상만 더 심해진다. 부정적 피드백은 부정적 감정을 불러온다. 아내가 나에 대한 기대를 낮출 때, 고맙게도 대부분 그러하지만, 나는 그 기대에 더 잘 부응하는 사람이 된다.

세상 사람 모두가 우리의 요청에 절묘하면서 즉각적이고 기쁘게 반응한다면 정말 멋질 것이다. 그러나 우리가 사랑하는 사람들은 집사(대부분의 사람은 집사가 아니다. 미국에 집사로 일하는 사람이 약 1만 2000명이라고 하는데, 내가 추측한 것보다 1만 1000명이 더 많은 수였다)가 아니다. ADHD인 사람에게 여러 번 요청해야 일이 진행된다는 사실이 심히 짜증을 불러올 수 있다는 것은 전적으로 이해한다. 그러나 증상 때문에 발생하는 갈등은 그 행동이 일으킨 문제보다 더 부정적인 상황으로 이끌 수 있다.

ADHD 구성원과 함께 살면서 가정에서 겪는 일부 마찰을 줄이는 방법을 찾고 있다면…,

엘사처럼 '그냥 내버려 두기(렛잇고)'

작은 일들은 그냥 넘어가자. 당신의 목표가 정시에 나가는 거라면 아침에 ADHD인 식구가 침대 정리를 하지 않은 게 정말 중요한가?

이 부분에 대해서는 아내가 정말 챔피언이나 마찬가지다. 예를 들어, 아내에게 있어 어수선함은 실제 칠판에 못이 박힌 것과 같다. 하지만 내가 운동 가방을 주방 조리대 위에 올려놓았을 때 화를 내지 않고 그 잡동사니들을 조용히 방 구석에 쌓아 둔다. 그러면 나는 내일이 되기 전에 이것을 정리해야 한다고 깨닫는다. 주방은 아내가 정리하고 나는 내 물건을 정리하면 된다.

> **킴이 남긴 메모**
>
> 사실이다. 나는 어수선한 걸 싫어한다. 정말 싫다. 하지만 타인과 함께 산다는 것은 복도에서 양말을 발견하고, 커피잔을 엉뚱한 장소에서 발견하고, 찬장 안에 우유와 커피잔들을 발견하는 이런 상황을 참아야 한다는 의미임을 깨닫게 되었다. 다른 가족들은 나

만큼 지저분한 것에 예민하지 않기 때문에 결국 현실적인 균형을 맞추어야 했다. 그러나 적어도 내 정신 건강을 지키기 위해 양말/컵/우유를 다시 저자리로 돌려놓는 역할은 맡지는 않았다. 내가 적절하지 않은 곳이라고 지적하면 제자리에 가져다 놓는 것은 남편의 역할이다. (그래, 사실 우유가 밖에 있을 때는 내가 냉장고에 넣는다. 상할 수 있으니까 어쩔 수 없다.)

ADHD와 대화하는 법

- "_____"

(때로는 아무 말도 하지 않는 게 가장 좋을 때도 있다.)

이 방법을 시도해 보자

다음에 당신이 소리를 치거나 빈정대기 직전이라면 스스로 이렇게 물어보자. '아이들을 제시간에 데려오기/주방 청소하기가 더 나을까, 아니면 사랑하는 사람과 행복한 관계를 맺는 게 더 나을까?'

    당신이 고치려고 해 보았지만 사실 그냥 살아도 괜찮았을 것 같은 일을 다섯 가지 정도 생각해 보자. (조금 더 쉽게 이해하기 위해 예를 들자면, 투덜대기, 방해하기, 딴생각하기, 부탁하는 말 잊기, 고맙다는 말 잊기).

    다음번에 ADHD인 가족이 이 중에서 하나라도 했을 때 아무런 대꾸도 말아 보자. 집안 분위기가 더 밝아지는 것을 볼 수 있을 것이다. 너무 걱정하지 않아도 된다. 당신은 여전히 이보다 더 문제가 되는 증상을 해결할 수 있다. 곧 이 부분을 다룰 것이다.

긍정적인 면 강조하기

긍정적인 면을 강조하라는 것은 절대 ADHD인 구성원이 〈왕좌의 게임〉의 조프리 왕자처럼 폭군이 되어 아무런 방해 없이 마음껏 증상을 펼치도록 두라는 의미가 아니다. 물론 한계를 정해야 하고 당신이 싸울 가치가 있을 만한 부분에 집중해야 한다. 사실 이보다 더 좋은 방법이 있는데, 그건 바로 친절함으로 싸움 걸기다.

나는 가족들이 긍정적인 피드백을 주면 마치 주인이 귀를 긁어 줄 때 행복해하는 강아지처럼 행동한다. 내가 한 일에 대해 아내의 칭찬을 들으면 그렇게 기분이 좋을 수 없다. 얼마 전에 등나무와의 싸움에서 마침내 승리를 거둔 일 등을 예로 들 수 있다. 칭찬은 가정을 더 따뜻하게 유지하는 데 훨씬 더 효과적이다. 아내가 뒷마당을 정리해달라고 500만 번을 이야기했지만 그대로 둔 것을 비난하는 것보다 말이다.

ADHD 행동이 나올 때 전쟁 직전에 쓰는 데프콘 1을 발령하는 대신, 그 에너지를 커츠 박사가 말한 '긍정적인 반대말'에 써보도록 하자. ADHD들이 뭔가 잘했을 때 바람직한 행동에 대해 긍정적인 칭찬을 아낌없이 해 주는 것이다.

> **ADHD와 대화하는 법**
>
> - "나는 지금 당신이 말하는 방식이 정말 마음에 들어요. 대화가 끝날 때까지 한번도 말을 끊지 않았네요."
> - "당신이 이렇게 기다려 주니 정말 좋아요. 거의 다 되어 가요."
> - "벌써 가방에 물병을 넣었네요. 이제 제시간에 연습장에 도착할 수 있을 것 같아요!"

긍정적인 피드백을 받으려는 열망은, 실수하는 것을 두려워 하는 것보다 훨씬 더 많은 동기를 준다. 그러니 칭찬과 함께 관대해지자. 물론 이것도 너무 과하면 안 된다. 사람들은 칭찬을 좋아하지, 선심을 원하는 건 아니다.

4. 작고 합리적인 목표에서는 명확하고 구체적인 명령어를 사용하자

당신이 ADHD인 사람에게 뭔가를 요청했을 때 활기찬 톤으로 명확하고 구체적인 지시를 하면 이들은 훨씬 잘 따라줄 것이다. 쉽지 않은가? 하지만 당신이 그저 요청만 하나 하고 알아서 완성되기를 기다리는 사람이라면 꽤 어려운 방법이기도 하다. "이것 좀 해 줘요", "이것 좀 책임져 줘요", "이제 당신이 'x' 할 차례예요", "당신의 일은 'y'예요"라는 식의 광범위한 요청은 ADHD 뇌가 행동으로 옮기기 어려워한다. ADHD인들은 요점을 바로 파악할 수 있고 더 작게 나누어진 요청에 더 잘 반응한다. 킹 박사는 **"기대가 능력보다 더 클 때 ADHD 증상이 나옵니다.** 그러니 당신의 기대가 ADHD의 능력과 매치되는지를 먼저 확인하세요"라고 조언했다.

커츠 박사는 하나의 예시를 주었다. 부모님이 거실에 들어섰을 때 바닥에 딕스 스포츠용품 매장 재고의 절반이 흩어져 있는 것을 발견했다. 그러면 이때 "내가 치우라고 몇 번이나 말했어?"라고 소리치는 대신 잠시 기다렸다가 "여기 좀 어질러져 있네. 클리트¹와 정강이 보호대는 현관에 둘래?"라고 말하는 것이다. 그리고 정리가 끝나면 "잘했어. 이제 물병도 씻어 줘"라고 말한다.

1　미끄럼 방지 밑창이 붙어 있는 신발.

ADHD와 대화하는 법

- **이렇게 말하는 대신:** "지금 장난해? 빨래를 세탁 바구니 안이 아니라 바로 그 앞에 둔 거야?"
  이렇게 말해 보자: "빨래를 바구니 옆에 두었네. 바구니 안에 넣어 줘."
- **이렇게 말하는 대신:** "마당이 엉망이야. 여기저기 잡초투성이고 풀도 엄청나게 자랐어. 정리할 생각이 있긴 한 거야?"
  이렇게 말해 보자: "풀이 정말 많이 자랐어. 이제 잔디를 깎을 시간이야."
- **이렇게 말하는 대신:** "이미 가득 찬 쓰레기통에 그 상자를 구겨 넣다니, 너무 게으르네. 지금 다른 사람이 쓰레기통을 비우게 만들고 있다고. 참 별로야."
  이렇게 말해 보자: "쓰레기통이 가득 찼어. 밖에 내놓는 게 좋겠어."

그래, 알고 있다. 세탁 바구니가 가득 차 있거나 풀이 길게 자라는 것을 그때그때 알아차리는 것은 힘들다. 때로는 이렇게 정신적인 부담을 안은 사람이 되고 싶지 않을 때도 있을 것이다. 내가 말하려는 핵심은 수치심을 느끼게 하는 말투를 바꾸는 것이다. ADHD인 자녀에게 작으면서 합리적인 목표를 주면 아이도 그 목표를 이룰 가능성이 커져서 만족감을 느끼고 자신감도 키울 수 있을 것이다.

킴이 남긴 메모

솔직하게 말하겠다. 나는 할 일 목록을 만드는 사람이 된 것에 정말 짜증이 날 때가 많다. 어떤 날은 '정확한 지시' 챌린지의 세상에 사는 것 같은 느낌이 들기도 한다. 이 정확한 지시란 것은 온라인에서 유행 중인 챌린지인데, 누군가 땅콩버터 샌드위치를 만드는 방법에 대해서 '정확한 지시'를 적어 달라고 요청한 다음 이를 정확하게 그대로 이행하는 것이다. 보통 사람들은 '병의 뚜껑을 연다'라거나, '칼을 이용해 땅콩버터를 펴 바른다'로 지시하지 않고 대부분 '땅콩버터를 빵에 바른다'라고 지시한다. 이런 영상을 보면 누군가가 정확한 행동을 하기를 원할 때 얼마나 자세하게 적어야 하는지 알 수 있다. 나는 남편을 보며 이 부분을 배웠다. 물론 이렇게 되기까지 쉽지 않았다.

내가 남편에게 바닥에 떨어진 자신의 양말을 주워 달라고 요청하면 남편은 정확히 그렇게 할 것이다. 그러나 나는 조금 지나서 싱크대 안에 있는 그 양말을 발견할 것이다. 남편이 물을 마시면서 거기에 둔 것이다. 이는 마치 AI를 프로그래밍하는 것과 같다. 원하는 것을 아주 정확하게 말하지 않으면 완전히 다른 일을 하기도 해서 결국 쓸모없는 수십억 개의 종이 클립을 얻는 결과가 나타날 수도 있다.

항상 세세한 지시를 내리는 것은 정말 힘들다. 이런 지시로 인해 나는 피로가 쌓였다. 어떤 날은 하루 목록을 짜는 것마저 하기 싫을 때가 있다. 그럴 때면 남편이 할 일을 잊어서 다른 사람이 알려 주는 상황을 싫어한다는 사실을 스스로 되뇌어야 한다. 사실 남편은 냉장고에 열쇠를 둔 것을 알고는 수치심을 느낀다. 나 역시 완벽한 인간이 아니기에 서로를 존중하는 모습을 보여야 한다.

앞에서 말한 종이 클립에 대해 잘 모르는 사람을 위해 덧붙이자면, 종이 클립 문제는 옥스퍼드대학교의 한 철학자가 고안한 사고(思考) 실험으로, 유니버설 페이퍼클립스라는 비디오 게임으로도 만들어졌다. 이 게임에서 플레이어는 인공지능 기계에 종이 클립 생산을 극대화하도록 프로그래밍했고, 기계는 임무를 완수하기 위해 모든 자원을 닥치는 대로 사용했다. 이를 막으려는 인간들에게 행운을 빈다. 왜냐하면 기계는 클립을 계속해서 만들기 위해 인간의 생존보다 자신의 생존을 더 중요하게 여길 것이기 때문이다. 결국에 인간은 사라지고 클립만 계속해서 생산된다. 그러니 인공지능에 뭔가 소원을 빌 때는 조심하자. 아니면 최소한 아주아주 정확하게 지시를 내려야 한다.

—펜

이제 당신은 이런 생각이 들지도 모른다. '좋아, 그럼 정리해 보자. 나는 정말 활기찬 사람이 되어야 하고, 내가 기대한 것과 비슷하게 행동하면 그 사람을 칭

찬하고, 나를 미치게 하는 행동은 그냥 넘어가고, 요구할 때는 전문가처럼 해야 하고, 이 모든 행동을 소리치지 않고 해야 한다는 말이지?' 이것이 무리한 요구인 것은 잘 알고 있다. 정확히 말해 누구나 화가 머리끝까지 날 상황은 있을 것이다. 내 아내도 예외는 아니다. 나는 이렇게 생각하려고 노력한다: 아내는 나를 **있는 그대로 받아들이려고** 최선을 다하고 반대로 나는 **최선의 헌신**으로 이에 답해야 한다. 그렇지 않으면 우리의 관계는 지금처럼 좋지 못할 것이다.

좋은 소식이 있다! 18장에서 ADHD들의 증상으로 인해 당신이 화가 날 때 식혀 주는 방법을 공유하겠다.

17장에서는 자녀가 ADHD라면 당신이 그들의 영웅이 될 방법과 관련된 더 많은 정보를 알아볼 것이다. 해당 사항이 없는 사람이라면 18장으로 바로 넘어가도 된다.

17장
부모 또는 보호자, 당신은 변화를 일으킬 수 있다

나는 스포츠 관련 영화를 정말 좋아한다. 〈후지어〉, 〈미라클 온 아이스〉, 〈마이티 덕〉 등, 주인공이 어려움을 겪은 후 따스한 마음씨를 가진 코치(대체로 엄격한 모습 속에 숨겨져 있다)의 깊은 보살핌과 지도를 통해 역경을 이겨내는 모습은 언제 봐도 감동적이다.

내게도 훌륭하신 스니드 코치님의 지도로 최악에서 최고로 올라왔던 동화 같은 버전의 이야기가 있다. 내가 다녔던 고등학교 농구팀 코치로, 이분은 정말 엄격하셨는데, 선수들의 집중을 끌어내려고 발로 바닥을 종종 차셨다. 분명 소리가 크게 나는 특별한 신발을 샀으리라 확신한다. 당시에는 꿈에서도 그 소리를 자주 들었다. 2년 동안 코치님은 내가 혼자서 농구 연습을 할 때마다 다치 똥파리처럼 끈질기게 달라붙었고 마침내 한번도 농구를 팀으로 경기해 본 적 없는 자신감 없는 아이를 팀의 MVP로 만들어 주셨다. 디즈니, 이걸 영화로 만들어 보는 건 어떤가.

자신을 밀어붙이면서 즐기는 것, 그리고 목표에 못 미쳐서 기분이 상하는 것의 차이를 만드는 것이 좋은 코치의 역할이다. 그래서 나는 킹 박사가 ADHD인 자녀의 부모는 코치와 같은 역할을 해야 한다고 말했을 때 정말 흥분을 감추지 못했다. 그렇다. 이 말에 전적으로 공감한다.

나는 코치란 단어에 함축된 것들이 정말 마음에 든다. 코치는 선수의 자원을 보호하고 너무 많은 활동으로 과도한 스트레스를 안겨 주려 하지 않는다. 그리고 단호하지만, 뒤에서 항상 지지해 주고, 가장 중요한 것은 그들의 승리를 바란다. 좋은 코치는 자신의 역할이 선수 옆에서 머무르는 것이지 그 안에 들어가 함께 경기하는 게 아님을 잘 알고 있다. 당신 역시 자녀가 성공할 수 있도록 준비를 시키면서 대회 날이 되면 한발 물러서서 그들이 빛날 수 있도록 해 주어야 한다. 이번 장에서는 아이들이 최고의 잠재력을 보여 줄 수 있게 코치하는 방법을 살펴보도록 하자. 그리고 이들과 함께 승리의 기쁨을 만끽하자.

실제 코치(나)가 전하는 팁

태어나서 처음으로 나는 진짜 코치가 되었다! 아들의 원정 농구팀에서 보조로 일을 하면서 수석 코치님에게 아이들과 대화하는 법을 정말 많이 배웠다. 그분은 농구를 코치할 때 도움이 되는 훌륭한 팁을 몇 가지 알려 주셨는데, ADHD인 아이들을 코치할 때도 바로 적용할 수 있다:

1. **코치의 말은 당신이 생각하는 것보다 훨씬 큰 의미를 지닌다.** 그러니 조언하기 전에 잠시 숨을 좀 고르고 목소리 톤을 조정하라. 재미로 한 말이 실제로는 아이에게 꽤 큰 상처가 될 수 있다.
2. **경기 중에 선수가 뭔가 잘못했을 때 사이드라인에서 소리치지 마라.** 선수가 자신의

> 역할을 끝까지 하도록 두자. 선수들이 긴장 풀 시간을 가진 후에 문제점을 이야기한다.
>
> **3. 지지가 되는 존재가 되어주되 단호하라.** 당신은 권력자이기 때문에 항상 좋은 말만 할 수는 없다. 그러나 언제나 마지막까지 그들 곁에 있어 주는 사람이 되어야 한다.
>
> **4. 선수들의 행복과 실력 향상은 이기고 지고를 떠나 항상 우선순위로 두어야 한다.** 그러나 그들이 승리하면 '축하할 시간'을 마음껏 가진다.

당신이 생각한 아이가 아닌, 당신의 아이를 코치하라

당신을 흥분시키고 싶지는 않으니 본론으로 들어가기 전에 심호흡 한 번하고 마음을 진정시켜 주는 고래 소리를 듣고 나서 넘어가도록 하자. 자 이제 조금 편해졌는가? 좋다.

투스카노 박사에 따르면, ADHD인 아이의 경우 발달과정에서 부모와의 관계를 보면 이 아이가 성공적인 삶을 살아갈 수 있는지를 예측할 수 있다고 한다. 당신이 어떻게 태도, 지지, 인내, 이해를 보여주는지에 따라 자녀는 끔찍하고 무시무시하고 정말 별로였던 ADHD의 하루를 보낼 수도 있고, 꽤 괜찮은 하루를 보낼 수도 있고, 심지어는 매우 멋진 하루를 보낼 수도 있다. 시간이 지나면서 이런 부분이 더하고 더해져 이들의 ADHD 삶이 긍정적인지, 아니면 부정적인지 결과로 나타난다. 큰 부담은 없다, 그렇지 않은가?

ADHD 아이에 맞추어서 삶을 조정한다는 의미는 당신의 기대를 조정해야 한다는 것일 수 있다. 이 책 초반에 당신이 ADHD라면 급진적인 수용(그들의 모습 그대로를 받아들이는 것)이 필요하다고 이야기했다. 사실 자신의 아이가 ADHD라는 것을 받아들이는 것보다 자신이 ADHD인 사실을 받아들이는 게 더 쉬울

지도 모른다. 당신이 ADHD와 함께 사는 사람이라면 이것이 얼마나 힘든지 잘 알 것이다. 당신이 이런 자녀의 부모라면 완강한 성격이나 남의 말을 잘 들어주지 못하는 성격 탓에 아이의 증상을 오해할 수도 있다. 더 엄격한 훈육이 언제나 답은 아님을 받아들이는 것은 부모들에게 매우 힘든 일이다. 어쨌거나 많은 이들이 이렇게 자라왔으니 말이다. 그러나 내 친구 킹 박사가 말하길, 사회에서 전통적으로 성공이라고 정의한 것을 자녀가 성취할 수 있을지 걱정이 된다면 그것은 당신의 문제지, 아이의 문제가 아니다. 내가 해 줄 가장 중요한 조언은 **아이를 있는 그대로 받아들이고 양육**하라는 것이다. **당신이 기대하는 아이가 아니라.**

코치 비유로 다시 돌아가서, 딸이 키 183센티미터에 점프력이 50센티미터인, 농구를 사랑하는 아이라면, 농구팀 센터로 보내야 한다. 당신이 이단평행봉[1]에 선 아이의 모습을 정말 보고 싶은 사람이더라도 말이다. 자녀에게 멋진 코치가 되려면 아이가 가진 강점을 파악하고 거기에서 시작해 발전시켜야 한다. 주 업무는 그들이 모든 도전과 시도에서 이겨 낼 수 있도록 옆에 있어 주는 것이다. 다른 모든 것이 아이에게 실망을 안겨도, 당신만은 언제나 함께 할 거라는 믿음을 주어야 한다.

ADHD 자녀가 있는 가정

자녀가 ADHD라서 집안 분위기가 경직되어 있다면 다른 집도 다르지 않다는 것을 알아두자. 힌샤우 박사는 어릴 때 집안 분위기가 너무 안 좋아서 몇 년 동

---

1 높이가 다른 두 개의 가로대로 만든 평행봉.

안 즐거운 식사를 해 본 적이 없다고 말했다. ADHD 증상이 만드는 혼란스러움은 단지 이 질환인 사람에게만 영향을 주는 게 아니다. 좌절감, 급격한 짜증, 통제권을 얻으려는 필사적인 노력이라는 부수적인 피해도 정말 많이 나타난다.

수많은 가족이 긴장감을 안고 살아가는 건 사실이지만, 이런 분위기로 인한 스트레스는 ADHD 아이의 성장 발달과정에서 특히 큰 영향을 준다. 투스카노 박사는 가정에서의 ADHD 발달-교류 모델이란 것을 소개했다. 더 자세한 내용은 구글에 나와 있지만, 간단히 말하자면, 부모-자녀의 관계가 핵심 열쇠라는 것이다. 이 관계는 ADHD인 아이에게 영향을 미치는 수많은 요인 중 가장 중심에 있다.

이 모델에서 내가 처음으로 주목한 것은 부모-자녀 관계에 영향을 주는 요인이 매우 많다는 점이었다. 부모와 자녀의 성격뿐만 아니라 형제자매, 부모/부부 관계, 학교와 사회와 같은 외부 요인들 모두가 영향을 준다. 본질적으로 부모가 ADHD인 자녀에게 인내심을 가지고 긍정적이고 적극적으로 관여하면 아이가 잘 성장하는 데 큰 도움이 된다. 아이에게 더 좋은 환경을 부여할수록 143, 144쪽 '멋지군, 정말 멋져'에서 나열한 좌절감 등으로 힘들어할 확률이 줄어든다. 두 번째로 내가 알아챈 점은 이 관계의 영향이 양쪽 모두에 간다는 것이다. 아이의 하루가 잘 지나가면 이와 연관된 모든 사람의 하루도 괜찮게 넘어가고, 아이에게 힘든 시간은 다른 사람에게도 힘든 시간이 된다.

다른 요인에는 IQ, 사회경제적 요인, 강력한 사회적 유대감, 일관된 체계, 아동 지원 시스템의 신뢰도가 있다. IQ나 사회경제적 요인에 대해서는 당신이 할 수 있는 일이 많지 않지만, 나머지 요인은 어떻게 하느냐에 따라 달라질 수 있다.

효과가 있는 것부터 시작하기

좋다. 이제 당신의 역할이 매우 크다(실제로는 아니지만, 지금은 그렇게 느낄 것이다)는 것을 알게 되었으니 무엇을 해야 하는지 알아보도록 하자. 이전 장에서 말했던 것처럼 소통하는 사람이 되는 방법부터 시작한다. 사소한 것은 그냥 넘어가고, 긍정적인 면에 집중하며, 현실적인 기대치를 가지면 자녀를 위한 행복한 가정을 만드는 데 큰 도움이 될 것이다.

아이가 자신을 조절할 때 연결의 힘이 매우 중요하다. 안아 주기, 따뜻한 말하기, 눈 맞추기의 행동은 아이의 마음을 차분하게 해 주고, 무너지고 있는 감정의 강도를 줄이거나 폭발을 방지할 수 있다.

또 다른 방법은 강점을 기반으로 한 접근법을 택하는 것이다. 킹 박사는 이 방식이 많은 임상 전문가가 선택하는 문제해결 중심 접근법과는 반대되는 것이라 강조했다. 아이의 문제점부터 찾지 말고 강점에 호기심을 갖고 관찰해 보자. 마치 야생에서 동물을 관찰하듯 아이를 집중적으로 관찰하는 것이다. 언제 무슨 일이 일어나는가? 아이의 두뇌에는 어떤 것이 잘 맞는 것 같은가? 이렇게 관찰하다 보면 행동 패턴을 발견할 수 있다. 가령 아이는 밖에 나갔다 온 후에 가장 잘 집중하거나, 만들기 활동을 할 때 가장 오랫동안 가만히 앉아 있을 수 있다고 해 보자. 이런 관찰로 출발선을 찾을 수 있다. 당신이 깨달은 것을 활용(숙제하기 전에 밖으로 보내서 술래잡기하게 하기)해서 아이의 두뇌가 잘 기능하게 하고 시스템을 잘 조절하도록 돕는다면 도전을 맞닥뜨렸을 때 더 준비된 사람이 될 것이다.

킹 박사는 ADHD 아이가 제대로 자신을 통제하지 못하고 증상에 압도되어 폭발(끔찍한 소리를 지르며 통제 불능인 것처럼 보이는 경우)했을 때는 악마에 사로잡했다거나 진심으로 우리가 싫어서 하는 행동이 아니라는 점을 알아야 한다고 강조했다. 단지 이성적으로 생각하는 능력이 완전히 사라지고 감정만이 남아 있어서 그럴 뿐이다. 이때의 아이는 원해서 형제자매의 얼굴 앞에서 문을 쾅 닫는 행동을 하는 게 아니라, 싸운 당시에 너무 화가 나서 감정이 생각을 가려 버린 것뿐이다. 감정의 격발은 그냥 일어난다. 마치 과거의 내가 방에 들어가서 고정된 것을 제외한 모든 물건을 벽에 던졌던 것처럼 말이다.

자녀가 압도되지 않도록 하려면 의식적으로 속도를 늦추고 아이에게 요구하는 것을 줄여야 한다. 경고: 지금처럼 아이들의 할 일이 과도하게 많은 사회 분위기에서, 방과 후 활동을 12개 정도는 등록해야 하지 않을까 하는 걱정이 들 수도 있지만, 이런 흐름을 거슬러야 한다. 강해지자. ADHD인 아이에게는 하키, 숙제, 피아노, 과외, TV 보는 시간, 늦은 취침 시간으로 이어지는 일정이 적절하지 않다. 압도되지 않으면서도 도전적인 수준의 활동 정도로 그 수를 줄이자. 집안일에서도 아이에게 요구하는 부분을 어느 정도 제한하는 게 좋다. 책임감을 가르치는 것도 중요하지만 그 과정에서 균형을 잃게 해서는 안 된다. 이와 동시에 필요한 요건들을 더 많이 설치해 두자. 예를 들어, 아이가 쉽게 볼 수 있는 장소에 달력을 붙여 놓거나 매일 체크 리스트를 작성해 자신에게 기대하는 부분을 바로 알 수 있도록 한다.

코치들 코칭하기: 양육 훈련

집에서 소리치는 소리가 프로레슬러 수준까지 올라가서 문을 닫아 버려야겠다고 생각한 적이 있다면, 당신은 적절한 부모가 아니다. 훈련받지 않은 부모다.

놀랍겠지만 부모는 가만히 있으면 저절로 되는 게 아니다. 아이를 양육하려면 큰 노력과 자원이 필요하며 특히 자녀가 ADHD라면 그 노력은 두 배에서 세 배, 네 배로 늘어날 수 있다. 출산을 위해서는 긴 시간 동안 그렇게 공부하면서 출산 이후 아이를 어떤 식으로 양육하는지에 대해서는 1분도 투자하지 않는다니 말이 안 된다. 아내와 나는 아이들을 키우면서 혹시 외계에서 온 생물체가 아닐까 하는 생각을 한 적이 수도 없이 많았지만, 항상 호기심을 갖고 이해하려고 노력했다. 우리 모두는 양육 기술을 지금보다 더 향상할 수 있다. 당신의 아이를 돕는 효과적인 방법은 다른 사람에게 도움을 받는 것이다.

> 당신이 거주하는 지역에 '부모-아동 상호작용 치료' 같은 훌륭한 부모 훈련 프로그램이 있는지 알아보고 싶다면 검색창에 반드시 '증거 기반'이라는 말을 함께 덧붙여야 한다.
> —펜

아이가 ADHD라면 의사는 부모 훈련 프로그램에 등록하라고 제안할 수 있고, 여기에서 양육 시 도움이 되는 여러 기술을 배울 수 있을 것이다. 부모 훈련 프로그램에서는 아이와의 상호작용에 대해 실시간으로 피드백을 받기 때문에 기술의 수준을 높일 수 있다. 그러면 당신이 그 조언을 아이에게 맞도록 살짝 수정해 집에서 더 효과적으로 적용할 수 있다. 일부 프로그램은 실제로 부모에게 이어폰을 주고 CIA 요원처럼 무슨 말을 해야 하는지 실시간으로 지도를 해 주기도 한다. 커츠 박사는 이런 프로그램을 통해 부모들은 자녀의 치료사가 될 수 있다고 설명했다. 부모와 자녀가 긍정적인 관계를 구축할 때 아이들은 기대에 더 잘 반응할 것이다.

부모 훈련 수업에서 배울 수 있는 것들

- **적극적인 듣기 기술.** 당신이 '잔말 말고 내 방식대로 해'라는 태도로 밀어붙이지 않고 자녀가 하는 말을 따라 하며 그 감정을 확인하고 인정해 주면 아이는 이해받는 기분을 느낄 것이다.
- **긍정적인 상호작용의 중요성.** 성공적인 부모 교육의 핵심 원칙 중 하나는 자녀와 긍정적인 관계를 유지하는 것에 초점 맞추기다. 하지만 나에게 좌절감을 주면서 벽을 치게 만드는 것만이 아이의 목표인 것 같은 느낌이 들 때면 이행하기 쉽지 않은 부분이기도 하다.
- **연습을 통해 성장하는 법.** 단순히 수업을 듣고 메모하는 것에서 나아가 배운 부분을 다양한 상황에서 연습해 봐야 아이를 더 잘 도와줄 수 있다.
- **사회적인 기술을 강화하는 법.** 좋은 친구는 단 한 명일지라도 자녀에게 큰 영향을 준다. 친구는 나쁜 결과를 막아 주는 주요 보호막이며, 부모로서 이 부분에 어느 정도 개입을 할 수 있다. ADHD인 아이들은 다른 아이들의 생일 파티에 초대받지 못하는 경우가 많기 때문이다.
- **일관성의 중요성.** 만약 집에서 식사 중에 일어서지 못하도록 가르친다면 학교나 식당에서도 도중에 일어나지 않도록 해야 한다.

학교에서의 ADHD인 자녀

대부분의 부모가 자신의 아이들이 학교에서 '잘 생활'하기를 기대한다. 이 '잘 생활'한다는 의미는 좋은 성적을 받고, 선생님의 말씀을 잘 들으며, 모범적인 학생이 된다는 것을 말한다. 만약 자녀가 ADHD라면 잘 생활한다는 생각을 '좋은 대학에 가기 위해 우수한 성적을 받는다'라는 고루한 관념에서, '두뇌에 매우 도전적인 환경에서도 잘 생활할 수 있는 방법을 찾아낸다'로 바꾸어야 할 것이다.

공부에 관심을 가지도록 할 수도 있겠지만 먼저 학습 방법에 대한 당신의 생각을 바꾸어야 할 수도 있다. 또한 단순히 교실에서 학습을 하는 조절 능력을 배우는 것만으로도 학교생활을 잘하고 있다는 의미가 될 수도 있다.

학교는 ADHD 증상을 유발하는 상황이 끊임없이 발생하는 곳이다. 그러니 자녀가 얼마나 똑똑하든 상관없이, 정상적인 뇌 기능을 하는 아이들에게 힘들지 않은 일들이 ADHD인 아이에게는 힘들 수 있다는 점을 기억하도록 하자. 전형적인 교실에서 이 아이들이 느끼는 스트레스와 좌절감은 조절 능력을 하락시키고 심지어 시작하기도 전에 제대로 학습하지 않으려 할 수 있다. 킹 박사는 "교실에서 통제가 되지 않고, 안전하다는 느낌을 받지 못하며, 선생님과의 교감이 없는 아이에게는 어떤 것을 가르쳐도 소용이 없습니다. 이 아이는 제대로 배우지 못할 것입니다"라고 설명했다.

그러면서 ADHD 아이의 감정 조절에 대처하는 적절한 훈련을 받지 못한 교사들이 여전히 많은 게 문제라고 박사는 지적했다. 물론 행동 조절 수업을 들은 사람도 있고 특수 교육에 대한 석사 학위가 있는 사람들도 간혹 있지만, 관련 수업들 대부분은 이제 막 생겨나고 있다. 그래서 일반 교사들이 ADHD인 학생의 행동을 보면 이 아이가 지금 힘들어한다고 생각하지 않고, 자신을 힘들게 하는 말 안 듣는 학생으로 보게 되는 것이다. 그러면서 그 행동을 통제하고 수업을 계속 진행하려고 하지만 이런 모습에 ADHD인 아이는 더욱 반항한다. 교사와 학생 사이의 관계가 좋은 출발점에서 시작하지 않게 되어버린 것이다. 자신에게 닥쳐오는 모든 것이 부정적인 영향만 준다고 느낀 아이는 결국 학교를 싫어하게 될 수도 있다.

이때 당신의 개입이 필요하다. 교사는 적이 아니며 최선을 다하고 있다는 생각을 갖고 현재 학교에서 아이에게 할 수 있는 것과 아이가 필요한 것 사이에서 다리가 되어야 한다. 대부분의 교사는 학생들에 대해 더 많은 정보를 얻고 싶어 하지만 생각만큼 많이 알지 못하는 상황이다. 이때 당신이 통역사가 되어 선생님이 아이에 대해 더 잘 이해할 수 있도록 도와주어야 한다.

자녀의 담임과 대화하는 법

킹 박사는 아이의 선생님과 효과적인 파트너 관계를 맺을 수 있는 훌륭한 조언을 해 주었다. 여기에서 핵심 단어는 파트너다. 접근 방식만 적절하다면 선생님은 최고의 협력자가 될 수 있다.

선생님과 면담하러 갈 때는 마음을 열고, 그렇지 않아도 바쁜 선생님에게 추가 업무를 요청해야 하는 점에 미안함과 감사함을 느껴야 한다.

1. 감사하다고 전한다. 교사가 하는 일은 정말 많지만 대개 과소평가 되는 면이 있다. 그러니 처음 만나면 아이를 위해 노력해 주시는 선생님께 감사하다는 말을 먼저 하고 대화를 시작하자. 이렇게 말한다면 더 강한 유대감을 만들 수 있다: "선생님께서 얼마나 힘드실지 잘 알고 있습니다. 저는 아이의 부모니 그 어려움을 충분히 이해합니다."

2. 선생님의 영역을 침범하지 않는다. 가정에서 당신은 아이에 대해서 전문가일지도 모른다. 하지만 학교에서는 선생님만큼 잘 아는 사람은 없을 것이다. 선생님이 당신의 집에서 저녁 식사를 하면서 이래라저래라 말하는 걸 듣기 싫은 것처럼, 당신이 수업 방식과 관련해 참견하는 행동을 좋아하지 않을 것이다. 그러니 선생님과 대화할 때는 존중하는 마음을 표현하자.

3. 호기심을 가진다. 당신은 매일 교실에 아이와 함께 있을 수 없다. 그러니 단순히 추측하기보다 담임선생님께 학교생활을 물어보자. 언제 무슨 일이 있었

나요?

4. 전략을 나눈다. 선생님과 정보를 공유한다. 집에서 아이는 어떤지 이야기하고 당신이 발견한 증상을 완화시키는 좋은 전략을 말해 주자. 예를 들어, 시각적인 메모를 했을 때 아침에 책가방을 깜빡하고 가는 일이 줄었다면 이 부분을 알려드리는 것이다. 학교에서는 어떤 식으로 활용할 수 있을까? 책상 한쪽 끝에 책가방 그림이 그려진 포스트잇을 붙여두면 도움이 될 것이다. 그러나 이런 방법은 '단순한 제안' 정도의 형식으로 전해야 한다. 선생님 역시 당신이 집에서 해 볼만 한 좋은 전략을 알고 있을 것이다.

5. 협력한다. 하루 보고서 카드를 만드는 것을 고려해 본다. 의사들의 화상회의에서 그레고리 파비아노 박사는 하루 보고서 카드가 ADHD인 아이가 학교에서 도움을 받을 수 있는 가장 효과적인 개입 방법의 하나라고 말했다. 교사가 긍정적으로 받아들인다면 함께 의논해 매일 달성해야 할 구체적인 목표(혼자서 숙제 제출 기억하기, 제출하기 전에 숙제 두 번씩 확인하기, 국어 시간에 발표하도록 호명될 때까지 기다리기 등)가 담긴 카드를 만들어 보라. 수업이 끝날 때 선생님이 이 카드를 집으로 보내 주면 당신은 할 일을 달성한 부분에 보상을 줄 수 있다. 이 방법은 일이 많은 선생님에게 업무를 추가하는 것이지만, 한번 여쭙기라도 하자. 내 생각에 대부분의 선생님은 학생들이 좋은 학습 습관을 들일 방법에 긍정적인 신호를 보내 줄 것이다.

학교에서의 지원

킹 박사에 따르면, ADHD가 있는 대부분의 똑똑한 아이들은 일반적인 교실에서도 잘 해낸다고 한다. 하지만 집중력이나 행동 조절이 어느 정도 잘되더라도 여전히 학습을 도와주기 위해 지원을 해야 한다. 아이가 ADHD로 진단받은 후에는 의사, 치료사, 선생님

> 과 상담해 맞춤형 지원 계획을 짜도록 하자. (자녀에게 가장 적합한 프로그램이 무엇인지 전문가와 상담해 보자.)
>
> 다음은 교실에서 추가할 수 있는 몇 가지 지원들이다:
>
> - 서 있기 허락
> - 시험 추가 시간
> - 시험 문제 수 감소
> - 구두시험 허락
> - 조용하게 공부할 수 있도록 방해 요소를 제거한 공간 제공
> - 가정과 학교의 교류(매일 보고서 카드 등)
> - 추가적인 학습 지도
> - 보충 과제

킹 박사는 또한 자녀가 3~4학년이 되면 선생님에게 자신의 의견을 달할 수 있는 법을 함께 가르치기 시작해야 한다고 말했다. 여기에는 문제를 푸는 동안 서 있거나, 필요할 때 휴식을 취하거나, 좀 더 조용한 자리에 앉게 해달라고 요청하는 것 등이 포함된다.

처음에는 부모가 나서서 선생님과 면담을 하며 기반을 잘 닦아 놓아야 하겠지만, 아이 자신이 자신에게 잘 맞는 방법을 선생님께 표현하는 법을 배우게 하는 것이 최종 목적이다. 이런 기술은 시간이 지나면서 더 큰 효과를 나타낼 것이다.

휴, 이번 장에서는 알아야 하는 내용이 많았다. 하지만 당신이 이 책을 읽고 있다는 것 자체가 올바른 방향으로 가고 있다는 증거다. 특히 자녀의 멋진 두뇌를 잘 활용하는 방법을 이해하려고 노력한다는 점에서 말이다.

다음(드디어) 장에서는 당신의 ADHD를 이해하고 보듬어 주는 사람들에게 할 수 있는 일들을 살펴보자. 그들도 노력했으니 보상받을 자격은 충분하다.

18장

보호자 돌보기

이번 장은 ADHD인들의 친구, 가족, 사랑하는 사람들을 위한 장(그리고 끝에는 ADHD인들을 위한 내용 약간)이다. 만약 당신이 ADHD인 사람과 함께 살거나 그런 사람을 도와주고 싶어서 이 책을 골랐다면, 그들이 노벨상이나 오스카상을 받을 때 가장 먼저 감사의 인사를 건넬 존재라는 점을 알아 두자. 항상 당신에게 고마워한다고 말하지는 않겠지만 그런 마음을 지니고 있을 것이다.

배우자가 ADHD라면 당신의 정신 건강을 돌보는 것이 얼마나 중요한지 진솔한 내용을 전하기 위해 이번 장은 아내의 몫으로 남기려 한다.

> **킴이 남긴 (긴) 메모**
>
> 솔직히 말하겠다: ADHD인 사람과 함께 사는 것은 때로는 미칠 듯이 괴롭다. 당신이 얼마나 그 사람을 사랑하든, 그들은 언제나 최선을 다하는 것이라 마음속으로 수없이 되뇌든, 가끔은 이렇게 소리치고 싶다. "내가 말했잖아! 귀는 장식으로 달고 다니는 거야?"
>
> ADHD인 사람과의 관계에서 얻을 수 있는 장점이 얼마나 큰지에 대해 앞에서 살펴보았다. 사랑스러운 이 친구들과 함께 있는 것만으로도 정말 즐겁다. 마치 당신 삶에 엄청

난 기쁨을 가져다주는 강아지들처럼 말이다. 그러나 정말 강아지처럼 이 사랑스러운 장난꾸러기들은 가끔 카펫을 더럽히고 밤잠을 설치게 한다.

누군가의 생일잔치, 은퇴식, 결혼식, 아니면 그냥 평범한 금요일 밤에 남편은 즉흥적이면서 유머러스한 건배사를 할 수 있다. 나와 결혼한 이 남자는 나를 정말 즐겁게 해 주기 때문에 넷플릭스를 탈퇴하더라도 지루할 틈이 없을 것이다. 하지만 분명히 해 둘 점이 있다: 내가 사랑하는 이 즉흥적이고 창의적이고 과집중을 하는 두뇌의 주인은 커피 머신 아래에 컵을 놓는 것을 잊어 버려서 집안 전체로 끔찍한 탄내가 나는 악취가 흘러나오게 하는 사람과 동일 인물이다.

남편의 증상이 가족의 삶을 훼방 놓을 때마다 나는 마음을 진정시키고 싶은 생각이 든다. 아니 진정시키려고 노력한다. 하지만 침착함의 한계를 시험하는 일들이 벌어진다. 예를 들어, 열 번 중 아홉 번을 남편은 현관문을 열어 둔 채 집에 들어오고 아홉 번 중 아홉 번 내가 그 문을 말없이 닫는다. 뭐 그렇게 큰일인가, 안 그런가? 문 닫는 데 3초면 되는데. 하지만 내가 세탁 바구니를 들고 모퉁이를 돌다가 열린 문에 얼굴을 세게 부딪치는 상황에서는 침착함을 유지하기 정말 어렵다.

우리 같은 보호자들이 ADHD인 사람들을 돌보는 데 들이는 시간에는 엄청난 대가가 따른다. 파비아노 박사에 따르면, 자녀가 ADHD일 때 아이가 제 할 일을 하지 못해 발생하는 연간 손실 비용이 23억 달러 이상이라고 한다. 엄청난 금액이다. 하지만 여기에는 측정하기 어렵지만 정신 건강이라는 비용도 포함해야 한다.

언제나 뒤에서 포수 노릇을 하는 것은 스트레스다. 정신적인 스트레스가 이만저만이 아니다. 모든 가전기기가 제대로 꺼져 있는지 확인해야 하고, 일상적인 일들이 제대로 흘러가는지 확인해야 하고, 소지품이 제자리에 있는지 확인해야 하고… 끝이 없다. 압박감은 올라가고… 휴, 정말 폭발하지 않는 게 힘들 정도다. 이제 나는 우리 집 온수기에 팽창 탱크가 있는 이유를 이해한다. 압력이 빠져나갈 곳은 꼭 필요하다. 남편은 내가 필요하지만 내가 너무 지치고 압도되어 남편을 지지해 주지 못하면 어떠한 도움도 줄 수 없다. 항공기 안전 교육에서 다른 사람을 도우려면 자신의 산소마스크를 먼저 채우라는 내용이 나오는 것처럼 말이다.

뉴질랜드 항공표를 편도로 끊고 사라져 버리지 않을 일곱 가지 계획

책 후반부는 대부분 차분하고 냉정해지며 진정하고 공감하는 것의 중요성을 강조한 내용이지만, 누구나 항상 이럴 수는 없다. 당신도 휴식이 필요하고 도움이 필요하다. 힘들 때는 그 상황에서 빠져나와야 한다.

다음은 완전히 지치지 않도록 발견한 나만의 방법들이다:

1. 충분히 잔다

하루에 많은 요구를 받아 압도될 때, 늦게까지 일을 하거나 드라마 한 편을 더 보고 싶은 유혹이 든다. 하지만 잘 쉬어야만 몸과 마음이 더 빠르게 회복된다는 점을 배운 나는 매일 일찍 잠자리에 들고 다른 식구보다 더 일찍 일어나는 것을 좋아한다. 남편이 늦게까지 테니스를 친다면 밤 11시에 침대로 기어 올라와 내 잠을 깨우지 않도록 침실이 아닌 손님방에서 자도록 한다.

잠을 제대로 자지 못하면 인내심이 훨씬 줄어들고, 정리도 제대로 못 하며, 질병에 취약해진다. 게다가 식욕에도 영향을 주고 두뇌는 세 살에서 다섯 살 정도 더 빨리 노화한다. 그래서 파티를 충분히 즐기지 않고 9시에 떠나서 일찍 자는 게 다음 날 종일 짜증만 내는 것보다 낫다고 생각한다.

2. 당신의 공간을 지켜라

내 사무실 문이 닫혔다면 그건 혼자만의 시간을 갖고 싶다는 의미다. 코로나19 팬데믹 시절 이 집에서 자신만의 공간이 없는 사람은 나밖에 없다는 사실을 확실히 알게 되었다. 아이들은 각자의 방이 있고 남편은 다락방에 자신의 녹음실이 있다. 나는 식탁에서 일했다. 혼자 조용히 있는 순간이 없었다. 어느 하나 제대로 처리하지 못하면서도 24시간 내내 대기하며 다른 사람의 요구를 들어주는 기계가 된 기분이 들었다. 그래서 내 공간을 만들었다. 더 이상 식사 공간(우리 가족은 보통 아일랜드 식탁에서 식사한다)으로 쓰지 않는 곳에 문을 설치해서 내 사무실을 만든 것이다. 문이 유리(내 잘못이다)로 되어 있어서 여전히 가족들은 안을 볼 수 있지만 어쨌든 문을 닫아 두면 방해하지 말라는 의미로 받아들인다.

3. 힘들 때면 그 상황을 탈출하자

ADHD는 수학이 아니라서 정확한 답은 존재하지 않는다. 이 질환은 수많은 기쁨과 짜증을 함께 불러온다. 당신은 ADHD인 사람이 잘살아가도록 도와줄 수 있지만, 그들이 하는 모든 행동을 책임지는 인형술사가 아니다. 목표는 그들에게 필요할 때 도와주고 상황이 잘 흘러갈 때는 내버려두는 것이다. 마치 아이에게 처음 자전거 타는 법을 알려주는 것처럼 말이다.

남편과 사귀는 초기에는 목록을 만들고 전반적인 시스템을 짜는 것이 내 부업이었다. 내 일도 바빴지만, 남편의 일을 끊임없이 챙겨주고 체크 리스트를 만들어주고 격려해 주었다. 그러다 정신적인 스트레스로 지쳐갔다. 결국 나는 한계를 정해서 집에서도 꾸준히 관여하지 않아도 잘 돌아가게끔 했고, 점차 남편 주변을 맴돌며 할 일을 상기시켜 주지 않아도 우리가 정한 일상을 따를 수 있도록 보조 바퀴를 떼어 내기 시작했다.

나는 가족들에게 목록을 만드는 법을 가르쳐주고 스스로 할 수 있도록 했다. 내가 이 글을 쓰고 있는 지금 열세 살짜리 우리 아들은 캠프에 가져갈 짐 목록을 구글 문서로 작성하고 있다. 그 애가 샤워 용품을 가방에 잘 챙겨 넣었는지 따로 확인하지 않을 것이다. 필요한 물품을 다 챙겼는지에 대한 걱정을 이제 내려놔야 한다. 설사 챙기지 않더라도 그건 본인이 알게 될 일이다(다른 여자친구들 앞에서 안 좋은 냄새를 풍길 수 있다는 점).

당신은 ADHD인 가족에게 안전한 공간이자 지지자이자 옹호자가 되겠지만 마법사는 아니다. 당신이 이 질환으로 인한 문제를 해결할 유일한 사람이라는 환상에서 벗어나야 한다.

4. 비밀 계약을 재협상한다

우리가 가장 최근에 쓴 책에는 관계를 향상하는 비밀 계약에 관련된 이야기가 있다. 이 책을 읽어보지 않은(아니면 읽어는 보았지만 잘 기억나지 않는) 독자들을 위해 간략하게 설명하자면, 비밀 계약은 의도적이거나 계획적으로 맡은 게 아니라, 습관적으로, 또는 어쩌다 보니 자신도 모르게 맡게 된 역할을 말한다. 예를 들어, 나는 우리 집에서 서랍을 닫는 담당이 되었고, 남편은 상자를 재활용할 수 있게 정리하는 담당이다. 한번도 의논해서 역할을 정한 적이 없다. 그냥 그렇게 맡게 되었다. 이 비밀 계약은 훌륭하게 잘 이행되기도 하지만 이 부분을 수락 없이 맡게 되면 불만이 생길 수 있다. 비밀 계획은 연인이나 부부 관계에서만 국한되지 않는다. 부모-자녀 관계, 친구 관계, 형제자매, 동료 사이 등 당신이 아는 누구와도 존재할 수 있다.

삶은 계속 변한다. ADHD인 사람에게 지금 필요한 것이 다음 달(그다음에는 다시 필요할 수 있다)에는 변할 수도 있다. 항상 해왔던 방식이라는 이유만으로 기존의 시스템을 그대로 유지한다면 결국에는 불만과 원망만 쌓이게 된다. 수시로 점검해 불만이 쌓이지 않았는지 확인하고, 그동안 혼자 떠맡아온 책임 중 일부를 다른 사람에게 넘길 수 있는지 알아보라. 아니면 반대로 더 적극적으로 나서야 하는 부분이 있는지 확인하라.

5. 도움을 고용하라

ADHD인 사람을 돌보려면 온 마을이 필요하다. 이 질환은 일상생활을 지속적으로 영위하기가 어려우니, 그 무게를 혼자 감당해야 한다는 생각은 금물이다. 당신은 ADHD인 사람을 위해 가장 먼저 의사, 치료사, 코치(또는 이 모든 사람)를 알아보려고 하겠지만 당신 역시 도움이 필요하다. 상담사를 찾아서 당신이 받는 스트레스에 관해 이야기를 나누어보거나, 이 정도는 과하다고 생각되면 친구에게 고민을 털어놓는 것도 좋다.

부담감을 분담하는 작지만 구체적인 방법은 다른 사람에게 정리하는 일을 도와달라고 요청하는 것이다. 돈을 내고 사람을 고용할 필요는 없지만 (물론, 할 수 있다면 해도 된다) 임무를 위임한다는 게 중요하다. ADHD인이 만드는 난장판은 실제로 존재한다. 엉망이 된 집을 보면 내 마음도 엉망이 된 것 같다. 바닥에 굴러다니는 빈 물병에 발이 걸리거나 흩어져 있는 양말을 계속해서 줍다 보면 남편을 감정적으로 위로해 주거나 실질적으로 도와주기 힘들 때가 있다. 우리 집에서 혼돈에 질서를 부여하는 사람이 나밖에 없다는 걸 느낄 때마다 화가 난다. 그래서 일을 위임하는 법을 배웠다.

지금 우리 가족은 모두 각자의 역할이 있어서 굳이 내가 챙길 필요가 없다. 나는 주 갈이면 돌아가면서 집안일을 하는 가정에서 자랐다. 이렇게 하면 아무도 한 가지 일만 맡지 않아도 되었다. 똑같은 시스템을 현재 우리 가족에게 적용해 보니 자신의 차례, 가령 화장실 청소를 할 때가 되었을 때 '잊어버리기' 일쑤였다. 그래서 그냥 각자의 역할을 정하기로 했다. 우리 아들은 이제 매일 아침이면 식기세척기 안의 그릇을 정리하고 딸은 밤에 집안 쓰레기를 밖에 내놓는다. 저녁 식사 후 정리와 설거지는 우리 부부가 함께한다. 남편이 조리대를 닦고 나는 바닥을 쓴다. 이제 잔소리를 할 필요가 없다는 점에서 안도감이 든다.

어쩌면 집의 어수선함은 당신의 크립토나이트가 아닐 수도 있다. 약속을 지키는 것일 수도 있고 약을 먹어야 한다고 매일 알려 주는 것일지도 모른다. 당신에게 가장 부담이 되는 것이 무엇이든, 가족 구성원이나 친구와 협력해 그 부담을 덜 수 있는지 확인해 보자. 아주 작은 도움이라도 받을 수 있다면 큰 힘이 될 것이다. 당신은 모든 영역에서 슈퍼 영웅이 될 필요가 없다. 모든 일을 맡을 필요도 없다.

6. 자기를 돌보는 시간을 정기적인 관행으로 만든다

그래, 나도 잘 알고 있다. 자기를 돌본다는 말이 마치 거품 목욕이나 페디큐어를 하는, 그런 특별한 사람이나 누리는 것처럼 들릴 것이다. 그러나 진정으로 자기를 돌보는 것은 하고 싶은 행동을 마음껏 하는 것이 아니라, 경계를 정하고 자신의 시간을 갖는 것을 말한다. 투스카노 박사는 자신을 위해 매일 소소한 것을 해 보라고 추천한다. 좋아하는 넷플릭스 프로그램을 몰래 혼자 보는 정도라도 괜찮다. 따로 시간을 빼지 않아도 되는 일, 가령 대중교통을 이용하면서 팟캐스트를 듣는 것도 괜찮다. 보통 사람들은 복잡하고 거창한 계획을 세워서 친구들과 주말에 해변으로 여행을 가는 것을 상상하지만, 정신 건강을 유지하기 위해서는 매일매일 꾸준하게 관리하는 것이 더 중요하다고 박사는 강조했다.

나는 정신 건강을 위해 걷는다. 어떤 날은 땀이 살짝 날 정도로 빠르게 걷고, 다른 날은 집 주변 산책로를 천천히 걸으면서 요즘 빠진 조류 관찰 앱을 본다. 몸을 움직이면 마사지(물론 해 준다면 거절하지 않겠지만)를 받는 것보다 더 차분하게 마음이 가라앉았다.

자기 관리에 더욱 힘을 쏟고 싶다면 ADHD를 돌보는 시간 외에 자신을 돌아보는 시간, 즉 자아를 강화하는 시간을 내자. 목공이든 코바늘이든 관심 있는 일에 시간을 투자하면 자신이 마치 서비스만 제공하는 인간처럼 느껴질 가능성은 줄어든다. 놀랍게도 나는 피클볼을 좋아하게 되었다. 아직은 초보라 잘하지 못하지만, 함께 이 게임을 할 수 있는 여성팀을 찾았다. 게임만큼 대화도 많이 한다.

7. 자신이 몰인정하다는 생각에 관대해진다

가끔 나에게 디즈니에 나오는 공주(복잡한 감정을 지닌 요즘의 공주가 아니라, 고음의 웃음소리와 새들이 팔에 앉아 있는 옛날 스타일의 공주) 정도의 인내심을 기대하는 기분이 들 때가 있다. 하지만 내면에는 〈인어공주〉에 나오는 마녀 우르슬라와 같은 감정이 있다. 떨어진 공을 주워 담으면서 인내심 있고 자애로운 사람이 되려고 노력하지만, 가끔은 머릿속에서 이런 말이 들려온다. "젠장, 난 하기 싫은데." 한번은 이런 적이 있었다. 지난주 차 문을 열었을 때 나흘은 지났을 법한 입도 대지 않은 베이글과 소시지와 스타벅스 포장지가 안에 있는 것을 발견했다. 그래서 남편에게 차 안 정리를 제발 도와줄 수 있는지 물어보았다. 제발? (내가 이렇게 '제발'을 남발하는 게 사실 비꼬는 거라는 사실을 눈치챘는가?) 그리고 고맙게도 남편은 나를 도와주었지만, 문자 메시지를 신경 쓰느라 잡동사니들을 문 앞 테이블에 그냥 올려 두고 가 버렸다. 솔직히 말하면 내면의 나는 그 순간에 사랑과 용서, ADHD를 공감하는 모범적인 인간이 아니었다.

다음은 내가 남편에게 자애로운 마음을 품기 어려운 행동들이다:

- '시원'하게 마시려고 냉동실에 스파클링 음료수를 넣어 둔 채 잊어버려서 음료수가 터졌다.
- 이미 차를 운전하고 있었음에도 내 차 열쇠까지 모두 가져가 버려서 나는 차를 쓸 수 없었다.
- 휴대전화 충전을 깜빡해서 종일 연락이 닿지 않았다.
- 내 차 시동을 걸어 둔 채 한 시간 동안 가게에 있었다.
- 브로콜리를 데우기 위해 전자레인지에 넣어 두고 다음 날까지 깜빡해서 집안 전체에서 썩은 채소 냄새가 풍겼다.

ADHD로 인한 사건들을 겪으며 머리끝까지 화가 난 사람이 나뿐이지는 않을 것이다. 그리고 이렇게 분노하는 것이 일시적이고 일반적인 것도 잘 안다. 모든 상황에서 자애롭고 이해심 많은 상태를 유지하는 사람은 아무도 없다. 그래서 이렇게 화를 내는 자신을 용서하려고 한다. 걷기가 차분해지는 데 도움이 된다.

좋다, 다시 내가 펜을 잡았다. 이제는 ADHD인 사람들이 보호자나 지지자들, 사랑하는 사람들을 올바르게 대하는 방법에 대해 빠르게 배워 보도록 하자.

ADHD인들에게: 주변 사람들에게 친절하라

자, 다시 ADHD인 사람들에게 전하고 싶은 내용으로 돌아왔다.

당신이 ADHD라면 조금 더 수월하게 살아갈 수 있도록 돕는 사람이 주변에 분명히 있을 것이다. 이들은 사랑을 기반으로 당신이 최고의 인생을 살기를 바란다. 그러니 이 사람들의 행동을 당연시하지 않는 게 정말 중요하다.

올해 초에 우리가 올린 ADHD에 대한 영상에는 아내가 일상적으로 나를 도와줄 수 있는 여러 가지 방법들이 담겨 있다. 이 영상에 달린 댓글의 95퍼센트가 ADHD에 낙천적으로 접근한 점에 고마워하는 내용이었지만, 소수는 내가 아내를 이용한다거나 ADHD를 변명거리 삼아 혼란을 일으키고, 아내가 나의 게으름 때문에 모든 정리를 도맡아 한다고 (비속어를 섞어) 비난했다. 그들의 말에 신경이 거슬렸다. **나는 ADHD가 변명거리가 아닌 나를 설명하는 존재다**라는 신조로 살아가는 사람이다.

그리고 능력이 닿는 한 혼자서 최대한 많은 증상을 관리하려고 노력한다. 사려 깊지 못한 행동들을 단순히 ADHD 탓을 하며 넘어가고 싶지 않기 때문이다. 모든 행동에 책임을 지고, ADHD에서 비롯된 것이든 아니든 문제 행동에 대해서는 개선하려는 노력을 주 업무로 삼고 있다. 그러면서 나를 아껴 주는 사람들에게 열심히 도와주어서 감사하는 마음을 가지고 있다는 사실을 알려 주려고 노력한다.

다음은 ADHD인 사람과 함께하는 어려움에 대해 자신도 잘 알고 있다는 것을 주변 사람들에게 표현하는 몇 가지 방법들이다:

책임을 결산한다

ADHD의 여정에 많은 지원을 아끼지 않는 사람이 있다는 것은 많은 부담 역시 함께 지고 있다는 의미를 뜻한다. 그런 소중한 파트너를 걸어 다니는 구글 리마인더처럼 대우해서는 안 된다. 잠자리에 들기 전에 그날 하루를 되돌아보고 당신이 사랑하는 사람들에게 얼마나 많이 의존했는지 확인해 보라. 당신의 모든 행동을 세심하게 관리해 주길 기대하고 있는가? 도움을 받아 계획을 세우는 것은 좋지만 이를 실행하는 것은 당신의 몫이다.

사랑하는 사람에게 그들이 떠맡고 있는 것과 당신이 맡아 주었으면 좋겠다고 여기는 부분에 대해 진솔하게 대화해 보자. 목록을 먼저 만들고 어떤 부분을 우선 해결해야 하는지 물어 보라.

결혼 후 어느 날 아내가 내게 와서 '저녁 준비를 맡는' 행위를 명확히 정의하자는 제안을 했다. 아내에게 '저녁 준비를 맡겠다'고 말한 후 스스로 잘했다는 의미로 내 어깨를 두드렸다. 그러고는 아내에게 어떤 것을 만들어야 하고, 어떻게 만들며, 재료들은 어디서 찾아야 하는지 물어보았다. 그러자 아내는 "여보, 그건 '저녁 준비를 맡는' 게 아니야. 당신이 알아내야지. 그동안 내가 했던 것처럼 말이야"라고 답했다. 당연히 그 말이

> 친애하는 독자들, 이런 결산을 하는 것은 특히 우리에게 중요하다. 그동안 식사 계획, 약속 잡기, 일정 관리 등, 정신적으로 큰 부담이 되는 감정 노동을 떠넘기도록 길들여 왔기 때문이다. 게다가 이런 일들은 대부분 눈에 보이지 않는 것들이라 간과하기도 쉽다. "봐요! 저 아이가 마법처럼 화요일에 예약해 둔 치과를 가!" 하지만 이건 마법이 아니다. 치과 예약은 누가 했는가? 우리 가정에서도 내가 따로 주의를 기울이지 않으면 아내의 노고를 모르고 지나칠 수 있다. 사실 나도 그동안 다른 사람처럼 감정 노동의 중요성을 간과해 왔다. 하지만 이제는 더 잘하려고 노력한다-. 이와 관련된 대화가 좋은 시작이 될 것이다.
>
> —펜

맞다. 사실 아내는 요리를 좋아해서 (정말이다. 아내가 직접 그렇게 말했다) 이 부분을 내가 담당한다는 게 사실 좀 겁이 나긴 했다. 하지만 바쁜 한 주 동안 한 사람이 오롯이 모든 식사 준비를 하기는 쉽지 않은 일이기 때문에 지금은 한 주에 세 번 내가 저녁 식사를 준비한다. 처음에는 거의 먹기 힘든 수준이었지만 현재는 아내에게 일일이 물어보지 않을 정도는 되었다. 계속 실력이 좋아지고 있다.

> **ADHD를 위한 마법의 대화법**
>
> "너무 많은 일을 맡고 있네요. 그 부담을 덜어 줄 수 있는 시스템을 함께 만들어 보면 어떨까요?"

짜증 낼 권리를 인정한다

인생이 항상 직구로만 날아오면 얼마나 좋을까? 변화구를 맞게 되었을 때 당신이 화가 나는 건 당연하다. 몇 주 전 자동차 열쇠 때문에 큰 소동이 있었다. 10대인 우리 딸은 나 때문에 교통 체증 속에서 타이어가 터진 차 안에 앉아 있어야 했다. 아내는 차 열쇠를 제대로 관리하지 못한 내게 무척 화를 냈다. 물론 결국에는 용서해 주겠지만 그 당시에는 화를 식히라고 강요할 수 없었다. 아내가 내게 화를 내는 것보다 더 속상한 일도 없겠지만, 어쨌든 내 증상 때문에 생긴 일인데 참으라고 하는 건 맞지 않으니까.

당신의 행동으로 화가 난 상대방에게 감정을 풀었으면 하는 기대를 해서는 안 된다. 만약 상대방이 당신의 외출 준비가 끝날 때까지 밖에서 기다리면서 시계를 열 번도 더 넘게 보는 모습을 보고 "나는 ADHD라고, 알겠어?"라고 소리친다면, 그렇지 않아도 좋지 않은 상황을 악화시킬 뿐이며, 나중에 받는 스트레스는 더 커질 것이다.

지금은 ADHD 증상으로 느낀 수치심을 억눌렀던 경험을 바탕으로 감정을 억누를 때다. 당신은 지지해 주는 사람을 가질 자격이 충분히 있지만, 그들을 제대로 존중해 주지 않으면 더 행복한 관계를 유지할 수 없다.

사랑하는 사람에게 이해심을 구하면서 짜증 낼 권리도 포기하라고 요구하지 말자. 이 두 가지는 한 묶음으로 딸려 오는 게 아니다. 다음에 증상으로 인한 실수를 하게 되면 사랑하는 사람이 당신의 실수와 실수를 저지른 당신을 독립적으로 분리할 수 있을 거라고 믿자. 먼저 마음껏 화내도록 두고 자신의 실수가 어떤 영향을 미쳤는지 인정해야 한다.

> **ADHD를 위한 마법의 대화법**
>
> "화가 나 보이네요. 알겠어요. 내가 x를 하면 당신에게 y라는 영향이 가는군요. 내일 우리 함께 다음에는 x를 하지 않을 계획을 세워 보지 않을래요?"

당신의 요청을 정의한다

모든 사람의 기대에 맞추기 위해 자신을 희생하는 ADHD 순교자가 될 필요가 없다. 자신의 한계를 인정하고 필요한 게 있다면 도움을 요청하자. 사랑하는 사람이 당신에게 가장 필요한 것이 무엇인지 고민할 때까지 기다리지 말자. 원하는 게 있으면 말하고 어떤 점이 힘든지도 함께 설명한다. 또한 그들이 당신의 마음을 읽으면서 도움이 될 만한 것을 찾는 노력을 하지 않도록 최대한 자세히 말해 주자.

> **ADHD를 위한 마법의 대화법**
>
> "_____ 부분이 참 어렵네요. 혹시 ___을/를 좀 해 주실 수 있나요?"

경고를 한다

사랑하는 사람들이 당신의 집행 기능에 문제가 생기는 순간을 항상 알아챌 수 없다. 그러니 이런 상황을 설명하고 실수에 대해 경고를 해 두면 이해해 줄 가능성은 더 커질 것이다.

몇 주 전 나는 프로젝트를 두 개 맡은 상태였고, 아이들은 때마침 중요한 청소년 스포츠 경기에 참석(그 자체로도 불안감을 유발했다)할 예정이었다. 나는 촬영을 하기 위해 아내와 함께 차를 타고 나가면서 출구를 전혀 찾지 못했다. 그래서 바로 아내에게 말했다. "여보, 지금 내 집행 기능이 고장 난 거 같아. 오늘 내가 실수할 수 있다는 걸 경고하는 거야." 아내는 이 부분에 관해서 매우 유능하게 대처하는 사람이다. 아내는 바로 알겠다고 말한 후 내가 오늘 해야 할 일들이 무엇인지 물었다. 할 일은 정말 많았지만, 머릿속에만 담아 두지 않고 하나하나 소리 내어 말하니 완료해야 할 목록들을 전부 떠올릴 수 있었다. 많은 업무에 압도되던 감정이 다시 성공에 대한 활력과 도전 의식으로 바뀌는 순간이었다.

> **ADHD를 위한 마법의 대화법**
>
> "지금 스트레스를 너무 많이 받아서 집행 기능이 제대로 작동하지 않아요. 분명 뭔가를 잊어버릴 것 같아요. 미리 사과할게요."

인정한다

ADHD 진단은 면죄부를 주지 않는다. 당신을 사랑하는 사람들은 증상에 대해 관대함과 용서를 보여 주겠지만 그렇다고 이 부분을 계속해서 이용해서는 안 된다. 뭔가 잘못되었을 때 나는 설사 그런 마음이 들더라도 절대 "오, 이런이런, ADHD 때문이에요. 그냥 넘어가죠"라고 말하지 않는다. 실수하면 다음에는 같은 행동을 반복하지 않도록 방법을 찾는 것이 나의 의무다.

> **ADHD를 위한 마법의 대화법**
>
> "오, 이런, 엉망이네요. _____해서 정말 미안해요. 내가 더 노력할게요."

감사하는 마음을 전한다

감사받는 걸 싫어하는 사람은 없다. 당신에게 도움을 준 사람들에게 그 마음을 전하자. 최대한 많이, 최대한 자주 표현한다. 고맙다는 말은 많이 한다고 닳지 않는다. 정말이다. 자주 해 주자. 이왕이면 좀 더 자세하게 왜 고마운지를 말하면 더 좋다. 내가 집 앞 쓰레기통에 고인 냄새나는 물을 비우는 것을 깜빡하고 뚜껑도 열어 둔 채 집으로 들어오면, 아내가 코를 막고 대신 비워 준다. 이런 경우 내가 가장 먼저 하는 것은 사과다. 우선 이 정도도 나쁘진 않다. 하지만 아내에게는 "미안해"보다 더 듣고 싶어 하는 말이 있다. 그건 바로 "고마워!"다. (그리고 "다음에는 더 잘할게"다.)

> **ADHD를 위한 마법의 대화법**
>
> "_____하는 걸 도와줘서 고마워요. 당신 덕분에 _____을 할 수 있었어요."

다른 것도 그렇겠지만, ADHD인 사람과 주변인들이 건강한 관계를 맺기 위해서는 올바른 대화방식이 필요하다. 마음을 열고 대화하고 온정을 베풀자. 그러면 앞으로도 당신이 믿고 의지할 수 있는 멋진 팀을 갖게 될 것이다.

19장

듣기: 가장 어려운 습관

듣는 일은 나에게 흰고래[1]와 같으며, 와리오[2]이며, 듀크 대학(우리 할아버지가 듀크 대학 농구팀의 최강 라이벌인 UNC 농구팀이셔서 미안하지만 내게도 경쟁팀이나 마찬가지다) 농구팀과 같다. 나는 이제 대부분의 증상을 꽤 능숙하기 관리하지만, 다른 생각에 빠지지 않고 상대방 말을 경청하는 일은 여전히 '성장 지역'에 머물러 있다.

수업 시간, 회의, 병원 진료 등 정보를 받아들여야 하는 상황에서 주의를 기울여 듣는 게 얼마나 중요한지 수없이 듣지만, ADHD로 인해 발생하는 경청의 어려움은 이러한 강조조차 소용이 없다.

우리 같은 사람들이 상대방의 말을 제대로 듣고 있다는 것은 그만큼 그 사람

---

[1] 소설 모비딕에 나오는 고래로, 집착하지만 달성하기 어려운 목표를 의미한다.
[2] 비디오 게임 마리오의 라이벌 캐릭터이며, 저자의 본 성격과 완전히 상반된다는 의미다.

이 소중하다는 의미이기도 하다. 그리고 대화 중에 딴생각이 든다는 것은 실제로 그 사람과의 관계에서도 어려움을 겪고 있다는 의미다. 휴~

나는 좋은 남편이자 좋은 아빠가 되려고 정말 노력하고 있으며, 여기에서 경청이 우리 가족을 위하고 강한 유대감을 유지하는 데 정말 중요하다는 사실을 잘 알고 있다. 게다가 이것은 태도의 문제이기도 하다. 그래서 나는 잘 들어 주는 사람이 되기 위해 노력한다. 정말 노력한다. 하지만 ADHD 두뇌는 마치 초대받지 않은 손님이 불쑥 나타나듯 대화 중에 내 머리를 통제할 때가 있다. 예고 없이 다른 생각이 떠오르는 것이다. 아내가 할머니와 함께한 행복한 기억이나 친구가 어쩌다 해고되었는지 같은 아주 중요한 이야기를 하고 있을 때, 갑자기 조금 전에 본 패스트푸드 브랜드의 광고가 떠오르는 식이다. 아니면 기상학이나 궤도물리학이 떠오르기도 한다. 이런 생각들에 대해 내 통제력은 정말 부끄러울 정도다. 이런 내용이 마치 등나무가 뻗어나가듯이 이어진다. (지금 우리 집 마당에 있었던 등나무가 다시 떠올랐다.)

나는 물건을 깜빡하고 챙기지 않을 때 별다른 수치심을 느끼지 않는다. 지갑을 잃어버려도 그냥 "미안하지만, 지갑을 깜빡했네. 나 빼고 먼저 차로 가 있어. 지갑 찾아올게"라고 말할 뿐이다. 여기에는 어떠한 부끄러운 감정이 들어 있지 않다.

하지만 대화 중에 끼어들자 "내 말 좀 끊지 말아 줄래요?"라는 표정으로 상대방이 쳐다볼 때는 정말 쥐구멍에라도 숨고 싶은 심정이다. 열심히 입으로 불고 있는 풍선에 구멍을 낸 것처럼 내가 그 그룹의 에너지를 모두 빨아들인 것만 같아서 부끄러움이 밀려온다. 더 큰 문제는 진심으로 경청하고 싶지만, 사랑하는 사람에 대해 무언가를 알게 되거나 그들의 의견을 들을 좋은 기회를 ADHD 때문에 날린다는 것이다.

이런 경우가 있었다. 우리 부부는 지인들과 모임을 했는데, 집으로 돌아오며 아내가 "아까 저녁 식사 중에 셰릴이 자기 아이의 농구 경기에 관해 이야기하고 있는데, 당신이 그렇게 끼어드는 건 정말 무례했어. 얼마나 화가 났겠어?"라고 말한 적이 있다. 그런데 나는 아내가 무슨 말을 하는지 전혀 이해할 수 없었다.

우리 팟캐스트에 뛰어난 즉흥 연기 훈련사인 댄 시프를 초대한 적이 있는데, 시프는 대화의 흐름을 끊는 대표적인 두 가지 유형을 설명해 주었다. 한가지는 다른 사람의 말을 끊는 것이고, 다른 하나는 '비운동적 방해'라는 것이다. 비운동적 방해란 겉으로 보기에는 대화에 참여하는 것 같지만, 사실 다른 생각에 완전히 빠진 상태를 말한다. 그러니까 상대방의 이야기를 듣지 않고 자신이 말하고 싶은 내용을 어떤 식으로 가장 멋지게 꺼낼지만 생각하고 있는 행동을 말한다. 이런 현상은 ADHD인 내게 항상 일어난다.

머릿속에 뭔가가 떠오르면 마치 시간의 문을 지나 다른 세상에 간 것 같은 기분이 든다. 그때부터 그 대화에 집중하지 못한다. 다른 사람의 말을 듣는 대신 어떻게 하면 지금 말하는 사람이 대화의 버스에서 내리게 해 내가 원하는 말을 할 수 있을지를 고민하면서 전체적인 대화에 몰입하지 못하는 것이다. 물론 화자의 말을 들을 수는 있지만 내 머릿속에서는 주변 공기를 타고 들어오는 실제 목소리보다 열 배는 큰 소리로 대화에 끼어들라는 소리가 들린다.

내가 경청하려고 할 때 대개 이런 식으로 흘러간다:

친구 페이지: 킴, 전에 〈어메이징 레이스〉에서 했던 무시무시한 번지점프를 아직도 잊지 못하겠어. 얼마나 무서웠을까?
아내: 정말 정말 무서웠지.
내 입: 그래!

내 머릿속: 그렇게 슬쩍 끼어들다니. 이제 아내도 네가 걱정했다는 걸 알 거야.

아내: 사실 그때 순간순간 해리된 느낌이었어. 잘 기억나지 않는 부분도 있거든.

페이지: '해리'라니 무슨 말이야?

내 머릿속: 내가 알아! 내가 말할게! 내가 내가 내가 내가 내가!!!!!!!!

아내: 트라우마에 대한 반응이야. 불안장애가 있는 사람에게도 발생하는 일이야….

내 머릿속: 지금 아내가 잠깐 말을 쉬고 있어. 지금이야!!!

내 입: 〈닥터 스트레인지〉 영화에서 보면 틸다 스윈튼이 베네딕트 컴버배치를 칠 때 그의 영혼이 몸에서 분리되어 주변을 돌면서 자신을 내려다보잖아? 그런 느낌 아닐까?

아내: (정중하게) 음, 그렇지, 그래, 그렇게 말할 수도 있어.

페이지: 내 생각에 베네딕트 컴버배치는 〈셜록〉에서 연기가 더 뛰어났던 것 같아.

내 머릿속: 오, 세상에. 페이지가 지금 네가 가장 좋아하는 TV 프로그램 이야기를 꺼냈어. 빨리 이쪽으로 넘어가!

페이지: 아 참, 킴, 아까 뭐라고 했지?

내 머릿속: 젠장! 어, 근데 페이지 말이 맞아. 지금 아내는 트라우마 경험을 말하고 있잖아. 지금은 그 이야기를 듣자. 계속해서 귀를 기울여.

아내: 번지 점프하는 지점까지 가는 데만 세 시간이 걸렸는데 그 자체도 고문이었어.

페이지: 짐작이 가.

내 머릿속: 〈셜록〉은 정말 잘 만든 드라마야. 다시 이쪽으로 화제를 돌릴 수 있을 것 같아.

아내: 그래도 어떻게든 가긴 했어. 그땐 말하는 것조차 힘들었어.

내 머릿속: 그의 관찰 능력은 정말 비현실적이야. 그리고 TV 프로그램 중 〈셜록〉만큼 잘 만든 것도 없는 것 같아.

아내: 남편이 정말 잘해 주었어. 분명 자기도 매우 떨렸을 텐데.

내 머릿속: 이런, 젠장. 지금 내 이름을 말한 거야?

페이지: 내가 당신들 중 한 명이었다면 완전 겁에 질렸을 거야.

내 머릿속: '정말 장난 아니네'라는 긴급 대사 사용해!

내 입: 정말 장난 아니었지.

내 머릿속: 휴, 아슬아슬했어.

아내: 어쨌든, 그래서 몸에 장비를 차고 의자에 앉았어. 거기 있는 친절한 가이드가 내가 할 일을 알려 주었고. 정말 다른 곳으로는 눈을 돌릴 수가 없어

이 장면을 본 적 없다면 영상을 한번 보는 걸 추천한다. 구글에 'Kim bungee jump(김의 번지점프)'라고 치면 나올 것이다.

서 남편만 쳐다봤지.

내 머릿속: 다른 사람의 마음을 읽으려는 건 정말 미친 짓이야. 잠깐, 생각났다! 셜록이 다른 사람의 마음에 대해서 인용했던 멋진 문장이 있었는데?

아내: 도저히 200미터 낭떠러지 아래를 내려다볼 수도, 하늘을 볼 수도 없었어. 어느 곳에라도 시선을 두면 포기할 것만 같았거든. 지지대 끝에 섰을 때는 살면서 그렇게 무서운 적도 없었어. 그래도 끝까지 걸어간 후에 그 순간…, 더 말하기가 힘드네. (아내가 머뭇거렸다.)

내 머릿속: 아내가 슬퍼 보이잖아! 빨리 기분을 풀어 줘! 이게 너의 역할이야! 셜록처럼 재치 있는 말을 하라고! 지금 당장!

내 입: (서투른 영국식 억양으로) "이런 세상에, 당신들의 그 작고 웃긴 머릿속은 어떻게 생긴거야? 정말 지루하기 짝이 없을 것 같네."

[나를 제외한 모든 이들이 조용해졌다. 불편해하고 어이없는 듯한 표정을 짓기도 했다.]

내 입: 〈셜록〉에서 나온 대사야. 우리 이거 이야기하고 있는 거 아니었어?

내 머릿속: 저 사람들 내가 방금 한 말을 못 들은 거 아니야? 정말 웃겼는데!

의도는 좋았다. 아내의 기분을 풀어 주고 싶었지만, 방법이 정말 형편없었다. 내 ADHD 두뇌는 〈셜록〉으로 빠진 후 거기서 나오지 못했다. 이런 바보 같은 인간이 다 있나.

킴이 남긴 메모

우리 부부는 함께 사업을 한다. 대부분의 사업이 그렇듯 화상회의를 비롯한 수많은 회의를 해야 한다. 남편은 회의를 잘 이끌어간다. 남편의 쾌활한 성격은 사람들을 끌어당기니까. 문제는 이런 분위기가 회의 시작 몇 분까지만 지속된다는 것이다. 일단 다양한 아이디어가 떠오르면 남편은 열정에 빠져 거기에 완전히 몰입한다. 제대로 카메라를 보지 않으며 컴퓨터에 새 창을 띄워서 일을 시작한다. 고객들이 예상 결과물과 비즈니스 용어가 포함된 피치덱[3]을 제대로 다 살펴보기도 전에, 또 우리가 실제로 일을 맡기도 전에, 남편은 이미 필요한 노래의 가사를 쓰고 있었다.

물론 이런 넘치는 창의성으로 사업은 성공을 거두고 있지만 나는 단순한 사업 파트너가 아닌 인생 파트너이기도 하다. 사업을 번창시키고 저녁 식사 시간을 즐겁게 만들어 주는 ADHD의 특징은 솔직하게 말하면 나를 화나게, 심지어는 괴롭게 만들기도 한다.

최근 신앙에 대해 고민한 적이 있었다. 정말 깊은 문제에 빠져서 신앙과 관련해서는 자주 고민을 이야기하는 엄마에게도 털어놓지 못할 정도였다. 몇 주 후 용기를 내어 남편에게 고민을 말했다. 남편은 다정하게 내 문제를 깊이 이해하려고 했다…. 한 2분 정도 말이다. 그러고는 다른 주제로 넘어가 버렸다.

나는 머리끝까지 화가 났다. 그렇게 쉽게 다른 주제로 넘어가면 내 이야기를 진지하게 듣고 있다는 생각이 들지 않는다. 마치 내가 물에 빠져 허우적댈 때 구명조끼를 던져 주고는 해안가에 있는 제트스키 대여점으로 가 버리는 느낌이다. 물론 남편이 도와주려고 했다는 것을 알고 있고 그 마음도 고맙지만 나는 여전히 물속에 혼자 남겨져 있다. 그럴 때면 정말 고립된 기분이 든다.

남편이 나를 정말 사랑한다는 걸 알고 있다. 나를 생각하고 있다는 것도. 하지만 남편의 뇌는 끊임없이 움직이기 때문에 다시 대화에 참여시키려 노력해야 한다. 몇 년이 지나자 나는 말을 반복하면서 다시 대화를 내 쪽으로 가져오는 것에 어느 정도 익숙해졌다. 내성적인 성격이라 관심의 중심이 되는 걸 좋아하지 않지만, 남편의 주의를 끌어야

---

3 투자자나 파트너에게 아이디어를 소개하고 설득하는 데 사용하는 프레젠테이션 자료.

> 했다.
> 　남편은 결혼하고서도 몇 년이 지나서야 자신이 관심 없는 주제라도 중요한 내용일 수 있다는 사실을 깨달았다. 이제는 남편이 "나 듣고 있어"라고 말하면서 내가 방금 했던 말을 반복하는 행동이 내 감정을 자신의 두뇌에 강하게 입력하는 방법이라는 걸 알고 있다. 그리고 이는 경청하고 있다는 표시이기도 하다.

경청은 왜 그렇게 힘든 걸까?

상대방의 이야기를 제대로 듣지 않으면 관계에 큰 문제를 일으킬 수 있다. 여러 번 말을 무시하면 그들은 이렇게 말하기 시작할 것이다. "당신은 내 말을 제대로 듣는 법이 없군요." 그러면서 점차 감정적으로 멀어지려 하거나 애정이 식기도 한다. 대화 중에 집중하지 못해 입는 손해가 꽤 큰 셈이다.

당신이 다른 사람의 이야기를 듣고 있다는 느낌을 주지 못하면 그 사람과의 우호적인 관계를 깊게 맺기가 어렵다. 당신은 신뢰하고 있을지라도 그들은 아닐 수도 있다. 어쩌면 당신이 생각하는 것만큼 가까운 사이가 아니라고 느낄지도 모른다. 그 사람은 당신이 자신의 이야기를 제대로 듣고 있다고 생각하지 않으니까. 당연히 그럴 수 있다. 설사 재미있는 정보와 기발한 내용으로 연결하는 재능의 원천을 가지고 있더라도 자신의 이야기만 듣도록 상대방에게 강요해서는 안 된다.

ADHD인 사람들도 다른 사람처럼 친구를 만들고 싶어 하고 가까운 관계로 발전하기를 원한다. 비록 머릿속에는 이를 방해하는 뭔가가 있지만 노력하면 더 잘 통제할 수 있다. 나도 그랬으니까.

경청 능력 올리기

듣기도 다른 것과 마찬가지로 하나의 기술이다. 꾸준히 연습하면 대화의 흐름을 놓치거나 방해하는 일이 조금씩 사라질 것이다. 때로는 대화를 방해했거나 딴생각하느라 흐트러진 흐름을 제자리로 돌릴 때, 간단하게 "아, 미안해요. 제가 끼어들어 버렸네요"로 마무리할 수도 있다. 그러면 상대방은 당신의 인정에 마음이 풀리고 다시 원 주제로 들어갈 것이다. 그러나 힘들겠지만 가장 좋은 방법은 처음부터 흐름을 따라가는 것이다.

누군가 이야기를 하고 있을 때 당신의 흥밋거리로 빠지지 않고 집중하는 방법 몇 가지를 소개하겠다:

- **대화를 게임화하라.** 대화를 하나의 게임처럼 바꾸어 본다. 가령 상대방이 말하는 문장 끝의 세 단어를 머릿속으로 따라 하는 것이다.
- **금을 채굴하라.** 대화에서 황금을 찾는 도전을 통해 게임화의 레벨을 더 높여 보자. 속으로 이렇게 물어본다. '지금 이 사람에게 가장 중요한 것은 무엇일까?' 그러고는 그 증거를 찾는다. 당신의 이론을 뒷받침할 만한 증거를 찾을 때마다 도파민이 나오는 것을 즐긴다. 그리고 이렇게 말하면서 그 대화에 활력을 돋울 수 있다. "지금 당신이 말하려는 게 ____라는 것 같은데요. 제대로 이해한 게 맞나요?" 상대방이 그렇다고 하면 당신은 임무를 완성한 것이다. 그렇지 않다면 다시 한번 대화에 집중하며 증거를 찾아보자.
- **더 멀리 생각해 보라.** 대화에 좀 더 깊이 들어가서 분석해 보자. 이렇게 자문해 본다. '이 대화에서 나에게 새로운 내용은 무엇이지? 내가 가진 생각에 도전적인 부분은 어떤 게 있지? 내가 개인적으로 관심 있는 부분은 무엇이지?'

대화에 계속 참여하게 만드는 고리가 되는 질문들이다. 이런 요소를 찾을 수 있다면 대화에 집중할 가능성이 더 커진다.

ADHD 두뇌와 대화하는 팁

나는 한 문장을 말한 후 잠깐 쉬고 다음 문장을 이어가는 사람과의 대화를 선호하는데, 내용이 머릿속으로 더 잘 들어와서 따라가기가 쉽다. 잠깐의 침묵에서 나는 "아, 알겠어요. 그래서 그다음 내용은요?"라고 말할 수 있다. 하지만 혼자서 10분간 떠드는 사람을 만나면 **다른 생각**에 빠져 버린다. 그러니 당신이 ADHD인 사람과 대화하며 집중하게 하고 싶다면 화자와 청자가 되는 시간의 균형을 적절하게 맞추도록 해야 한다.

대화 참여에 실패했을 때

대화 중에 달리[4]를 테스트하는 시나리오를 생각해 보다가 정신을 차려 보니 다른 사람들이 무슨 이야기를 하고 있는지 전혀 모르겠다면, 다음 흐름도를 활용해 보자:

만약…,

   대화 중간에 정신을 차렸다면 그렇게 나쁜 상황이 아니다. 이야기에 자연스럽게 참여할 기회가 있다.

↓

그렇다면…,

---

4 오픈AI에서 개발한 생성형 이미지 생성형 인공지능.

공감하는 작은 추임새를 넣자. 정확한 발음으로 하지 말고 방해되지 않을 정도로만 웅얼거리듯 해야 한다. "음, 어? 오호." 그런 다음 문맥을 파악해서 이야기의 흐름을 찾아라.

만약…,

누군가 "이거 봐봐" 또는 "나가 정말 화나는 부분은…," 또는 "가장 최악은 말이야…,"라고 말하는 것을 들었다.

↓

그렇다면…,

아무 말도 하지 말고 몸짓만 한다. 머리를 절레절레 흔들어라. 머리를 끄덕이는 것보다 훨씬 많은 의미를 담고 있다! 여기에는 "그런 일이!" "믿을 수가 없군요." "당신/당신의 친구/당신 친구의 우체부가 그런 일을 겪어야 했다니 믿을 수가 없어요." "정말 멋지고 감동적이고 아름다운 이야기군요"라는 의미가 될 수 있다. 머리를 흔드는 행동은 설사 말하는 사람의 감정을 모르더라도 그들이 현재 느끼는 감정을 당신도 느끼고 있다고 착각하게 한다.

만약…,

전체 대화를 놓쳤다. 5분 동안 이어진 전체 내용에 대해서 추측조차 할 수 없다. 가장 최근에 나온 <스타워즈> 스핀오프 작품에 관한 이야기일 수도 있고, 지역 교육 위원회 선거와 관련해 신선한 의견을 제시했을 수도 있다. 당신이 들은 말이라고는 "어떻게 생각하세요?"다.

↓

그렇다면…,

문제에 봉착했다. 이제 비언어적이거나 반언어적인 반응으로 대충 넘어갈 수 없다. 이럴 때 사용할 수 있는 말은 "와, 정말 장난 아니네요"(위쪽 참고하기)다. 대화 내용을 전혀 모르는 상태에서 질문을 받았을 때 87퍼센트 정도는 효과가 있을 것이다. 여기에는 가족이나 충격적인 의학 정보 등에 관한 행복, 슬픔, 짜증, 두려움, 웃음 등의 감정을 다 담을 수 있다.

긴급 처방용으로 쓸 수 있는 몇 가지 표현을 소개한다:

- 그러고 나서 무슨 일이 일어났는데요?
- 믿을 수 없군요!
- 잠깐만요, 좀 더 자세히 말해 봐요.
- 한번 더 말해 봐요. 내가 정확하게 이해했는지 확인하고 싶어요.
- 다시 한번 더 말해 줄래요?
- 진짜요?
- 물론이죠!
- 잠깐 한번 더 내용을 곱씹어 봐야겠어요.
- 세상에.
- 아, 그래요?
- 뭐라고요?
- 그럴 리가요!
- 잠깐만요. 조금만 천천히 말해 주세요.

> 이런 듣기 요령을 만든 것이 자랑할 일은 아닌 것을 알고 있다. 이건 정직하지 못한 행동이다. 하지만 생각보다 효과가 좋은 건 사실이다.
> —펜

만약…,

다른 사람에게 들켰다. 다 틀렸다. 당신이 자신만의 모험을 떠났었다는 것을 모두가 알게 되었고 누군가 이렇게 물어본다. "장난 아니라니? 내가 뭐라고 했는지 알고 하는 말인가요?"

↓

그렇다면…,

마지막으로 당신이 의지할 수 있는 것은 솔직함이다. "아뇨, 죄송해요. 제대로 듣고 있

> 지 않았어요." 당신이 염소를 떠올리고 있어서 제대로 못 들었다는 이야기까지 할 필요는 없다. 거기 있는 누구도 진지한 분위기에서 당신이 염소의 젖통이라는 이상한 단어를 생각하고 있었다는 것을 듣고 싶지 않을 것이다. 이들이 듣고 싶은 건 사과의 말이다.
>
> 그리고 만회하려고 노력하자. "저는 들으려고 했는데 ADHD 때문에 딴생각으로 빠져 버렸어요. 당신 말을 무시하는 것처럼 보였겠지만 절대 그렇지 않아요. 한번만 더 이야기해 줄 의향이 있다면 이번에는 꼭 집중해서 들을게요." 이런 식으로 말을 해 보자.

경청하는 법을 배우려면 노력이 필요하다. 그리고 인내심도 필요하다. 힘들겠지만 여기에 따라오는 보상은 엄청날 것이다. 나의 경우에는 친구와 가족과 더 가까워진 느낌이 들었고 자신감도 올라갔다.

내가 경청이라는 주제로 이 책을 마무리한 이유는 ADHD가 있더라도 당신이 얼마나 잘해 나갈 수 있는지를 잘 보여 주는 멋진 예시라고 생각했기 때문이다. 나의 ADHD는 무리 지어 다니는 개들처럼 각자만의 방향으로 주인을 끌고 가려고 했지만, 연습을 통해 제멋대로인 강아지들을 훨씬 잘 다룰 수 있게 되었다. 예전보다 더 열심히 노력하고 있지만, 여전히 100퍼센트 완벽하지는 않다. 아마도 75퍼센트 정도는 성공하고 있는 것 같다. 이것도 꽤 괜찮은 편이지만 여전히 25퍼센트를 놓치고 있다. 그리고 이 25퍼센트는 내가 원해서 놓치는 게 아니다.

그래도 전반적으로 볼 때 조금씩 향상되고 있다는 점에서 용기를 얻는다. 지금도 가끔 뭔가 실수하기도 하지만, 경험을 통해 이런 부분을 도전으로 여기고 조금씩 고쳐 나갈 수 있다는 사실을 알고 있다. 이게 바로 ADHD가 있건 없건 모든 사람이 바라는 부분이 아닐까?

작별 인사 전에 하고 싶은 마지막 단어 – 와! 저것 봐봐! 다람쥐야!

안녕, 독자들! 여기까지 읽다니 (대강 넘겨보았더라도 어쨌든 이 책을 들고 있다니) 기쁘기 그지없다!

책을 덮기 전에 마지막으로 몇 가지만 더 들어 주었으면 좋겠다. 먼저 고맙다는 말을 전하고 싶다. 당신의 귀하디귀한 시간을 내어서 내 이야기를 들어 주고 함께 배워 나가서 고맙다. 앞에서도 말했지만 나는 ADHD에 대해서 세계 일류 전문가는 아니다. 하지만 처음 책을 쓰기 시작했을 때보다 지금은 정말 많은 정보를 알고 있다고 자부한다. 지금까지 우리는 생물학(두뇌가 치즈피자와 같다는 것!), 심리학(강점에 집중하기), 역사(과거 사람들은 상한 우유와 말을 ADHD 치료제로 사용했다!), 언어예술(ADHD와 대화하는 법), 화학(도파민에 관한 기본 정보)을 배웠다. 이 정도면 대학교 한 학기 분량 정도의 내용으로 생각해도 되지 않을까?

현재 우리 부부는 홈페이지에 티셔츠를 판매하고 있는데, ADHD Is Awesome[1]라는 글이 가슴 쪽에 적혀 있다. 처음에 우리가 이 티셔츠를 판매했을 때

---

1 이 책의 원서 제목.

몇 시간 만에 품절될 정도로 정말 많은 분이 관심을 보여 주었다. 나는 이 질환이 있는 모든 사람이 이런 자부심을 품고 ADHD라는 명찰을 달고 살아가길 바란다. 분명 힘든 점도 있겠지만 즐거움도 함께할 것이다. 나는 내 두뇌를 정말 사랑한다. 덕분에 즐거운 항해를 할 수 있었으니까. 이 두뇌는 인생의 동반자다. 좋은 날에도 나쁜 날에도 나는 이렇게 자신에게 말할 것이다. '나는 ADHD가 있지만, ADHD가 나를 통제하지는 못했어.'

스펙트럼 장애라는 ADHD의 특성상 나와 같은 증상이 아닌 수많은 ADHD인들이 정말 힘든 시간을 보낸다는 사실을 알고 있다. 그래서 내가 그동안 노력했다는 이유만으로 모든 상황이 멋지게 마무리되는 진부한 영화 속 주인공처럼 행동하고 싶지 않고 그렇게 강요하고 싶지도 않다. 단지 ADHD 진단으로 만들어진 전형적인 모습 그 이상을 독자들도 가지고 있다는 점을 알았으면 하는 마음이다. ADHD 두뇌는 당신을 특별하게 만드는 많은 부분 안에 속해 있을 뿐이다.

ADHD와의 더 나은 삶은 분명 존재한다. 제대로 된 도구, 정보, 지지만 있다면 당신은 창의적이고 성공적인 인생을 살 수 있다. 비밀이지만 사실 ADHD가 굉장한 게 아니다. 사실 당신이 굉장히 대단한 사람이다.

감사의 말

이 책에는 참고 문헌이 너무나도 많다. 그래서 소중한 아이디어를 고안한 천재들에게 그 공을 최대한 돌리는 게 옳다고 생각한다. 사실, ADHD의 발견은 지난 40년간 이루어진 위대한 전 세계적 노력 덕분이다. 이 책을 쓰는 데 도와주신 모든 분에게 감사하며, 이들이 한 팀처럼 함께해 주지 않았다면 훌륭한 결과물이 나오지 않았을 것이다. 또한 개인적으로 인터뷰에 응해 주신 저명한 의사분들에게도 특별히 감사를 전하고 싶다: 심리학 박사 마시 콜드웰, 안드레아 크로니스 투스카노 박사, 에드워드 할로웰 의학 박사, 스티븐 힌샤우 박사, 에밀리 킹 박사, ABPP가 인증한 스티븐 커츠 박사, 로크레시 루퍼트 의학 박사, 마가렛 시블리 박사.

나는 우리 팀이 세계에서 최고라고 자신한다. 내 유별난 모습을 참아 주어서 감사하다. 때로는 정말 힘들 때도 있었지만, 팀원들이 없었다면 이 책은 나오지 못했을 것이다. 정말이다. 샘 앨런과 앤 마리 탭키는 전반적인 틀과 디자인을 짜고 편집도 도와주어서 독자들이 전례 없는 경험을 할 수 있도록 해 주었다. 데스몬드 윌슨은 놀라운 인내심으로 매일 내가 만들어 내는 혼란스러움을 잘 통제해 주었다. 우리 팀의 에디터 베키 콜은 내 두 번째 책 작업부터 함께 해온 인물이다. 콜의 검색 능력, 결단력, 열정이 이번에도 발휘되었다. 또한 내가 언급하는 1990년대 팝 문화에 대해서 놀랍도록 다양한 지식이 있다. 우리 저작권 대리인 버드 리벨의 인스타그램에는 아널드 슈워제네거와 함께 시간을 보낸 사진으로 가득하지만, 여전히 우리를 대표하고 있다. 고생해 주어서 정말 고마워, 리벨.

이 책을 완전히 다른 방식으로 엮어보도록 제안한 출판사가 없었다면 내 머릿속에만 있는 내용을 성공적으로 표현해 내지 못했을 것이다. 그래서 하퍼콜린스 팀에게도 특별히 감사하고 싶다: 매트 보어, 미건 포터, 시실리 액스턴, 조시 델라시, 한나 할리스, 케빈 스미스, 에밀리 가타스, 벨린다 바스, 헤더 호웰.

당신도 나만큼 이 책에 있는 그림이 마음에 든다면 사라 켐파의 작품을 더 찾아보도록 하자. 켐파는 매거진 〈더 뉴요커〉에 올라오는 그림을 담당하고 있다. 책 작업을 수락했다는 말을 들었을 때 어찌나 기쁘던지.

이 책에서 나는 가족 이야기도 많이 담았다. 우리 어머니와 아버지는 18년 동안 나를 키워주셨다. 당시 ADHD란 진단도, 내 두뇌에 대한 매뉴얼조차 없던 때에도 항상 사랑과 공감을 보내 주셨다. 우리 형 데일은 인내심을 보여 주었고 지금도 마찬가지다.

나는 우리 두 아이가 내 실수를 기꺼이 용서해 줄 때만 생각하면 울컥한다. 하교 시간을 놓치거나 아예 잊고 데리러 가지 못했을 때, 베이컨을 태웠을 때, 딴 생각하다 대화를 망쳤을 때조차 아이들은 언제나 사랑을 보여 주었다. 고마워 롤라와 펜 찰스.

그리고 마지막은 아내에게 감사를 표할 때다. 아내는 이 책의 공저자이지만 그래도 따로 소개하고 싶었다. 이 토끼 굴 속으로 함께 들어가 준 나의 궁극적인 파트너다. 항상 우리가 어느 길로 가야 할지 알고 있는 아내가 없었다면 앨버

커키에서 왼쪽으로 꺾지 못했을 것이다(구글에 검색하면 이 표현의 의미가 나올 것이다)¹. 이 책의 주 내용은 내 머리에서 나왔지만, 아내의 사랑과 안내가 아니었다면 분명 두뇌에서는 합선이 일어났을 것이다.

독자들은 ADHD인 사람이 책을 쓰는 게 얼마나 힘든지 이해해 주었으면 좋겠다. 그리고 내 주변 사람들이 얼마나 큰 노력과 인내, 사랑을 쏟았는지 알아주었으면 한다.

---

1 이 표현은 미국 애니메이션 〈벅스 버니〉에서 버니가 땅굴을 파고 이곳저곳을 가다 엉뚱한 곳에서 나왔을 때 "앨버커키어 서 왼쪽으로 꺾어야 했는데!"라고 말한 것을 인용한 표현이 다.

CREDITS

사진

Elijah Nacita, Holderness Family Productions: 12.

Penn Holderness: 13, 41, 176, 281, 287.

Dail Holderness: 51, 95.

CBS, The Amazing Race: 54, 189, 343.

YouTube, Holderness Family Productions: 66, 70, 174, 184.

Ann Marie Taepke: 98.

Velcro Companies, Walk West: 179.

WOFL: 187.

그림

All illustrations by Sarah Kempa.

지은이

펜 & 킴 홀더네스

둘은 19년 차 부부이자, 베스트셀러 『Everybody Fights: So Why Not Get Better at It?』의 공동 저자이기도 하다. 지난 10년간 이들은 창작 음악, 패러디송, 코미디 상황극을 포함해, 수상 경력이 있는 유명한 영상들을 제작한 온라인 콘텐츠 크리에이터다. 2013년 홀더네스 패밀리 소셜 미디어 플랫폼이 우연히 주목을 받게 되면서 이들의 영상은 20억 회 이상 조회수를 기록했고, 부부는 팔로워를 800만 명 이상 거느리고 있다. 또한 〈어메이징 레이스〉 시즌 33의 우승자이기도 하다.

온라인에서 직접 콘텐츠를 올리기 전에는 TV 뉴스 업계에서 25년간 경험을 쌓으면서 스토리텔링 능력을 갈고닦았다. 코미디 상황극을 하지 않을 때는 '홀더네스 패밀리 프로덕션'의 팀원들과 함께 세계적인 기업의 영상을 만든다. 스토리봇, 폭스 홈 엔터테인먼트, 와사비 테크놀로지, 벨크로 컴퍼니의 의뢰로 제작하고 감독하고 작곡한 콘텐츠는 〈앤더슨 쿠퍼 360〉에서 방송되기도 했다.

펜 & 킴 부부는 오랜 기간의 노력 끝에 ADHD와 함께하는 것, 그리고 이 질환과 관련된 걱정거리 같은 주제를 거리낌 없이 말할 수 있게 되었다. 그들의 온라인 커뮤니티에는 놀랄 정도로 긍정적인 피드백과 지지가 이어지고, 덕분에 이 책을 쓰는 데도 크나큰 동기가 되었다.

　현재 이 부부는 딸 롤라와 아들 펜 찰스와 강아지 써니와 함께 노스캐롤라이나의 롤리에 거주한다. 홀더네스 부부에 대해 더 궁금한 점이 있다면, theholdernessfamily.com을 방문해 보자.